经济增长的内在逻辑

杨光◎著

中国纺织出版社有限公司

内 容 提 要

本书包括民以食为天、资本积累与工业化、分工与市场、经济增长的源泉、国家经济增长的大分流、走向共同富裕的中国等 6 大内容，探索和阐述经济增长背后的奥秘。本书以生动的语言论述了古典经济学、新古典经济学有关经济增长的理论，以及古今中外经济学家的主流观点，并辅以经典案例，深入浅出，娓娓道来。经济学爱好者、普通读者均可以从中了解经济发展和增长的基本逻辑和规律。

图书在版编目（CIP）数据

经济增长的内在逻辑 / 杨光著. --北京：中国纺织出版社有限公司, 2023.5
ISBN 978-7-5229-0268-5

Ⅰ.①经… Ⅱ.①杨… Ⅲ.①城市经济—经济增长—研究—中国 Ⅳ.①F299.21

中国版本图书馆CIP数据核字（2022）第250136号

责任编辑：曹炳镝　史岩　责任校对：高涵　责任印制：储志伟

中国纺织出版社有限公司出版发行
地址：北京市朝阳区百子湾东里 A407 号楼　邮政编码：100124
销售电话：010—67004422　传真：010—87155801
http://www.c-textilep.com
中国纺织出版社天猫旗舰店
官方微博 http://weibo.com/2119887771
三河市延风印装有限公司印刷　各地新华书店经销
2023 年 5 月第 1 版第 1 次印刷
开本：710×1000　1/16　印张：15
字数：197 千字　定价：58.00 元

凡购本书，如有缺页、倒页、脱页，由本社图书营销中心调换

前言

如果说，当今世界有什么议题是跨越国家、民族界限，被各国政府和人民所共同关注的话，那么经济发展一定是其中之一。人类的历史在某种意义上可以被视为是一部经济发展史，世界强国无一例外都是经济强国。各国政府都高度重视本国经济发展，这不仅关系到国民的福祉，更决定一个国家、民族在世界的地位。

对于经济发展的研究绝不是近代才出现的，被誉为"史家之绝唱，无韵之离骚"的《史记》一书对当时经济现象有着相当精辟的描述和开创性的简介，其经济思想主要体现在《平准书》和《货殖列传》两篇中。梁启超评论道："其全篇宗旨，盖认经济事项，在人类生活中含绝大意义，一切政教，皆以此为基础。"近代以来，经济学作为一门独立的学科从哲学、法学中分离出来，并日益成为一门显学。有学之士都试图总结经济发展规律，更好地推动经济发展，有关经济发展的书籍可谓"汗牛充栋"。

早期的古典主义学家主要从生产要素入手，在工业革命以前，人口和土地被认为是经济增长的主要因素。但是，人口的增长却长期停滞。马尔萨斯认为，这是由于人口繁殖力比土地生产人类生活资料的能力更为巨大，"两性间的情欲"永远是横亘在人口和经济增长前无法逾越的障碍。然而，近代以来，特别是工业革命以后，马尔萨斯陷阱仿佛一夜之间不见了，粮食大幅增产，人口快速增加。粮食已经不是制约经济发展的主要问题。回顾这段历史，经济学家们认识到了科学技术的重要作用。而在中国，这被精辟地总结为"科学技术是第一生产力"。

抓住科学技术这条主线似乎并没有解决经济发展的问题。时至今日我们依旧无法解决一个重大问题：为什么世界上只有少数国家达到了高度富裕？为什么只有极少数发展中国家跨过"中等收入陷阱"，进入发达国家行列？为什么相当一部分国家还停留在贫困阶段？回答这些问题，不能仅依靠纯经济理论。人们日益认识到，经济发展是集社会、历史、政治以及文化等要素于一体的综合学科。因而各国国情不同，必然也就不存在所谓"普适"的经济发展制度。在这方面，中国就是一个很好的例子。从西方角度来看，中国从来就不是一个具备高质量快速发展基础的国家，但是中国却用长达40多年的快速发展走出了一条自己的路。而中国模式也成为主流经济学家研究的热点。

经济发展的创新来源于实践。世界各国在不同历史时期经济发展的成功经验和失败教训，无不是全人类宝贵的共同财富。世界各国的发展历程也推进着观念的转变和认识的跃迁。

本书以经济发展的内在逻辑为链条，将社会、历史、政治以及文化等因素串联起来，展现经济发展的全貌。作为一本综合性的、逻辑严密的发展经济专著，本书采用通俗易懂、轻松幽默的文字，深入浅出地结合实例介绍经济发展理论，不仅适用于经济学专业人员，也适用于经济学爱好者，相信本书阐述的观点能够激发读者对于经济发展的思考和探索。

杨光

2022 年 12 月

目录

第一章 民以食为天

第一节 悲观的预言 / 2

第二节 马尔萨斯到底错在哪里 / 6

第三节 是什么诱发粮食高产 / 11

第四节 生娃不仅是"饭桌上添双筷子" / 14

第五节 经济学里的"内卷" / 17

第六节 城市化有何重要意义 / 19

第七节 读书无用论可休矣 / 22

第二章 资本积累与工业化

第一节 后来者居上 / 26

第二节 鲁滨逊在荒岛上演资本的故事 / 28

第三节 亚当·斯密算的账 / 30

第四节 资本家与地主的较量 / 34

第五节 李嘉图的"药方" / 36

第六节 "带血"的资本 / 40

第七节 道路是曲折的 / 46

第八节 资本并不是经济增长的全部 / 49

第九节 春天的故事 / 55

第三章 分工是门大学问

第一节 拆解"黑盒子" / 62

第二节 为什么会有分工 / 65

第三节 分工的形成靠什么 / 70

第四节 古典经济学大师对价格的解释 / 74

第五节 知识也能分工吗 / 78

第六节 价格是信息交流、传递的机制 / 83

第七节 城市化的驱动力 / 87

第八节 国际分工与贸易 / 92

第九节 规模经济下的国际贸易 / 95

第十节 全球价值链下的国际分工 / 99

第四章 经济增长的源泉

第一节 无法解释的经济增长 / 106

第二节 硬币的两面 / 110

第三节 人力资本是更宝贵的"资本" / 115

第四节　爱迪生真的是一名杰出的发明家吗 / 122

第五节　给创新者画个"脸谱" / 126

第六节　硅谷方程 / 131

第七节　谁是创新先锋 / 136

第八节　知识的特殊性 / 144

第九节　无尽的前沿 / 149

第十节　是什么在阻碍创新 / 156

第十一节　逐利的"两面性" / 161

第五章　何以解释大分流

第一节　古典经济学家们的遗漏 / 168

第二节　一栏之隔花不同 / 173

第三节　自由、竞争与知识的发现 / 176

第四节　特别的西欧 / 180

第五节　姗姗来迟的制度变迁 / 185

第六节　工业革命为什么发生在英国 / 189

第七节　谨防南橘北枳 / 194

第六章　走向共同富裕的中国

第一节　"中等收入陷阱"是真的陷阱吗 / 202

第二节　贫富差距，谁之过 / 209

第三节　经济增长方式应如何转变 / 213

第四节　为什么要坚持共同富裕 / 217

第五节　中国的共同富裕之路 / 221

参考文献 / 226

第一章
民以食为天

第一节 悲观的预言

1798年，一本名为《论影响社会改良前途的人口原理，以及对葛德文先生、孔多塞先生和其他作家推测的评论》的匿名小册子在英国出版。这本仅有5万字的小册子一上市就卖脱销了。伴随大卖而来的不是赞誉，而是滔滔不绝的"口诛笔伐"。据说，专门批评这本小册子的书就出版了20多本。

尽管这本小册子很畅销，却没有立刻发行第二版，以致今天已经极难找到第一版的小册子了。如果你以为作者会被四处横飞的"唾沫"吓坏，那就大错特错了。此后，小册子的作者到欧洲各地搜集资料，回国之后，他将原先的小册子加以改写充实，历时5年，于1803年出版了该书的第二版。相比原来的小册子，第二版总算可以称为"书"，因为字数已由原先的5万字扩大到了20万字，书名也改为《人口原理，或关于其过去及现在对人类幸福影响的见解，以及有关我们将来消除或减轻由此而引起的灾难前景的研究》（鉴于书名实在太长，后人将其简称《人口原理》）。

5万字尚招来"口诛笔伐"，不出所料，升级版的《人口原理》继续引起"轩然大波"。英国著名诗人与评论家柯勒律治在书的页边评论道："难道这本4开本的书是在教导我们，贫穷将带来巨大的苦难和罪恶，而在那些嘴多于面包、头颅多于脑力的地方，贫困必将达到极致吗？"不过，作者显然已对即将到来的反对之声做好了心理准备——除了增加字数、修改书名，还由原来的匿名改为实名出版。这本书的作者就是托马斯·罗伯特·马尔萨斯。

马尔萨斯到底写了什么让当时的人们感到惊世骇俗？《人口原理》一书

最招人非议的结论主要是三点：一是财产私有制是人口的自然法则，私有制带来的贫富差距可以有效抑制穷人的生育，进而控制人口"几何级数"增长，而建立在财产公有制基础上的平等社会制度不过是幻想，违反了人口的自然法则；二是反对救济等社会福利政策，救济穷人只会使得他们因"两性间的情欲"继续制造穷人；三是失业和贫困并非社会制度造成，而是人口自然法则作用的结果。

看完这些结论，相信你的愤怒指数一定不亚于柯勒律治。是的，这些结论无论是在当时还是今天，无论是从道德层面还是经济层面，都是无法接受的，甚至有人给马尔萨斯贴上了"反人类"的标签，认为他是一个"毫无人性的疯子"。

不过，现实中的马尔萨斯却是一名牧师、剑桥耶稣学院院士，以及英国第一位经济学教授（在伦敦的东印度学院执教）。其父老马尔萨斯是一位哲学家，而且与著名学者大卫·休谟和让·雅各·卢梭是好朋友。马尔萨斯的幼年教育是由老马尔萨斯和家庭教师共同完成的。

作为卢梭的疯狂追随者，据信，老马尔萨斯有意按照卢梭《爱弥儿》一书所提倡的"直观教育"进行教育试验。马尔萨斯的传记作者（也是其青年时期的好友）毕晓普·奥特层这样形容大学时期的马尔萨斯："（他具有）那种温文尔雅、细心明辨的风格，在当时是很少见的。这也体现在他的学术研究中，他稳健而不急躁，对在剑桥培养的各种学术都平等以待，而并不是仅对其中某一方面倾心有加"。

如此看来，马尔萨斯显然并不疯，也不大可能是冷漠的人，恰恰相反，他常常与父亲频繁地谈论未来社会的平等与幸福。那么，他为何在《人口原理》一书中提出如此令人诧异的结论呢？光看结论而不看分析论证的过程显然是片面的。

马尔萨斯认为，维持一个人（或家庭）生存的基本工资被称为生存工资，低于这个工资就难以保持基本的温饱，个人存活都困难，更无法奢望生育。只要工资高于生存工资，人们就会因为"两性间的情欲"而不断生儿育女。尽管人口增加会提高产出，但是增加的人口也会消耗更多的食物，更重要的是，资源是有限的，终有枯竭的一天。此外，人口的增长是呈几何级增长（2，4，8，16，…），而物质的增长则是算术级增长（1，2，3，4，…），人口的增长会大大快于物质的增长，人们收入就会低于生存工资，进而导致人口数量下降。用马尔萨斯的话来说，"男女两性之间的情欲是必然的且几乎保持现状；食物为人类生存所必需，人口繁殖力比土地生产人类生活资料的能力更为巨大。人口以几何级数增加，生活资料以算术级数增加，因而造成人口过剩，不可避免地出现饥饿、贫困和失业等现象"，这被称为"马尔萨斯陷阱"。而超出自然资源承载能力的人口唯有通过"自然原因（事故和衰老）、灾难（战争、瘟疫及各类饥荒）、道德限制和罪恶（马尔萨斯所指包括堕胎、谋杀、节育和同性恋）"来抑制。

不难看出，马尔萨斯为何反对救助穷人和极力主张私有制。在马尔萨斯看来，贫富差距是人口自然规则的结果，救济穷人、均富只会带来穷人的过度生育。他在反对《济贫法》❶时说道，"济贫院收容的人一般不是最具有价值的社会成员，但他们消耗的食物却会减少更为勤劳、更有价值的社会成员本应享有的食物份额……它（《济贫法》）养活了穷人"。在社会制度上，他认为，基于私有财产权导致的贫富差距是抑制穷人生育的好办法。

尽管马尔萨斯的人口理论不可取，但是客观地看，《人口原理》一书所阐述的问题与当时的英国社会现状是相符的。从《人口原理》出版发行前的几十年人口数据看，1710~1740年的30年间，英国人口的增长几乎停滞；1715~1785年的70年间，英国人口每10年的增长率仅为3%，而粮食价格却不断上涨，见图1-1。

---

❶ 济贫法的全称为《伊丽莎白济贫法》，于1601年由英国王室通过，被称为世界上最早的社会保障法。

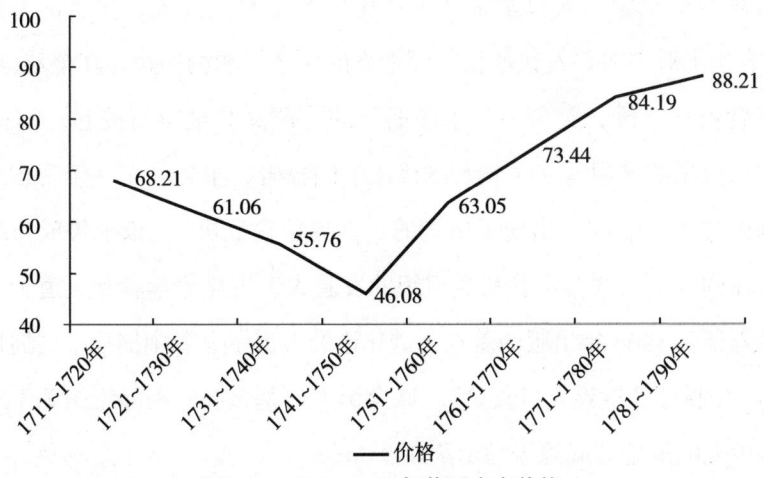

图1-1　1711～1790年英国小麦价格

资料来源：阿瑟·盖尔等，英国经济的增长和波动（1790～1850年）。

1750～1805年的50年间，小麦价格上涨了2.5倍，许多穷人食不果腹，婴儿的死亡率高达35%，人口的增长不取决于人口出生率，而取决于婴儿的营养水平，一旦收入水平低于"生存工资"，婴儿的死亡率就会升高。

在这一时期，英国社会乃至欧洲大陆都发生深刻的社会变化。1815～1816年，在拿破仑战争后，英国经历了最严重的经济萧条。当时，失业现象非常普遍，各类刊物充斥着暴动、罢工和因违反《结社法》❶而被逮捕的报道。1819年发生了严重的劳工骚乱，在圣彼得广场的集会使得骚乱达到高潮。8月16日，那里聚集了50000～80000人，警察开枪镇压，在这次暴动中，有11人遇难，大约400人受伤。这些政治事件无疑都会强化马尔萨斯对人口过剩结论的认识。

尽管《人口原理》自出版以来毁誉参半，但其理论不仅影响当时的欧洲大陆，还影响到后世各国。在我国，维新志士梁启超、严复纷纷撰文宣扬晚婚、控制生育，他们认为人口过剩是造成中国贫困的重要原因。1957年，

---

❶ 结社法，是英国法令，在英国海军起义和爱尔兰起义发生后，于1799年和1800年制订。

我国著名经济学家、人口学家马寅初先生在《人民日报》发表了《新人口论》，表达了对"人口过快增长"所带来的经济问题的担忧。在全球范围内，每当粮食价格上涨，类似"马尔萨斯"的论调又会被重新提起，如在1973年，罗马俱乐部❶撰写了《增长的极限》的报告，报告发布一年后，由于全球范围内的粮食歉收，出现了所谓的"世界粮食危机"，该报告成为政界和民间关注的议题。联合国教科文组织的发起人、进化论学者和人道主义者于连·赫胥黎在1964年出版的著作《进化论的人道主义》中描述了"拥挤的世界"，呼吁制订"世界人口政策"。联合国人口基金会等国际组织关于地球能容纳多少人的辩论即起源于马尔萨斯。

不仅在经济学和人口学领域有着广泛影响，马尔萨斯的理论对现代进化论创始人达尔文的学说也有着重要影响。达尔文在其不朽的著作《物种起源》一书中说，他的理论是"马尔萨斯理论在没有人类智力干预的一个领域里的应用"。大家耳熟能详的"物竞天择""适者生存"正是达尔文从马尔萨斯对"有限增长"条件下"生存挣扎"的描述中得到启发。达尔文认识到，生存竞争不仅发生在不同物种之间，也在同一物种内部进行。

第二节　马尔萨斯到底错在哪里

尽管马尔萨斯的理论有着广泛影响，且其理论中不乏"有效需求""生产和分配协调发展"等真知灼见，但从事后来看，马尔萨斯的结论与真实世界人口增长趋势相距甚远。自19世纪中期以来，人口不仅没有如马尔萨斯

---

❶ 罗马俱乐部（Club of Rome）是关于未来学研究的国际性民间学术团体，也是一个研讨全球问题的全球智囊组织。

预测的那样停止增长，反而加速增长，时至今日，全世界人口总数已经突破70亿，远远大于20世纪初17亿的人口规模。然而，世界粮食价格并没有随着人口增加而上涨，除第二次世界大战以及"石油危机"导致粮食价格上涨外，其他大部分时间，粮食价格不断下降，见图1-2。

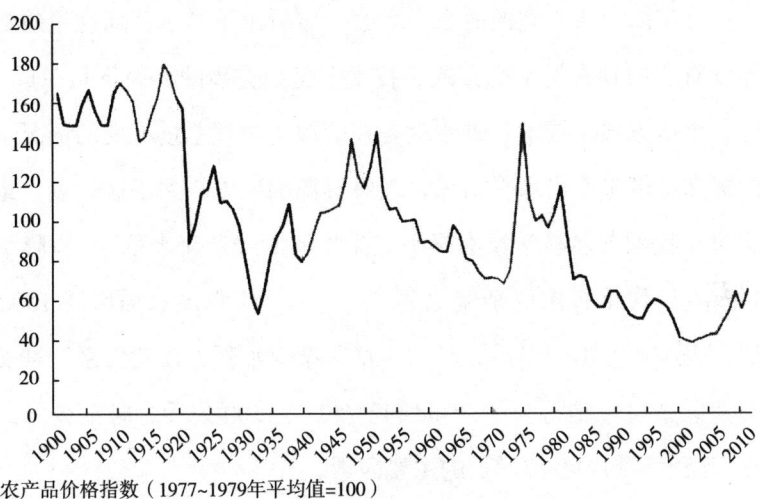

农产品价格指数（1977~1979年平均值=100）

图1-2　农产品价格指数

资料来源：世界银行，Grilli and Yang，商品价格指数，兴业证券研究所。

那么，马尔萨斯到底错在哪儿呢？在回答这个问题之前，我们不妨先把时间轴从马尔萨斯所在的年代向前推一万年。为什么要穿越到那么久远的年代？这是因为，一万年前的人类似乎也面临马尔萨斯所描述的问题。人类在度过了八万年的狩猎采集生活后发现，大型动物在自然界繁殖的速度已经赶不上原始人类猎杀它们的速度。比如，在人类到达美洲一千年后，80%体重在40公斤以上的大型动物消失了。照此发展下去，恐怕已经没有足够的大型动物来供养不断增加的人类，"马尔萨斯陷阱"似乎早在一万年前就应该上演。然而，与一万年后一样，马尔萨斯的预言同样失败了。

人类学家研究发现，为了避免资源耗竭引起的生存危机，一万年前的人类开始改变此前的狩猎生产方式。猎人学着通过饲养、驯服野生动物来获取肉食；采集者则依靠种植所收集的谷物和果类的种子来获取碳水化合物。人类也从此进入农耕文明。不管是饲养野生动物还是种植粮食，这些在现在看来并不先进，乃至有些原始的生产方式，对于当时的人类来说却是一次生产方式（技术）的重大飞跃。

通过一万年前原始人类的故事，大家一定看出了马尔萨斯理论致命的错误——他没有考虑到人类生产方式（技术）是会进步的，而不是一成不变！简单来说，生产方式（技术）进步就是在资源的物理总量不变的情况下，技术水平的提高将带来产出水平增加，缓解资源的压力。关于这一点，最典型的例子莫过于我国著名科学家袁隆平先生发明的"杂交水稻"。袁隆平先生在20世纪70年代培育出的杂交水稻"三系"，使我国水稻增产1000亿公斤。此后，先后培育出"二系"和"一系"杂交水稻，仅"二系"杂交水稻就比"三系"杂交水稻每公顷产量增长750～1500公斤。时至今日，总体上看粮食已经不是制约经济增长的主要因素。

不仅是粮食育种的科学化，通过引水灌溉系统、梯田开垦、土地平整以及化肥使用等土地改良的投入也会提高土壤肥力，进而提高粮食产量。芬兰原始土地的生产力比当时邻近的大多数苏联的西部地区原本更为贫瘠，但是到20世纪70年代，其单位面积粮食产量远超过苏联西部地区；日本原始农业土地的生产力普遍比印度北部地区低，现在日本的土壤肥力也已远超印度；阿根廷的土地素以其土壤肥沃适宜种植玉米和小麦著称，但是其玉米产量远低于邻近的美国艾奥瓦州和堪萨斯州。

其实，世界上改良土壤肥力最成功的案例莫过于以色列。以色列是一个干旱缺水的国家，人均水资源可利用量仅为271立方米，沙漠面积占国土面积的67%，正是通过先进的用水技术（包括引水、滴灌、海水淡化），以色列不仅实现了粮食自给，而且从一个粮食进口国成为粮食出口国。在农业科技最发达的美国，植物工厂正在不断涌现，它通过智能计算机和电子传感系统对植物生长的温度、湿度、光照、二氧化碳浓度以及营养液等环境条件进行自动控制，使设施内植物的生长发育不受或很少受自然条件制约。美国纽约新建的一座占地面积只有650平方米现代化垂直植物农场，它的产量达到同面积上传统农业的390倍，且节水95%。

事实上，中国仍有很大潜力提高粮食和农产品单产来节约耕地。以水稻和玉米为例，尽管中国水稻亩产水平在国际上处在前列，但仍比澳大利亚、埃及、美国、西班牙、日本、韩国等国水稻单产水平要低，美国的杂交稻平均每公顷产量超过9吨，比我国平均水平高出20%。而在玉米产出上，2019～2020年，中国玉米平均每公顷产量为6.32吨，而同期美国玉米平均每公顷产量10.51吨。

如果我们的玉米单产能达到美国的水平，在总的供应量不变的情况下，种植玉米的耕地就可以由现在的4200万公顷降低到2526万公顷，仅此一项，就可节省1600万公顷玉米耕地。而在土壤质量方面，2019年全国耕地平均等级为4.76等（一等地最好），较2014年提升了0.35个等级。一个等级就相当于产出相差100公斤。如果到2035年，我们能将全国的耕地等级平均提高一个等级，达到3.76，就相当于仅靠耕地质量的提升，全国1.17亿公顷的种粮耕地就多产出1.75亿吨（1.75万亿公斤）粮食。而2020年我国的粮食产量在6.7亿吨左右，提高一个等级的耕地质量，相当于全国少用0.3亿公顷粮食耕地。

以科学为基础的农业革命打破了农业生产的自然资源限制，技术的进步带来土地产量的跃升，使得人类能够积累资本进行工业化。马尔萨斯恰好处在第一次工业革命的前夜，在他撰写《人口原理》的时候，技术变革尚处于萌芽状态。此后一百年间，以蒸汽机作为动力机被广泛使用为标志的第一次工业革命给人类生产力带来了巨大的飞跃，推动着欧洲各国经济和人民收入的增长。值得注意的是，在第一次工业革命前的千余年间，世界人均收入的变动趋势基本保持一条水平线（略有波动），这大体符合马尔萨斯的描述，见图1-3。

● 经济增长的内在逻辑

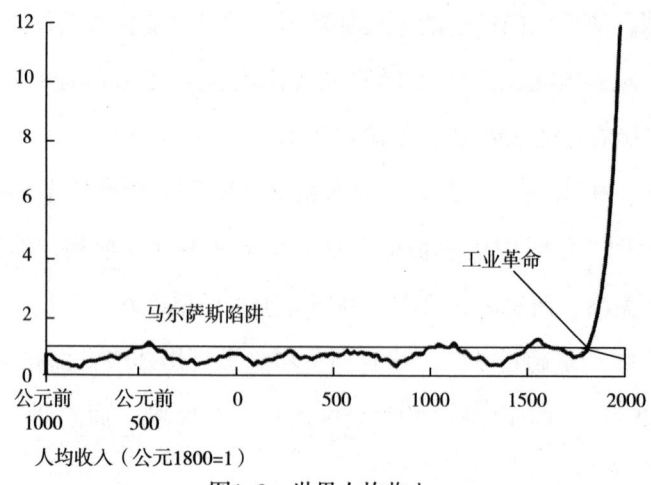

图1-3 世界人均收入

资料来源：格里高利·克拉克，《告别施舍：世界经济简史》。

不过，在第一次工业革命以后的百余年间，人们的平均收入迅速上升。根据美国经济学家德隆的统计，从旧石器时代到公元2000年的250万年间，人类花了99.4%的时间（也就是一万五千年前）使得世界人均GDP达到了90国际元❶，然后花了0.59%的时间（到1750年）使得世界人均GDP翻了一番达到180国际元。从公元1750～2000年，也就是0.01%的时间里，人均GDP达到6600国际元，250年时间里增加了37倍。换句话说，人类97%的财富都是在人类历史长河中0.01%的时段里创造的！这就是科学技术的力量。

接下来，如果我问大家，为什么在经历上千年的生产力水平不变后，人类会突然在18世纪后半叶迎来生产技术变革？为什么在度过了八万年的狩猎和采集的原始生活后，人类会在一万年前开始定居的农耕生活？这一切都是偶然发生的吗？接下来，我会带着大家继续探讨这些有趣的问题。

---

❶ 国际元是多边购买力平价比较中，将不同国家的货币转换为统一货币的方法。

第三节　是什么诱发粮食高产

关于技术创新为何会出现，一直都是经济学家的关注焦点。对于这一问题，最著名的研究莫过于诺贝尔经济学奖获得者、英国著名经济学家约翰·希克斯的"诱致性技术创新"理论。

1932年，希克斯出版了《工资理论》一书，他在书中提出了一个理论假设：当一种要素（例如资本）相对于另一种要素（如劳动力或土地）变得更为丰富时，特定的相对要素价格变化，会诱导出使用更多的资本和节省劳动力的技术变迁。用希克斯自己的话来解释就是，"生产要素价格的变化本身就能刺激发明，并且是一种特殊类型的发明——用以节约变得相对昂贵的要素。"

那么，如何用这个理论分析一万年前的人类呢？假设1平方公里范围内能够捕获的大型猎物是固定的（可以视为1平方公里土地的产出）。随着大型猎物的减少，1平方公里所能捕获的猎物也开始减少（1平方公里土地的产出减少），同时，随着原始人类数量增加，导致食物需求增加，供需两方面的因素要求扩大捕猎的范围。八万年前，由于人口稀少，相对土地而言，人口是稀缺资源，用现代经济学语言来说就是劳动力价格高于土地成本（土地成本甚至可以视为0），狩猎和采集无疑是最小成本生产实物的方法。然而，随着人口增加，土地资源变得相对稀缺。比如，扩大捕猎范围会出现相邻部落领地重叠的情况，进而引发部落冲突。这些都可以视为因为土地相对稀缺所导致的土地价格上升。饲养牲畜、种植农作物、整治农田以及制作耕种农具都可以视为生产的资本❶积累。这些资本的积累有利于节省土地，因此人类朝着农耕定居的生产方式发展。这充分体现了希克斯"特定的相对要素价格会诱导出使用更多的资本和节省劳动力的技术变迁"的假设。

利用希克斯的理论，我们还可以尝试着回答一个富有争论的问题——"尽管中国古代对人类科技发展做出了很多重要贡献，但为什么科学和工业革命没有在近代的中国发生？"这个问题是由英国学者李约瑟在其著作《中国科学技术史》一书中正式提出来的，因此也被称作"李约瑟之谜"。对于这个问题，学者们从制度、体制、文化、思维以及地理等多个角度尝试回答这个问题。如我国著名经济学家林毅夫就认为，"工业革命以前，中国由于人口众多，在以经验为基础的技术发明方式方面占有优势，这是其经济长期领先于西方的主要原因。之后，由于科举制度的阻碍而未能及时实现向以科学与实验为基础的发明方式的转变，中国和西方的技术、经济差距迅速扩大。"❷

英国历史学家伊懋可则首次从资源—经济约束的角度回答这个问题。他认为，中国人口众多，特别是经过清代的"人口奇迹"，中国的人口在19世纪中叶已经达到4.5亿，相比当时的欧洲（先后经历了鼠疫、黑死病、宗教战争，人口大量减少），人口众多、资源匮乏（主要是土地）。为了养育众多人口，必须全力发展农业技术，以至于到欧洲工业革命时，中国的农耕技术远远领先欧洲（包括复种、灌溉、密植、耕种工具的改良等）。但是农业技术发展带来粮食产出的增加则被新增人口所吞噬，较高的农业水平仅能维持人口的产出，没有剩余，人均收入长期停滞不前，无法为工业发展提供物质基础。由此，中国便掉入了一个"高农业水平、高人口增长和低工业水平"的高水平陷阱之中❸。这一点与"马尔萨斯陷阱"所描述的情景相似。

---

❶ 这里的资本是指人类创造物质和精神财富的各种社会经济资源的总称。
❷ 林毅夫.李约瑟之谜、韦伯疑问和中国的奇迹——自宋以来的长期经济发展[J].北京大学学报（哲学社会科学版），2007（4）：5-22.
❸ 姚洋.高水平陷阱——李约瑟之谜再考察[J].经济研究，2003（1）：71-79+94.

如果我们用希克斯的理论做进一步分析，可以从经济学角度做出更加令人信服的解释。在 1700 年左右，中国的人均耕地为 0.28 公顷，而法国和英国人均耕地为 0.83 公顷和 0.91 公顷。在相对狭小的可耕地上要承载庞大的人口，使得投资农业（土地）和投资工商业存在显著的回报差异。已有的研究结果显示，直到近代，即使是在工商业最发达的江南，土地的平均回报率依旧高于工商业的平均回报率。高额的土地回报诱使人们投资农业，工业因缺少资金难以发展。而地球另一边的西欧，由于人口密度低，较低的农业水平也足以支撑人口的增长，工业回报因此高于农业回报，资金向工业集中。

西欧人口密度低不仅诱发了技术变迁，还对当时的社会制度产生了重大的影响。自西罗马帝国灭亡后，欧洲进入封建制度。占领罗马土地的日耳曼民族部落首领们将土地分封给手下的将领，欧洲境内由此产生了大大小小的领地，封建领主们再将土地分配给农民劳作。指望这帮领主无偿将土地给农民使用是不可能的，作为使用土地的报酬，除了缴纳税收，农民还不得不无偿为封建领主提供体力劳动，没有领主同意，农民不得擅自迁往他处。在封建领地内，领主不仅是地主，还是法官、警察。农民没有人身自由，是完全依附于封建领主的"农奴"。显然，这种封建制度是不利于日后资本主义发展的。

14 世纪，席卷欧洲的黑死病夺走了 2500 万欧洲人的性命，占当时欧洲总人口的 1/3。各封建领地人口锐减，劳动力匮乏。农民（侥幸在瘟疫中存活下来的）身价上涨赋予了他们与封建领主讨价还价的资本。此后，英国停止执行并最终废除了旨在抑制工资增长，限制雇佣劳动者为寻找较高工资自由流动，阻止农奴解放的《劳工法案》❶。人们免交封建税费，人身自由不受限制，为日后工业发展奠定了良好的基础。当然，工业革命的发生是多重因素共同作用的结果，后面我们还会谈到。

---

❶ 英国《劳工法案》是指 14 世纪中期，英国政府为加强镇压和剥削劳动人民而颁布的一系列法律。

第四节 生娃不仅是"饭桌上添双筷子"

工业革命带来了生产力的巨大发展。英国人口的自然增长率从工业革命前的2‰~4‰提高到工业革命50年后的15‰,英国迎来了第一次人口"大爆发"。人口的增长没有导致人均收入下降,由于不断扩张的工业充分吸收了新增的劳动人口,人均收入不断上涨,而收入的增加带来了人口出生率的快速上升。19世纪,英国的出生率一度高达35‰。那么,人口会不会从此不断增长呢?显然不是!1878年以后,英国出生率开始下降,至1940年代,出生率仅为15‰。❶

不仅是英国,当今许多发达国家都面临着出生率快速下降的问题,其中最典型的莫过于我国的近邻日本。明治维新之后,日本走上了资本主义发展道路,国力逐渐强盛,人口快速增长。但是2000年后,日本人口不仅没有增加,还开始下降。"老龄少子化"带给日本经济最大的问题就是劳动力人口减少,见图1-4。

那么,如何从经济学的角度解释部分发达国家低出生率现象呢?

美国经济学家加里·S.贝克尔在1960年发表的论文《生育率的经济分析》中,从家庭效用的角度来解释家庭生育问题。他首先假定夫妇决定生孩子的意志是以效用最大化为原则的理性行为分析的结果。简单来说,一对夫妇在做出生育决定之前,会对生育所带来的收益和成本进行理性对比才做出

---

❶ 资料来源:1842~1971年的英国社会、经济数据系列。

决定。生儿育女的收益包括：一是享受天伦之乐；二是家庭能从孩子成人后所得到的收入；三是年老时的保障，所谓"养儿防老"。成本则包括：一是生育和抚养孩子所带来的精神上和体力上的艰辛，二是养育孩子所要支付的费用，三是养育孩子给父母职业生涯带来的影响（如被迫辞职带娃）。相信已为人父/母的读者一定对上面归纳的收益和成本深有体会。

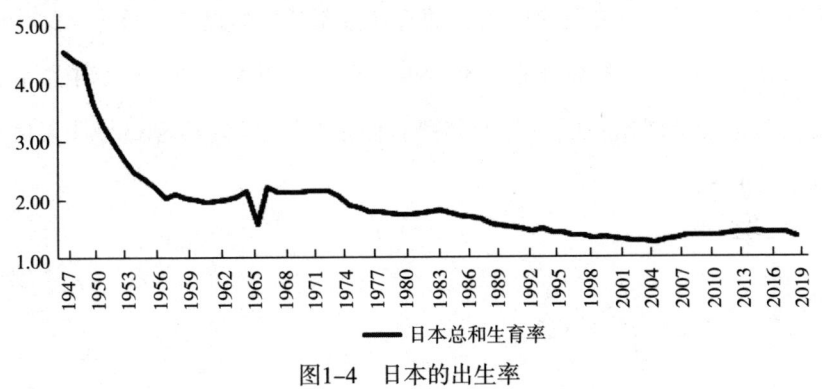

图1-4　日本的出生率

资料来源：CEIC数据库。

我们可以发现，随着生育孩子数量的增加，生育的收益逐渐减少。第一个孩子的出生给全家带来的天伦之乐一定是最大的，而当如康熙皇帝那样一生有几十个子女，恐怕每多生育1个孩子所带来的天伦之乐都会逐步减少，即使对于皇帝来说，养育的成本可以忽略不计。其实，从成本的角度来衡量，每多生育1个孩子，增加的成本可不仅是"饭桌上多加一双筷子"。每个人的时间如同货币一样，你将钱多花在美食上，就必然减少你在化妆品上的花费；用于养育孩子的时间增加，就必然导致你用于工作、休闲娱乐的时间减少。

那为什么工业革命后会出现人口增加的情况呢？这是因为，在工业化初期，就业和赚取收入的机会会增加，多生育1个孩子就等于未来给家庭多带来一份收入。另外，当时社会保障体系、金融和保险市场还没有发展起来，"养儿防老"依旧是影响生育决定的重要因素。

随着现代经济增长，社会和经济体制发生了重大变化。首先，生育控制技术的进步使得"两性间的情欲"所导致的生育增加大大减少；其次，随着教育体系建立，特别是高等教育的普及，养育孩子的费用（包括辅导孩子学习所花费的时间、精力）提高；再次，随着工资提高，父母因养育儿女而影响职业生涯的成本上升；最后，随着社会保障体系和保险市场的发展，养儿防老的效用下降，与之对应的是，随着社会流动性的提高，孩子与父母同住一起的概率下降。上述变化在某种程度上也对我国人口增长产生了影响，我国出生率已经呈现出不断下降的趋势，而在2022年则首现趋势性人口负增长。见图1-5。

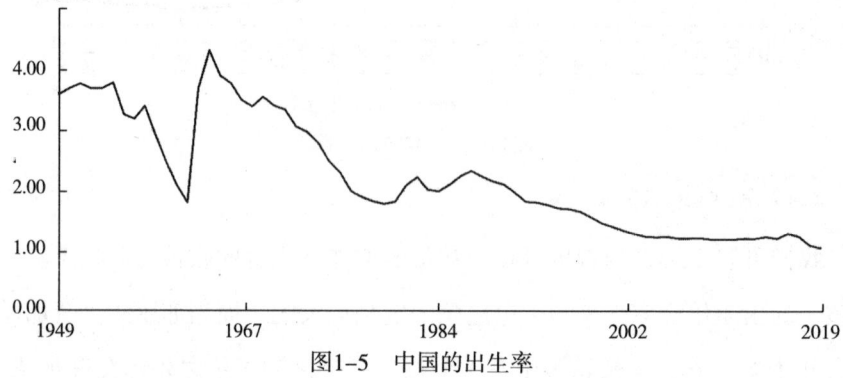

图1-5　中国的出生率

资料来源：国家统计局。

尽管在2015年，我国实施了"全面二孩"政策，但并未能扭转出生率下滑的趋势。"未富先老"将成为未来一段时间中国经济所要面对的挑战。

第五节 经济学里的"内卷"

最近几年,"内卷"一词成为网络热词,从宏观上来说,它是指人类社会在一个发展阶段达到某种确定的形式后,停滞不前或无法转化为另一种高级模式的现象。

其实,"内卷"一词最早出现在经济学领域。20世纪60年代,美国人类学家利福德·吉尔茨在《农业内卷化——印度尼西亚的生态变化过程》中,描述了他在爪哇岛看到的一种现象:"在人口压力下,农民通过不断增加水稻种植过程中的劳动投入,从而获得较高的粮食产量。然而,劳动的超密集投入并未带来产出的成比例增长,而是出现了劳动边际报酬的递减,即过密化现象。"在殖民时代和后殖民时代的爪哇,农业生产方式长期不变、未曾发展,只是不断地重复简单再生产过程,不能提高单位劳动的产值。这种现象在经济学里叫作劳动的边际报酬递减。

很多人可能觉得很奇怪:为什么会这样呢?不是说人多力量大吗?我们还是以一个例子来解释这一现象。1公顷农田,如果只由一个人耕种,那么它的产出可能是5公斤粮食。如果增加一个人,它的产出就会是……10公斤粮食。错!两个人耕种的时候粮食产量会是11公斤。平均每个人生产5.5公斤粮食,比原来一个人耕种的时候人均产值提高了0.5公斤。你可能会认为第二个人是个身高马大的干活好手。忘了告诉大家,这里假设这两个人是同卵双胞胎,从体力到干活态度都是一样的。那为什么会产生1+1>2的效用?因为原来一个人很难照顾1公顷农田,他可能仅完成播种,至于犁土、施肥、割草等活实在心有余而力不足。多了一个人，就可以时不时松松土、割割草，产量自然跃升。那么，照此类推，再增加一个人，可以开展精细化耕作，总产量就是18公斤，平均每人产量就是6公斤……你又错了，千万不要以为不断增加劳动力的结果就是粮食产量可以无限增长。

道理并不复杂，凡事都有个度，超过这个度就是负效用。还是回到1公顷农田，当5个人同时耕作的时候，每个人都正好安排满满一天的劳动量，而且大家彼此协作得很好，农场主也好监督，谁干活偷懒一目了然。此时，效率是最高的，平均每个人的粮食产量达到7公斤，总产量达到35公斤。如果再增加一个人呢？那么其他5个人就会把手头的工作分一些给他，大家就有时间聊天或者神游，农场主也不好监管了，毕竟人多了，两只眼睛看不过来。尽管产量还是会增长，但是这第6个人只会使产量增加5公斤。以此类推，可能增加到第10个人，产量不仅没增加还会减少。每增加1个人所带来的产出增长，在经济学里有个专有名词叫劳动力的边际产出。比如，第2个人的边际产出是5.5公斤粮食，第3个人的边际产出是7公斤粮食，边际产出在第5个人的时候达到最大，此后开始下降，此前的叫作"边际报酬递增"，此后的叫作"边际报酬递减"。所谓"边际"就是每增加1单位要素（劳动力、资本或土地）所带来的产出的增加。要素的报酬等于其边际产出。比如在这个例子中，如果1公顷田地雇用6个人，由于第6个人的边际产出是5公斤粮食，因此，此时农场主给大家的工资应该是5公斤粮食（注意，不仅是第6个人的工资，而是6个人的全部工资）。

爪哇岛上这种经济内卷化（农业产出）并不是单独的现象。我国学者黄宗智在《华北的小农经济与社会变迁》一书中认为，自明清以来，在人口的压力下，中国的小农经济逐渐变成一种"糊口经济"。18世纪之前，人类社会已经"内卷"了千年或数千年。

第六节　城市化有何重要意义

小农经济的"内卷"与马尔萨斯的人口理论不同。马尔萨斯认为，从长期来看，人口是不会有剩余的，因为剩余人口会导致人均收入低于生存工资，并最终因为自然资源限制（死亡率上升）、战争和瘟疫而消失。而"内卷"化的小农经济里，尽管人口的边际产出可能为0，即多增加的劳动力并没有带来粮食产出的增加，按照经济学原理来看，这样的过剩劳动力是不会被雇佣的，或者说由于他的边际产出为0，因此其劳动收入也为0。但是农村地区盛行家庭、部落和村庄内互相帮助以及分享的习俗使得剩余人口依然能够获得高于生存工资的收入。

英国经济学家刘易斯于1954年构建了二元经济结构理论。在这个理论中，刘易斯提出了制度工资这个概念，正如上面分析到的，如果一个人的收入低于制度工资，社会传统伦理不会容许，会给予其帮助，使其收入高于制度工资。而制度工资有一个隐含的意义就是小农经济中存在着"隐蔽失业"——剩余劳动力并不会带来粮食产出的增加。将剩余劳动力（"隐蔽失业"人口）转移出农业部门并不会带来粮食产出的下降。这对于此后资本主义世界的工业发展乃至经济起飞具有重要的作用。

刘易斯在传统单一农业部门的模型中加入了工业部门。在工业化早期，由于农村存在着大量剩余劳动力，工业部门可以以"廉价"的制度工资从农村吸收劳动力，同时不会导致粮食产出下降，这一过程可以看作在给定制度工资的情况下，工业劳动力近乎"无限"供给。"无限"的廉价劳动力供给有利于资本的原始积累，工业有更多的资金投入再生产，工业扩张加速（当然，这一前提是工业发展带动农业发展、粮食增产）。工业扩张反过来又会增加对剩余劳动力的需求。

当然，剩余劳动力不可能真的"无限供给"。我们可以假设，当农村存在大量剩余劳动力时，制度工资为每月40公斤粮食。随着工业部门的扩张，农村大量人口转为产业工人，农业劳动力的边际产出从0变为正数，只要边际产出低于制度工资（40公斤粮食），农村劳动力就会继续向工业部门迁移，直至边际产出等于制度工资。此时，如果工业部门需要继续吸收劳动力，则必须将工资提升至制度工资之上。由于农业劳动力的边际产出已经为正，劳动力转移会导致粮食产出的减少以及农业劳动力边际产出的增加。粮食产出减少会导致价格上涨，农业劳动力边际产出增加会提升农民工资水平，工业部门不得不再提升工资。工人的工资是工业部门劳动力的边际产出，同理，农民收入是农业劳动力的边际产出，当农业部门和工业部门工资水平相等时，就形成一种均衡。当然，这一过程的实现不仅需要农业部门要向工业部门继续提供剩余，而且需要工业也要反过来支持农业的发展，农业技术水平的发展会提高农业的单位产出。这就意味着传统农业必然转化为现代商业化农业，最终，工业部门的工资与农业部门的工资一致，原来现代工业和传统专业并存的二元结构消失，工业部门和农业部门进入均衡发展阶段，这一转折点被称为"刘易斯拐点"。总结起来，二元经济结构理论的关键，是传统部门存在着过剩劳动力，从而劳动力可以在两部门之间转换，以劳动力无限供给为条件实现经济发展。

刘易斯的二元经济结构理论是20世纪50年代提出的，他是从当代许多发展中国家的现实观察中得出结论的，经济学家们普遍认为，这种结构仅存在于当时的发展中国家，并不能用来解释发达国家早期发展的经验，刘易斯本人也认为，应把早期工业化国家撇除在二元经济模型之外。换言之，刘易斯的二元经济结构并不是一个国家由穷到富的过程中所必须经历的阶段。因此，相当长一段时间，二元经济结构理论并不被发达国家的主流经济学所关注。

随着近些年研究的不断深入，学者们发现，无论是当代发展中国家还是早期资本主义国家，在经济起飞前都普遍存在二元经济结构。我国学者蔡昉认为，"只有按照人口转变规律突破马尔萨斯陷阱的人口增长，才同时伴随着现代经济增长的出现，因而形成劳动力过剩的传统部门与吸纳剩余劳动力的现代经济增长部门的并存与互动，构成刘易斯所定义的劳动力无限供给条件下的经济发展"。这也就是说，马尔萨斯陷阱—内卷—二元经济是一个国家经济起飞（现代化）前所要经过的发展阶段。

我国改革开放初期，农民集体外出打工现象无疑是二元经济理论最真实的写照。此外，除了就业的异地（向大中城市）转移，在改革开放过程中，异军突起的乡镇企业，实现了劳动力的就地(向县域内部的乡镇企业)转移。

城市化和工业化不仅吸收了农村大量剩余劳动力，而且，廉价的劳动力为我国早期经济起飞起到了重要的推动作用。我国学者齐明珠[1]对1991～2011年中国农村劳动力转移对经济增长贡献进行了量化计算，结果显示，在没有农村非农劳动力转移的假设条件下，GDP年平均增长率将从实际的10.3%下降到8.8%。持续的农村劳动力的非农转移在20年间使劳动力利用效率年平均提升30.7%，使总劳动生产率年平均提升23.9%，年平均提升比例为63.7%，使GDP年增长率平均提升近1.6个百分点。

---

[1] 齐明珠.中国农村劳动力转移对经济增长贡献的量化研究,中国人口·资源与环境，2014，24（4）：127-135.

第七节　读书无用论可休矣

在扶贫工作中，常听到一个口号——扶贫先扶"智"。这里所谓的"智"，可以理解为经济学中的人力资本，或者通俗地说就是人的知识、技能与能力。美国经济学家舒尔茨认为，把发展中国家农村贫困落后归咎于劳动力过剩，是用静态观点看问题。在他看来，随着人口质量的提高和智力的开发，人们就有可能向生产的广度、深度进军。所谓生产的广度和深度，就是农民的就业沿着农业的产业链不断衍生。比如，通过对农民的计算机使用能力的培训，农民可以通过电商平台销售农产品，乃至一部分农民脱离田间地头的耕作，成为专门的电商销售人员。如此，就可以不断增加就业岗位，劳动力供给就会出现拐点，即由供大于求转向供不应求。归结为一点就是，土地本身并不是导致贫困的关键性因素，而人口质量低才是关键性因素。因此，舒尔茨强调发展中国家要依靠农村教育投资的增加、农村人口质量的提高走出贫困。

与此相对应的是，经济学家在对发展中国家贫困问题研究中发现了一个非常普遍的现象，就是贫困代际传递。所谓贫困代际传递，是指贫困在家庭内部由父辈传递给子辈，从而使子辈在成年后重复父辈的贫困状态。大量的研究表明，与富裕家庭的子女比较而言，贫困家庭的子女在教育、就业以及健康等方面都要相对弱势，教育不均等是贫困代际传递的主要原因。

在我国，教育问题一直是广受社会关注的问题，动辄天价的学区房背后反映的就是教育不均等的问题。相比同一城市不同社区间的教育不均等，边远地市与中心省会城市的教育不均等、城乡间的教育不均等更为严重。中国有句古语叫"寒门出学子",然而从现实的数据来看,"寒门"出大学生的概率远低于中产和富裕家庭。2016年北京大学录取的3363名学生中,农村考生仅占16.3%,而农村考生中贫困生不到5%。据清华大学公开资料显示,2019年在内地招生的3400名学生中,农村及贫困地区的学生数量占比19.3%,为656人,而其中学校通过自强计划和国家专项计划录取的学生共有379人。去除针对贫困地区的自强计划和国家专项计划,清华大学的农村生源比例不到一成❶。

  农村地区人力资本投入不足,不仅导致贫困代际传递,也会影响我国经济的转型升级。改革开放初期,城市化和工业化进程主要是通过引入低端劳动密集型制造业推进,这些产业对于工人的知识和技能水平要求不高。但是随着我国经济发展、产业转型升级,我国在国际分工中地位不断攀升,对就业人群的知识、技能提出了更高的要求。与此相反,随着我国劳动力成本不断上升,低端劳动密集型制造业逐步迁往越南等东南亚国家,这也是我国经济发展、转型升级的必然趋势。纵观发达国家和地区(特别是韩国、中国台湾、中国香港、新加坡)发展历史上先后都经历了由原始技术(手工生产技术)、初级技术(半机械化技术)、中间技术(机械化技术)向先进技术(半自动化技术)和尖端技术(自动化和智能技术)逐步演进的技术结构升级过程,这一升级过程需要人力资本结构与之动态匹配。人力资本结构高级化是我国经济增长的重要推动因素,高素质人力资本不足和劳动力人口连续下降给我国创新驱动和产业结构升级战略实施带来了严重挑战❷已经成为共识。归根结底,经济增长要依靠技术创新,而技术创新依靠的是人的知识。

---

❶ 数据来自搜狐网,"农村娃"究竟怎么了?上清华北大的这么少!原因让家长无奈……

❷ 刘智勇,李海峥,胡永远,等.人力资本结构高级化与经济增长——兼论东中西部地区差距的形成和缩小.经济研究,2018,53(3):50-63.

农村人口的城市化迁移不仅是吸收农村剩余劳动力，摆脱"马尔萨斯陷阱"的必经之路，城市化本身也是推动现代经济增长的重要动力之一。自第一次工业革命以来，人类逐渐告别农业社会进入工业社会，一个个高耸着烟囱的厂房替代了田园和村庄，机器彻夜的轰鸣声取代了田园牧歌。紧张的城市生活节奏和丰富的夜生活也取代了千百年来日出而作、日落而息的农耕生活。工业化使得人类对自然资源的依赖性迅速下降，但是工业化也使得人类前所未有的更加依赖资本，持续的经济增长将依靠资本积累和资本对劳动的替代。

第二章
资本积累与工业化

第一节　后来者居上

中国有句古话叫"民以食为天",这句话也被历代有作为的君王奉为"金玉良言","重农"自然也就成为封建王朝一项既定国策。不仅在中国,欧洲以及全世界其他地方,在19世纪以前的上千年间,农业产出依旧是人口数量、经济增长的决定性因素。

马尔萨斯悲观的人口理论也是基于其生活年代回溯历史所得出的。然而,自工业革命以来,人类的经济结构发生重大变化,农业就业人口占总就业人口比例不断下降,农业产值对GDP的贡献也呈现出相似的趋势,见图2-1。

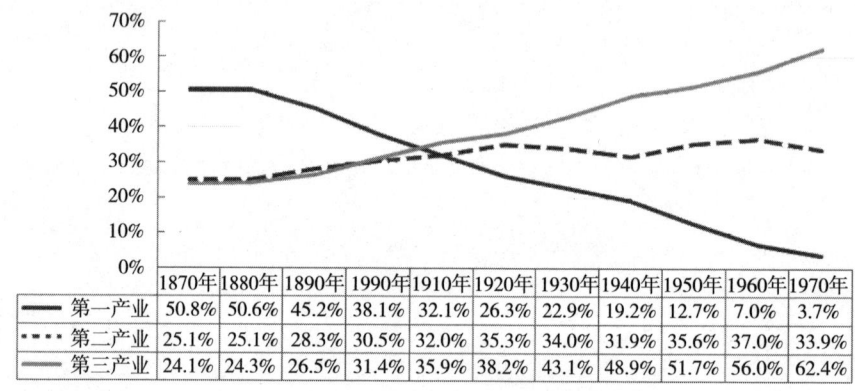

图2-1　1870~1970年美国产业结构变化趋势

在19世纪下半叶,美国的农业产值依旧占据总产出的"半壁江山"。但是,随着工业化进程推进,农业产值占比逐渐下降,工业则"后来者居上",至20世纪初,工业产出超过农业产出并在1950年达到顶峰,此后服务业占比逐步上升。不仅美国如此，不论是早期的发达资本主义国家，还是第二次世界大战后跨入高收入行列的前发展中国家或地区（如韩国、中国台湾、中国香港、新加坡），农业产出和就业人数都逐渐降低。那么，是什么因素使得各国经济增长过程中普遍出现这一趋势呢？归纳起来，大致有如下三个主要因素：

第一个因素，农业技术的进步。农业技术革命一方面使得粮食产出大幅度增加，粮食产出的增加导致粮食价格下降，农业产出占比下降；另一方面，机械化耕种减少了人力的需求，使得农村剩余劳动力转移到工业和服务业。

第二个因素，随着收入增加，人们的消费偏好发生变化。当一个人的收入仅能勉强维持温饱的时候，他的所有收入都将用于食品支出。然而，随着收入增加，收入中(或总支出中)用来购买食物的支出比例则会下降。道理很简单，当人们从"凑合吃"进入"吃得好"的时候，对食物需求就会相对稳定，再有钱的人也不会天天山珍海味、大鱼大肉，并不是他吃不起，而是一个人的胃口是有限的。对此，国人深有体会，以前的人们总是盼望过年，这份盼望里一个重要原因就是过年可以吃好点，在那个年代，吃一次饺子都是难得的奢侈，唯有过年的时候才能一饱口福。但是，现在很少有人会将"吃饺子"作为盼望过年的一个原因，因为改革开放以来，人们的收入不断提高，饺子已经从年夜饭成为家常便饭。近几年，更是流行起"粗茶淡饭"的健康饮食，这可以看作是人们食品消费偏好的改变。经济学中有一个恩格尔系数，它是衡量食品支出总额占个人消费支出总额的比重。据联合国粮农组织提出的标准，恩格尔系数在59%以上为贫困，50%～59%为温饱，40%～50%为小康，30%～40%为富裕，低于30%为最富裕。2020年，我国全国居民恩格尔系数为30.2%。

第三个因素，工业技术的进步。与农业技术进步一样，工业技术进步带来了工业品产出的增加，进而导致工业品的价格下降。但与农产品不同的是，工业品需求的收入弹性较大。所谓收入弹性，就是当人们收入增加1元时会增加多少消费品。前面分析过，在工业化社会，由于人们早已跨越温饱线，增加的收入用于食品消费的金额只会越来越少。对于一个年收入50万元的家庭来说，如果他们的收入增加到55万元，那么增加的5万元里很可能没有一分钱是用于增加食品消费，更可能用于置换家电、汽车等工业产品，乃至美容、健身、家庭教育等服务项目。因此，尽管随着工业技术的进步，工业品的价格不断降低，但是人们收入的增长会导致工业品的需求增加，"量"的增长能弥补"价"跌的损失。因此，工业在国民经济中所占比重逐渐增加。

建立现代化的工厂需要购买设备、支付工人工资、买入原材料，而这一切都可以归结两个字——资本，资本与工业化相伴相生。

第二节　鲁滨逊在荒岛上演资本的故事

说起"资本"这个词，相信大家都非常熟悉，但是如果有人问"什么是资本"，100个人可能会有100个答案。对于大部分人来说，与资本一词联想到一起的，基本是股票、债券、房产以及货币。要想了解经济学里所指的资本，我们不妨从鲁滨逊漂流的故事里寻找答案。

鲁滨逊漂流到小岛，登陆后的第一件事情就是解决填饱肚子的问题。采摘果子、猎捕小动物是他填饱肚子的唯一手段。来到小岛后，鲁滨逊突然时来运转，岛上气候宜人、植被茂盛，恰值各类果实成熟的季节，鲁滨逊不仅填饱了肚子，还储藏了足够一个星期食用的果实。有了储备的鲁滨逊不必每日外出采摘果实，闲下来的时候，就琢磨着如何提高采摘和捕猎的效率。他花上整整 5 天去寻找一棵合适的树并取得树枝、制作木棒。有了木棒，鲁滨逊的采摘效率提高，储藏的果实可以够吃 10 天，于是他花 10 天的时间制作钓鱼工具……一年后，鲁滨逊拥有了木棒、弹弓、渔具、皮草缝制的衣服、小木屋乃至一只圈养的山羊，可谓衣食无忧。

在荒岛上生活的鲁滨逊没有钱、股票、债券（即使有也毫无用处），但是却依然拥有资本。对荒岛上的鲁滨逊来说，木棒、弹弓、渔具、皮草缝制的衣服、小木屋以及那只陪伴他的山羊就是资本。我们现在可以这样定义：资本是指用于生产物品与服务的设备、工具和建筑物的存量。木棒用来生产（敲击树枝）果实，弹弓用来生产小型猎物，渔具用来生产鱼肉，而皮草缝制的衣服、小木屋则提供保暖与遮风避雨的服务。每一个资本品都是对人力的替代（如有了木棒就可以不必爬树摘果实），也就是节省人力。

进一步看，每一个资本品的投资过程都需要先期的储蓄。比如，制作木棒需要有足够一个星期食用的果实，制作渔具则需要 10 天的食物储备，如果鲁滨逊在制作木棒前只储备了 3 天的果实，那么很可能还没有制造出木棒，他就饿死了。由此可以看出，资本品诞生的必要条件是储蓄。这个储蓄又是什么？是银行里的存款？银行里的存款之所以成为储蓄，是因为它随时能够转化为食品、衣物和生产设备。倘若经济处于"地主家都没有余粮"的情况，所有的商品都是有价无市，那么即使存折上的数字再大，它也仅是个数字。对于早期进入工业化的欧美国家，储蓄就是剩余的农产品。没有粮食的剩余，就无法解决从农村转移到城市的产业工人温饱以及工业品原料（如棉花是纺织业的原料）问题。不过，必须指出的是，早期资本主义国家农产品的剩余并不仅依靠本国农业产出，同时还有粮食进口和殖民地的压榨，在后面的章节我会详细分析。

正如鲁滨逊通过先期储蓄（果实）获得了资本品，富裕国家和贫穷国家的本质区别，也是因为富裕国家有更广泛的资本积累，从机器、厂房、建筑物到软件、半成品等，这些资本品的存在使得富裕国家生产效率远高于贫穷国家。那么，资本又是如何积累起来的呢？资本投入的最终目的就是产出商品，因此，回答这个问题前，我们先要知道商品的价格构成。

第三节　亚当·斯密算的账

经济学鼻祖亚当·斯密在其不朽的著作《国富论》中用了近一半的章节探讨资本。他认为，在提高劳动生产率方面，资本存量的增长是最为重要的。亚当·斯密关于资本的论述先从商品价格的构成谈起。他认为，在早期资本积累与土地私有制尚未形成的社会里，商品的价格取决于获得该商品所需的劳动。亚当·斯密用了一个狩猎不同动物的例子来说明。捕杀一只海狸所需的劳动是捕杀一只鹿所需劳动的2倍。因此，海狸的价格就应该是鹿的2倍。

然而进入资本时代，拥有资本的资本家们就会购买原料、雇佣工人生产。资本家支付原材料款和工人工资后，剩下的利润就是资本的收益。很多人会说，工人是靠自己辛勤的劳动获得工资收入，资本家仅凭拿出资本就可以获得丰厚的资本收益，这不是不劳而获吗？亚当·斯密认为，资本收益是对资本家冒险的补偿。资本家将资本投入一个产业的时候并不是稳赚不赔的。无论产品的销路如何，购买原材料的费用和工人的工资必须支付，一旦产品卖不出去，亏损则必须由资本家（企业主）来承担，除了承担不确定的风险外，如果资本家本身就是企业主的话，他还要负责监督员工劳动，进行企业日常管理，这本身也是一种劳动。对于银行家也是一样，银行将钱贷出去后，看似坐收利息就可以，但实际上银行家要承担贷款无法收回的风险，并要持续跟踪企业的经营状况，确保企业可以按时偿还贷款。如此看来，资本家因承担风险而获得资本收益本无可厚非,问题是资本收益与劳动收益的比例。

当然,亚当·斯密也同样关注到这个问题。他认为,人类进入土地私有制后,使用土地就必须向地主支付租金。而任何生产都是建立在土地上的,因此地租也必然是生产成本的一部分。亚当·斯密断言,"每个国家每年生产的全部商品价格或交换价值,整个合起来看,必然自动拆解成三种成分,分配给国内各阶层居民,作为劳动工资、资本利润和地租"。劳动、资本、土地三个要素也成为此后经济学中研究经济发展的必备要素。

大家也许会问,如果是一个自耕农呢?土地是自己的,靠自己的双手耕种粮食,这不是没有资本吗?其实,在鲁滨逊漂流的例子中已经说明,任何劳动工具的制造或者购买都是资本的投入。即使是自耕农,也需要购买耕牛、肥料及耕种工具,这些都是资本的投入。只是自耕农集劳动者、资本拥有者、土地所有者为一体,其收入也就包含劳动工资、资本利润和地租,只是无法明确区分而已。

在《国富论》中,亚当·斯密提出的一个观点非常值得注意,那就是工资上涨和资本收益同比例的上涨,对商品价格会产生不一样的效果。他以纺织品行业为例,在这里暂时不考虑地租,假设纺织品销售的利润分配中,工资和资本各占50%,如果纺织工人工资上涨5%,那么纺织品的价格就应该上涨$50\% \times 5\% = 2.5\%$。资本上涨会有什么不同效果吗?亚当·斯密的理论是建立在分工经济的基础上(后面章节将重点介绍),也就是说纺织工人负责亚麻衣服的纺织环节,并不负责种植亚麻作物、梳麻等环节。实际上,纺织工人只是承担了纺织这道最后的工序,纺织厂需要购买梳麻厂的梳麻服务,同理梳麻厂则需要购买亚麻作物。资本收益上涨并不是只有纺织厂长的资本收益上涨,而是亚麻作物农场主、梳麻厂长的资本收益都要同比例上涨。为什么?因为如果只有纺织厂长的资本收益上涨,亚麻作物农场主、梳麻厂长就会将资本投入纺织厂,资本的竞相涌入会导致纺织品的产出增加,纺织品供给增加，价格自然就会降下来；同时，众多纺织厂的建立自然带来对梳麻需求的增加，由于原先的梳麻厂长把钱都投到纺织厂了，梳麻的供给就会减少，价格自然就上升。亚麻作物的供需变动也同理，这一过程直到资本投到亚麻作物农场、梳麻厂和纺织品厂的收益一致为止。

因此，资本收益的上涨是整个产业链资本收益上涨。亚麻作物农场主的资本收益上涨5%，会导致亚麻作物的价格上涨2.5%；梳麻厂购买亚麻作物的价格上涨2.5%，同时自己的资本收益也要上涨2.5%，那么梳麻就要涨2.5%+2.5%=5%；以此类推，最终纺织品的价格上涨了7.5%。也许大家会问，资本会逐利，为什么劳动者就不会跳到收入更高的行业呢？梳麻厂工人完全可以去纺织厂上班嘛。我们可以认为亚当·斯密书中暗含了一个假设：相对于资本流动，劳动力的流动是会有限制的。在随后的章节——论劳动与资本在不同行业的工资与利润——亚当·斯密对劳动力流动的限制做了详细说明。

第一，技能转换不是瞬间完成的。梳麻工人并不具备纺织的技术，而学会这门技术并不是一朝一夕可以做到的。特别是技术含量较高的工种（如钟表匠、药剂师），往往需要从学徒做起（学徒是没有收入的），经过十几年的积累才能成为一名合格的执业人，因此，尽管这些行业的收入非常高，比如，亚当·斯密谈到药剂师的利润在100%以上，但是多于大部分人来说，这个职业却是可望而不可即的。

第二，工作本身讨人喜欢或令人厌恶的程度。这个原因放在现代社会更好理解。一线城市的高薪行业很多人会很羡慕，但是同样有很多在这些高薪行业工作的人，会辞掉令人羡慕的工作，高薪职业的背后是高工作强度和工作压力。

第三，对劳动力流动的限制。亚当·斯密在书中提到了在当时的英国，人们离开居住地前往其他地方谋生需要持有"身份证明书"，而证明书需要由该教区委员和贫民救济委员会共同签署核发，同时还要有两名教区保安官副署。然而即使获得这类身份证明书，也不意味着就在可以在工作地自由谋生和居住。持身份证明书的外地人，除非租住在每年租金至少 10 英镑的公寓长达一年，或被推举担任任期一年的教区公职，否则不得以任何理由申请当地的居住权，这些规定实际上限制了劳动人口的自由流动。

不过，资本真的可以不受限制地自由流动吗？显然也不是。亚当·斯密点出资本流动并非完全不受限制。结合现代经济社会，我们会发现，垄断、行业特许经营、准入门槛等因素导致资本无法进入高收益行业。比如，大家都知道烟草业利润较高，但这是国家特许经营的行业，并不是任何资本都可以进入的。因此，亚当·斯密一直强调政府不能干预经济，而是要通过竞争机制，实现各种生产要素的有效配置。

尽管最终商品销售后，利润由劳动（工资）、资本、土地（地租）分得，但是在亚当·斯密看来，上述三个要素所分得利润的意义是不一样的。工人获得工资收入主要是用于维持生活，这一点无须赘述，最大的区别在于，资本收益与地租对于经济增长的不同作用。前面谈到过，资本品的投资过程都需要先期的储蓄。在亚当·斯密看来，企业家们（或资本家们）获得的资本收益会用于购买资本品扩大生产，社会中的资本存量主要是靠制造业的企业家们"过度节俭"——德国哲学家马克斯·韦伯在其名著《新教伦理与资本主义精神》中称为资本主义精神——所积累起来的。而专制君主、土地贵族获得地租或者利用特权获得的财富只会被挥霍一空，这会导致资本积累的减少，不利于经济增长。由此引申而来一个重要政策含义——要促进经济增长，就要压制挥霍性消费，增加储蓄并转化为生产性活动的投资。这成为英国古典经济学派经济增长理论的"压舱石"。

既然资本收益会被转化为投资进而促进经济发展，而地主的租金则会被肆意挥霍而不利于经济增长，那么，在总利润中，两个要素又是如何分配利润的呢？

第四节　资本家与地主的较量

早期关于要素收入分配问题最经典的论述，莫过于英国古典经济学家大卫·李嘉图。马克思主义政治经济学中的很多观点，也借鉴吸收了李嘉图的理论。马克思曾认为，"李嘉图是古典政治经济学的完成者""在李嘉图那里，政治经济学无情地做出了自己的最后结论并以此结束"。

大卫·李嘉图生于1772年。年幼的李嘉图最初两年的教育是在其父亲的故乡荷兰完成，之后进入公立小学。14岁那年，以证券经纪人为职业的父亲希望李嘉图能够子承父业，便将长子带到自己开办的证券公司。或许是继承了父亲的天赋，李嘉图在证券业务方面显示出过人的才华以及远超同龄人的睿智。与带有强烈宗教、政治偏见的父亲不同的是，李嘉图既坚持自己独立的观点，也能包容异同观点。这一特征在李嘉图对宗教的态度上得到了集中体现。年青时代的李嘉图由于违背了犹太教的婚姻观念而与犹太教决裂。作为虔诚犹太教徒的母亲无法容忍儿子这一举动，愤怒地将其逐出家门。直到母亲去世8年后，李嘉图才与父亲和解。幸亏早年在父亲公司工作学得一身本领，李嘉图在一家公司支持下成为证券经纪人，这也成为李嘉图此后的收入来源。晚年，成为国会议员的李嘉图始终坚定地认为宗教应该保持一种宽容的精神，不能因为宗教理念而提起诉讼。他认为"所有宗教理念，无论有多荒谬和不可思议，都会有人发自内心地信奉它。那么，为什么一个人可以将自己的理念变为标准，却不允许其他人有所不同？"正是这种包容使得李嘉图与本书第一章的主角马尔萨斯成为挚友，尽管他们的学术观点不同。马尔萨斯晚年曾深情地说："我从来没有对家庭以外的任何人如此挚爱。我们如此坦诚地交流观点，我们共同探讨的对象完全是真理，别无其他，以至我情不自禁地认为我们迟早会达成一致。"

李嘉图生活于英国小说家查尔斯·狄更斯在《双城记》里所描述的那个"这是一个最好的时代，也是一个最坏的时代；这是一个智慧的年代，这是一个愚蠢的年代；这是一个信任的时期，这是一个怀疑的时期"。英吉利海峡对岸的法国于1789年爆发了著名的大革命，海峡这边的大英帝国凭借着第一次工业革命带来的国力增长，战胜了拿破仑的法兰西第一帝国。在国内，一个自信满满的资产阶级正在升起，而另一端是在生活线上苦苦挣扎的城市工人阶级。英国国内贫富差距逐渐拉大，随之而来的是尖锐的阶级矛盾。

与好友马尔萨斯通过对历史的观察去评估未来不同，李嘉图的分析"去历史化"，他更加着眼于当下，重点关注已经实现工业化的英国。他曾在其早期的作品中开宗明义地告诉读者，他研究的核心不会是国民财富的增长，而是财富如何分配的问题。与亚当·斯密一样，李嘉图也认为利润以地租、工资、资本收益的形式在地主贵族、劳动者和资本家三个阶级中进行分配。李嘉图进一步认为，三个阶级的分配比例并不是一成不变的，而是会随着社会发展发生变动。

李嘉图在其代表著作《政治经济学和赋税原理》中对资本做了重新定义，他认为"资本"是"工资基金"，是以工资形式发放给劳动者用于购买食品和必需生活用品。这里的工资，李嘉图与其好友马尔萨斯都定义为"生存工资"，在实质内容上却有区别。"生存工资"的标准并不是不变的，而是会随着"习惯和风俗"以及"对舒适和享乐的品位"而变化。例如，一线城市的生存工资和一个小县城的生存工资显然是不一样的，两者可能相差数倍。此外，不同历史阶段对生存工资的定义也会不一样。在尚不能实现温饱的年代，人们对生存工资的定义可能仅是家人能够吃饱，然而今天，对生存工资的定义是吃饱穿暖、老有所依。

假设一个人的基本生存需求是一天500克粮食，如果500克粮食是10

元，则生存工资标准就是 10 元/天；如果粮食价格上涨 1 倍，则生存工资标准就是 20 元/天。因此，生存工资取决于粮食价格。而粮食的价格显然会受到土地资源的约束。这似乎预示着李嘉图与其好友马尔萨斯的结论最终殊途同归。李嘉图认为，随着人口的增加和土地资源的约束，粮食价格必然上涨，这导致生存工资的上升。对于从事工业生产的资本家来说，工资的上涨意味着利润的降低，这意味着一方面资本家无法积累更多的储蓄用于投资，另一方面，极低的利润率也会降低资本家的投资动机，其结果就是工业化动力不足，经济增长受自然资源（主要是土地）的约束将停滞。

对于依靠收取地租获得收入的地主贵族来说，对于这样的状态却是乐见其成。因为土地资源的稀缺性和粮食价格的上涨必然导致地租的上涨，地主贵族会获得更多的利润。同理，当粮食价格下降时，地租也会下降，资本家会分得更多的利润，并用于再投资（资本积累）。而对于广大劳动阶级来说，无论粮食价格涨跌，如果以实物衡量的话生存工资没有发生任何变化（一天 500 克粮食）。正所谓"兴，百姓苦；亡，百姓苦"。劳动者会消费掉自己所有的收入，而资本家们将所有的利润用于再投资（而不是奢侈的消费）、积累资本，这一点被后来的马克思主义经济学所继承。因此，在李嘉图看来，有限的自然资源最终会导致资本家的资本投资下降，整个社会会因为资本积累不足而无法发展，这也可以看作是另一个版本的"马尔萨斯陷阱"或者称为"李嘉图陷阱"。

第五节 李嘉图的"药方"

与好友马尔萨斯极度悲观的结论不同，大卫·李嘉图认为"陷阱"是可以避免的，至少对于当时的英国是可以的。见证了第一次工业革命兴起的李嘉图认识到，农业技术进步会降低农业生产对土地的依赖，但非常可惜的是，受限于所处的时代，他无法预见未来的农业技术可以使得粮食产出增加速度高于人口的增长速度。李嘉图认为，农业技术进步仅能缓解农业生产报酬递减的状况，但是无法改变土地资源的稀缺性。

前面分析过，随着科学技术突飞猛进的发展，农业在一国经济总量所占比例下降。粮食产出大幅度的增长降低了粮食价格，英美等发达国家的恩格尔系数不断下降。1800年，一个英国普通工人家庭总支出的75%用于食物消费，而到1948年，这一比例仅为27%。粮食价格下跌和农业占比的下降，自然导致土地价格和地租的下降（这里指用于耕种的土地，不包括工业和住宅用地）。根据对美国1805年所有不动产和动产的估计，美国个人财产总价值约为25.05亿美元，其中16.61亿美元来自土地的价值（占比三分之二）；而到1922年，美国国民财富约为3210亿美元，农业土地的价值仅为415亿美元，占比为12.9%。即使是在土地资源远不如北美大陆丰富的法国，地租在国民收入中的占比也不断下降，至1936年仅为3.7%，见表2-1。

表2-1 法国地租收入

年度	农业土地租金	
	占国民收入百分比（%）	占农业收入百分比（%）
1901年	7.9	25.5
1906年	6.8	21.6
1911年	6.5	19.5
1916年	5.1	24
1921年	3.2	11.8
1926年	3.4	12
1931年	3.6	15.6
1936年	3.7	16.3

资料来源：西奥多·W.舒尔茨，《报酬递增的源泉》。

显然，进入工业化社会以后，在西方发达国家地租收入在国民经济中的占比不断下降，这也意味着资本收益和劳动收入不断上升，这无疑有利于资本积累和工业产业工人的增加。

尽管李嘉图最终也没能跳出"人口陷阱"的最终结论，但是他进一步发展了英国古典经济学，其理论对此后马克思主义经济理论等具有深远影响。其中，由土地资源稀缺而引申出来的"李嘉图定律"（租金定律）依然能够解释当今社会的许多经济现象。"李嘉图定律"是指土地租金是土地使用者所支付的价格，它是由垄断性（稀缺性）来决定的，而不是取决于地主在上面做的投资和改良的成本。它的价格受限于租用者（农民）能够承担的价格。越是好的土地（无论是地理位置好，还是产量高），就越稀少，租金就越贵。也就是说要素的价格是由其稀缺性所决定的。比如，尽管空气和水对于人类的重要性远高于土地，但是由于空气和水可以视为无限供应，获取这两种资源几乎不需要耗费任何劳动，因此对人类不可或缺的空气和水是免费的（随着污染加剧，这一说法也已经打破）。

同理，一线城市的房价是三四线城市的几倍，甚至十几倍，也是因为大城市人口密集，土地稀缺性更加凸显。如果我们将稀缺性的概念再延伸，就可以解释同一行业里不同从业者薪酬的巨大差距。娱乐业和运动产业可谓是这方面的典型代表。一个酒吧演唱者一年的收入可能比不上当红明星唱一首歌所赚的钱。显然，酒吧演唱者演艺水平和当红明星的差距并没有那么大。而美国NBA球员的薪酬差距更是达到令人瞠目结舌的程度。

对于这种现象，网络上称为"赢家通吃"，也就是我只需要比你稍具有一点儿优势，那么所有的收益就都是我的。为什么会产生这种现象？我们先将视角转回600多年前的大明王朝。一个在北京唱戏的花旦即使演艺技能再好工资收入也不会比南京城里的花旦高出许多。因为北京的花旦即使拥有"余音绕梁"的唱功，也只有北京的戏迷能享受，而在千里之外南京的戏迷们恐怕连这个京城花旦的名字都没听说过，他们只能去看演艺技能稍逊的南京花旦的戏。可以说，京城花旦的演艺技能丝毫不会影响南京城里艺人的"饭碗"。即使是在京城，一流的艺术家会在宫廷里或戏楼唱戏，二流的艺人也会被达官贵人请到家里唱堂会，三流的艺人也能走街串巷搭台子演出。

如果我们把时间拉近一点，来到100多年前明末清初时期，情况可就不一样了。京城花旦演艺技能提高可能会导致南京花旦们没饭吃。为什么？因为伟大的发明家于1877年发明了留声机。南京的戏迷们完全可以通过留声机听京城"名角"的戏，而不去光顾南京戏院。如果说在明末清初留声机这样的西洋品还是达官显贵的奢侈品，寻常百姓难以触及，那么进入21世纪，电视和互联网的普及使得演艺、运动超越时间与空间的限制，呈现在每一个观众面前。一个当红明星或许具有稍微甜美的歌声、或许具有姣好的容貌、又或许具有曼妙的舞姿，无论他具备何种优势，只要略胜其他艺人，就能瞬间吸引所有电视机前的观众，集"万千宠爱"于一身。每年推出的新歌成千上万首，但是90%的点击率集中在10%的歌曲上。留声机、电视以及互联网带来的是信息的透明性和流动性。200年前，李嘉图将好的土地与差土地之间地租的差价归因于好土地的稀缺性；200年后的信息时代，李嘉图定律被赋予了新的含义，即对能够比较出的优势进行定价，信息越透明、越对称，流动性越好，李嘉图定律导致的"赢者通吃"效应就会越大。

谈完李嘉图定律，还是回到英国的粮食问题上来。既然李嘉图认为农业技术进步仅能缓解农业生产报酬递减的状况，并不能从根本上解决土地稀缺所导致的"人口陷阱"，那么他还有其他"药方"吗？有的，李嘉图认为，解决英国粮食价格上涨最好的手段就是与其他国家开展粮食贸易，用英国的工业品换取粮食的进口。在19世纪早期，英国粮食价格经历了一次大幅下跌，从最高峰1812年8月份的平均每夸脱❶152先令下降到1813年12月的75先令，粮价近乎腰斩。当时英国国会正在对一项政策展开激烈争论，即是

---

❶ 夸脱是英国使用的容量单位，一夸脱等于1.1365升。

否应该对进口粮食谷物征收关税以保护英国农业。李嘉图毫无疑问是积极主张自由进口粮食，而且他敏锐地意识到限制粮食进口只是保护了地主贵族阶级的利益，因为粮食价格下跌会导致地租的下降。为此，他撰写了《论谷物的低价对资本利润的影响》一文，猛烈抨击了英国议会在1815年为照顾地主阶级利益而通过的对粮食进口课以高税的《谷物法》。他认为维护高地租会减缓资本积累的步伐。他更旗帜鲜明地声称，土地所有者的利益"总是与社会其他各个阶级的利益相对立"。英国最终于1846年宣布废除《谷物法》，从此开启了自由贸易的新时代，这对于此后的工业发展、资本积累具有重要的意义。

第六节　"带血"的资本

尽管工业革命推动了生产力巨大发展，使欧美国家从农业国发展为先进工业国，但是罗马不是一天建成的，在工业革命前夕乃至工业革命进程中，资本的积累需要以粮食剩余为前提。即使人均耕地面积高于中国、日本等东亚国家，彼时的英国农业产出仍难以满足工业化的需要，特别是一些封建落后制度仍然阻碍着英国土地的高效利用。

土地的利用效率很大程度上取决于土地买卖的市场化程度，因为只有更能有效利用土地的人才会出高价购买/租用土地。这就是亚当·斯密所说的市场这只"看不见的手"能够使得资源得到有效配置。但是直到19世纪，英国有50%的土地由聚居的家族占有（可以视为非私有化、不可买卖的族群公有土地），这些土地几乎不能够被出售。而同一时期，中国（特别是在江南及南方地区）土地私有化（市场化）程度很高，即使算上清朝皇室所拥有的28万公顷的土地，不可交易土地也从未超过全国可耕地面积的3%❶。有经济史学家认为，至少在1800年前，中国与西欧一样符合新古典主义的有效经济制度理论❷。

土地利用效率低下的一个重要佐证，就是新的种植技术和土地改良方法在西欧推广得极其缓慢。16世纪，北意大利、荷兰以及英国的农民在实践中发现，如果把小块的耕地合起来，每年休耕1/3～1/2的土地，并在休耕的土地上种植饲料作物，放养牲畜，既可保护土地肥力，又为牲畜提供牧场，可以极大提高农业产出。但是这一先进的耕作方式由于西欧世袭的租佃关系使得小块土地合并相当困难而迟迟无法推广。习惯或者法律以如此之大的规模迟滞了最为公众所知的农业经验的推广，在中国几乎是闻所未闻❸。如果仅从这个角度看，英国似乎并不比中国更加具备工业革命的物质基础。

1492年，哥伦布受西班牙女王派遣，带着给印度君主和中国皇帝的国书，率领三艘百十来吨的帆船，从西班牙巴罗斯港扬帆出大西洋，直向正西航去。经七十昼夜的艰苦航行，他歪打误撞地驶入了大西洋彼岸那个丰饶的美洲大陆。新大陆的发现拯救了刚刚兴起的欧洲，但也给美洲带去了灾难。欧洲殖民者的闯入给美洲大陆带来了杀戮和疾病，并在原住民的家园建立起自己的种植园。由于美洲原住民人数的大量减少，种植园所需要的大量劳动力则来自遥远的非洲大陆，而劳动力的获取同样是建立在暴力的基础上。

富饶的土地和奴隶制极大压缩了农业生产成本，降低了农产品价格，大量农业产品输往欧洲。英国历史学家艾瑞克·霍布斯鲍姆说："谁说工业革命，谁就在说棉花。"这句话一定程度上点出了早期工业革命起始于纺织业的特征，珍妮纺织机常被人们视为第一次工业革命的代表物之一。而英国的土地资源和农业人口数量显然远不能满足纺织业生产对棉花的需求。巨量的

---

❶ 黄宗知.华北的小农经济与社会变迁[M].北京：中华书局，2000.

❷ 彭慕兰.大分流——中国、欧洲与现代世界经济的形成[M].北京：北京日报出版社，2021.

❸ 同❷。

棉花来自美洲大陆，见图2-2。

图2-2 美洲种植园的黑奴采摘棉花

1815年，英国从美洲大陆输入的棉花超过了1亿磅，到1830年这个数量达到2.63亿磅。如果没有美洲大陆，以英国本土种植的大麻和亚麻代替，则在1830年需要20万公顷的土地，而且大麻和亚麻都是劳动密集型农作物，需要更多的农业人口。而如果以羊毛代替，则需要惊人的8215万顷土地，而当时英国的可耕土地仅为687万公顷❶。

通过一个历史事件可以看出，北美大陆出产的棉花对于英国纺织工业的重要程度。1861年，美国爆发独立战争，此时的美国北方是资本主义发达的工业州，而南方则主要是种植农产品的农业州。战争前方打的是枪炮，后方打的是钱粮。经济实力较弱的南方很快就陷入了财政危机的窘境。为了维持庞大的战争支出，南方政府唯有依靠发债募集资金。但是如果仅以南方政府的信誉为担保，恐怕没几个人会买这些债券，因为没几个人相信南方政府有偿还债务的能力。南方政府想出一个奇招——以棉花为抵押发行债券。债券一经推出就受到了投资人的热捧。前文提到，纺织业是英国维多利亚女王时代经济的重要支柱，英国80%以上的棉花进口于美国南部，棉花在当时可以

---

❶ 彭慕兰. 大分流——中国、欧洲与现代世界经济的形成[M]. 北京：北京日报出版社，2021.

视为硬通货。在这种情况下，即使南方军队连连败退也丝毫不会影响债券价格，因为大家根本不在意南方政府是否具备偿还债务的能力，而是看重作为抵押品的棉花。

但是，新奥尔良的陷落使得这一情况发生逆转。作为棉花输往欧洲的重要港口，北方联邦军占领新奥尔良，使得南方出产的棉花无法运出。棉花债券的价格一落千丈，南方政府也失去了最重要的收入来源。这不仅影响了美国南北战争的最终结果，也同样影响了大西洋彼岸的前宗主国。尽管英国试图以印度和埃及作为对美洲大陆的替代，但是这两个国家的棉花产出远远无法达到美洲大陆的产量。1861~1862 年，英国棉花消费下降了 55%，同时棉花价格却翻了一番。1860 年棉花的价格仅为羊毛价格的 1/3，而到 1864 年棉花的价格则超过了羊毛。这对英国纺织业几乎是毁灭性的打击。1862 年兰开夏的纺织厂大约有一半停产，即使是仍然开工的工厂，一周工作时间仅为 2.33 天❶。

棉花产出的增长自然带动了北美大陆对奴隶的需求，而奴隶一度成为美国富豪阶层最主要的资产。1860 年，美国境内奴隶人口的总价值在 27 亿 ~ 37 亿美元，比美国的铁路和制造业的资产价值还要高。奴隶的价值在弗吉尼亚州占到应税资产总额的 37.4%，在密西西比州更高达 61%，有 339 个精英家族拥有 250 名以上的奴隶，种植园主是美国内战爆发之前消费力最强的人群。到美国内战爆发前的 1860 年，美国境内 450 万非洲裔人口中仍有 400 万是奴隶❷。美国著名小说《汤姆叔叔的小屋》充分反映了这一时期黑人奴隶的悲惨遭遇以及他们对人身自由的渴望。

而奴隶主们出口棉花赚取利润就是为了购买更多的奴隶。一位从北方

---

❶ 彭慕兰. 大分流——中国、欧洲与现代世界经济的形成 [M]. 北京：北京日报出版社，2021.

❷ 艾伦·格林斯潘，阿德里安·伍尔德里奇. 繁荣与衰退：一部美国经济发展史 [M]. 北京：中信出版集团，2019.

来到南方的美国人曾评论道:"他们(奴隶主)出售棉花的目的就是购买黑人,而生产更多的棉花就是为了买更多的黑人。这种行为无休止,这是南方这些彻头彻尾的棉花种植者开展生产经营的目标和发展方向。他们的灵魂已经完全被这种欲望支配。"❶ 例如,1760～1810 年,英属西印度群岛的奴隶输入的价值相当于糖出口(最主要的出口品)年收入的 1/4;而在巴西,1821～1826 年为进口奴隶支付的价钱等于这个国家总出口的收益❷。

奴隶贸易不仅为北美种植园主带来了财富,还造就了大西洋对岸的港口城市——利物浦。在 17 世纪中叶,利物浦的人口不到 4000 人,一年上交的船税只有可怜的 12 英镑。1709 年,利物浦的第一艘运奴船从非洲向美洲的巴巴罗斯种植园运送了 200 多名奴隶,获利 4000 多英镑。此后,利物浦逐渐成了英国乃至整个欧洲最大的贩奴港口。它的城市人口在 70 年间翻了 7 倍,18 世纪末上缴的船税达到了 60 多万英镑。根据英国史学家的统计,在 1795 年,利物浦的奴隶贸易总额占到了英国奴隶贸易总额的 62.5%,占到了欧洲贩奴贸易总额的 40%,按照英国人自己的说法,利物浦这座城市"没有一块砖不渗透着奴隶的鲜血"。

从美洲大陆源源不断输入英国的棉花并不是免费的,毕竟美国已经是一个独立的国家,而恰恰是前宗主国的压榨才导致美国的独立。棉花的输入必须建立在公平的贸易基础上。既然有输入就必须有输出,那么英国向美洲大陆输出什么?工业品!第一次工业革命使得英国成为先进的工业国,工业品是英国贸易的优势所在。能高效地生产工业品并不意味就能对外输出,因为生产的产品必须还要有需求才能卖得出。美洲大陆对英国的工业品有需求吗?有!由于种植园主们只购买少量女性奴隶,绝大多数奴隶无法成家,因

---

❶ 艾伦·格林斯潘,阿德里安·伍尔德里奇. 繁荣与衰退:一部美国经济发展史 [M]. 北京:中信出版集团,2019.
❷ 彭慕兰. 大分流——中国、欧洲与现代世界经济的形成 [M]. 北京:北京日报出版社,2021.

此许多维持生存的必需品只能由奴隶主供应。这其中最大的需求就是奴隶们的衣服，而衣服来自英国的纺织品（在当时被视为工业产出品）。英国先进的纺织业可以低成本地将从美洲大陆进口的棉花制成棉质衣物，再出口到美洲、印度。由于奴隶数量巨大，即使美国购进最便宜的棉制品（当然还有其他工业品），仍为英国创造了一个相当大的市场。进口工业品价值几乎占到英属加勒比海地区糖出口收益的50%；而1748～1776年，英国工业产出的12%用来满足加勒比海地区的需求❶。

不仅棉花，还有糖、木材和黄金等，都从美洲大陆源源不断输往欧洲大陆。1800年，英国国民摄入的热量来自糖的部分占比为2%，而到1900年，这一比例达到不可思议的14%；1825年，英国从北美大陆进口的木材相当于100万亩欧洲森林的产量❷。美洲大陆广袤的土地和廉价的奴隶劳动力为英国提供了大量廉价的土地密集型农产品，使得英国在工业革命过程中得以摆脱土地资源的束缚，同时把国内的农业劳动力转变为士兵、水手、商人和产业工人。与此同时，美洲又为英国工业品提供了庞大的市场需求。大西洋两岸形成了基于跨洋贸易的劳动分工，欧洲大陆生产技术门槛高的资本密集型工业品，美洲大陆生产土地密集型的农产品。技术、市场和低廉的原材料为英国国内工业带来了丰厚利润，英国完成了原始的资本积累。

马克思在《资本论》中谈道，"资本来到世间，从头到脚，每个毛孔都滴着血和肮脏的东西……资本主义的原始积累过程就是征服、奴役、掠夺、杀戮过程"❸。

---

❶ 彭慕兰，大分流——中国、欧洲与现代世界经济的形成[M].北京：北京日报出版社，2021.

❷ 同❶。

❸ 马克思，《资本论》，第一卷第24章。

第七节　道路是曲折的

欧美资本主义国家早期的资本积累主要依靠资本主义市场经济中固有的压制工资（消费）机制和殖民掠夺完成。第二次世界大战结束后，殖民地国家普遍实现了民族和国家的独立。经济学家开始关注广大发展中国家的经济增长。在这一时期，主流经济学普遍认为，欧美发达国家的发展路径并不适合发展中国家，仅依靠市场机制很难完成资本积累。

这其中最具代表的是罗森斯坦·罗丹和纳克斯提出的"平衡增长理论"。他们认为，发展中国家如果还是像过去殖民地时期一样仅依靠出口农业初级品是无法积累资本的。此外，发展中国家如果仅集中发展一两个工业产业，那么其国内狭小的市场（这个狭小并不是指人口少，而是指消费能力）无法吸纳这些产业大规模工业化生产的产出。而在国际市场上，由于发展中国家技术落后，其工业品是无法与发达国家的工业品竞争的。罗丹和纳克斯为此提出的解决方案就是全面发展各类工业部门，而不是将有限资源放在一两个部门，让各个产业间形成"战略互补"。比如，在相当一段时期，钢产量被视为一国工业实力的象征，发展钢铁产业就会带动煤矿和铁矿石开采业，发展开采业会带动挖掘机械产业，而发展挖掘机械产业又会需求大量的钢铁。因此，整个产业链自己就创造了需求。

20世纪40年代末，英国经济学家罗伊·福布斯·哈罗德在其所著《动态经济学导论》一书中，构建了有关经济增长的模型。此后，美国经济学家艾夫斯·多马先后撰写了《扩张与就业》《资本扩张、增长率和就业》及《资本积累》等文章，其思想与哈罗德基本一致，后人将他们的模型称之为"哈罗德—多马经济模型"。这一模型以当时流行的凯恩斯有效需求不足理论为基础，继承了凯恩斯经济学中投资来源于储蓄的观点。他们通过模型推导认为，国家经济增长取决于社会储蓄率和资本产出比的比率。所谓资本—产出比就是指增加1单位的产出需要追加投入多少资本，他们假设这一变量是固定不变的，因此，经济增长就取决于储蓄率，也可以说由储蓄率转化的投资。"哈罗德—多马经济模型"为发展中国家制定经济政策提供了一个参考框架。

上面谈到，按照"平衡增长理论"，发展中国家需要独立发展全门类的工业体系。但是，"摊子"铺大了，自然需要大量的资金，发展中国家普遍比较贫穷，如何筹集发展的钱？这个时候就需要引入政府的干预。我们在本章开头曾以鲁滨逊为例谈到资本来源于投资，而投资来源于储蓄。因此，政府需要用计划和命令的方式为投资筹集资金。这些干预方式包括指令性贷款、销售管制、差别税收等，其中最为大家所熟知的就是工农业产品的"剪刀差"。"剪刀差"指的是工农业产品交换时人为压低农产品价格，工业品价格高于价值，农产品价格低于价值时所出现的差额。这一概念最早产生于20世纪20年代的苏联，当时苏联为了加快积累工业化的资金，人为压低了农产品的收购价格，农产品和工业品的差额转入了政府支持发展的工业部门。

我国"剪刀差"的最初形成是由于西方资本主义大国的经济掠夺，鸦片战争后中国成为西方大国倾销工业消费品的市场和掠夺农产品原料的基地。1949年，国家经济侧重于发展重工业，再加上采用计划经济体制，尽管政府提高了对于农产品的收购价格，缩小了"剪刀差"，但是"剪刀差"依然客观存在。当时对农产品采取"统销统购"的政策，即国家以统一的价格收购农产品，并以统一的价格销售。农业经济学家严瑞珍在其所著《中国工农业产品价格剪刀差》一书中认为，1952年以来中国"剪刀差"的变化经历了两个阶段，1978年以前"剪刀差"逐步扩大，到了1978年，"剪刀差"比1955年时扩大了44.65%，达到了364亿元。也就是说，农民每创造100元的产值，就会因为"剪刀差"而流失25.5元，这一状况直到1978年才好转。

发展中国家通过政府干预、行政动员的方式试图为发展工业体系提供资金。这一政策不仅牺牲了农民的利益，也压制了消费，更重要的是，从实施效果来看，并没有如理论所预测的那样成功，绝大多数发展中国家并没有建立起完备的工业体系。这一政策为什么会失败呢？

原因在于，这一政策并不符合发展中国家的资源禀赋情况。绝大多数发展中国家都是人口众多、经济基础薄弱的农业国。因此，发展中国家的禀赋优势在于劳动工资低廉。基于这一禀赋优势应该优先发展劳动密集型的产业，而不是资本密集型的工业乃至重工业。此外，发展工业体系对一国的科学、技术水平有一定的要求，而广大发展中国家并不具备这一条件，很多国家独立之初国民文盲率超过50%，人才培养体系尚不完善，往往会出现花高价钱从发达国家进口的设备却没人会使用的情况。因此，一国的经济政策更应该符合本国的资源禀赋，用我们熟悉的话说就是从实际国情出发。

古典经济增长理论是依托其产生的时代，这一理论认为经济增长要素为实物资本的积累，资本被视为一个非常重要的要素，甚至把经济增长推到了一个"唯资本积累"的境地。哈罗德—多马经济模型认为，只有资本才能为产量做出贡献而劳动不能。其中一个重要的假设的就是资本—产出不变，或者说资本边际报酬不变。然而这一假设并不成立，这也是该模型被人诟病的地方。从资本投入的产出成本看，投资的不断增加必然会引起资本品供给价格的上升，而资本品供给价格的上升意味着成本增加，从而会使资本边际报酬下降。另外，投资的不断增加会使所生产出来的产品数量增加，而产品数量增加会使其市场价格下降，这也会导致资本边际报酬下降。

以建设高速公路为例，在一个发展中国家建设高速公路（资本积累）和在发达国家建设高速公路的收益和经济效益是不一样的。发展中国家基础设施落后，可能只有泥泞的乡村小道，如果有了高速公路，就可以极大减少交通成本，促进这一地区人流和物流的交互，促进地区经济发展。而在发达国家，由于基础设施已经十分完善，可能在这个新建的高速公路旁边就已经有一条国道，即使走原来的国道也不见得会慢多少，因此，这一投资的收益会很低。现实中，在人均资本较高的发达国家，资本的边际报酬低，而在人均资本较低的发展中国家，资本的边际报酬高。在越来越一体化的世界，资本在国际间自由流动，发达国家的资金流向发展中国家，就是因为一方面发达国家资金成本低，另一方面在发展中国家的投资能获取更高的收益。这也同样可以解释发展中国家的经济增长率高于发达国家。例如，过去10多年发达国家经济增长率多介于1%～2%，3%的经济增长率被视为经济繁荣的象征，而许多后发的发展中国家经济增长率保持在5%以上。

从资本边际报酬递减的角度看，一个国家随着经济增长，人均资本累积，其资本投入的边际报酬和经济增长率会逐步递减，因此古典理论认为，世界各国的经济水平和经济增长率会逐渐趋同。然而现实中，除少数后发国家成功步入发达国家行列外，绝大多数发展中国家依然难以追上发达国家的步伐，而且发展中国家与发达国家的差距还在不断拉大。这似乎又和资本边际报酬递减的规律相悖，那么这种情况又该如何解释呢？

第八节　资本并不是经济增长的全部

尽管发达国家和发展中国家的经济差距不断拉大，但是经济学家通过研究发现，发达国家之间的差距却在缩小，经济学称为生产率水平的收敛趋势。美国经济学家斯特莱斯勒对1950～1974年，不同国家之间的人均收入水平的对数进行了测算。他的研究发现，人均收入水平高于2700美元的国家经济增长存在显著的收敛趋势。另一位美国经济学家鲍莫尔也得出了类似的结论。他把所有国家分为工业化国家、过渡国家、中央计划国家和欠发达国家等不同群体,尽管不存在全部收敛的趋势,但在集团内部仍存在生产率水平的收敛趋势。

这种现象既无法被资本收益边际报酬递减规律所解释,也同样不符合哈罗德—多马经济模型中资本—产出不变的假设。由于缺乏完备的国民经济核算数据和统计计量知识,早期经济学家们对经济增长的研究主要通过逻辑推理和对现实微观经济的观察,难以通过数据对理论结论做检验,因此不同学派的经济争论常常陷入"公说公有理,婆说婆有理"困境。随着世界各国逐步建立起国民经济核算体系、计量经济知识和手段(特别是计算机的应用)不断丰富,经济学家得以在假设存在一个生产函数的前提下研究不同要素对产出的贡献度。

1961年,经济学家尼古拉斯·卡尔多通过对发达国家数据的研究提出了六个"典型化事实",其内容包括:

(1)每工时实际产出或人均实际产出在较长时间内持续增长,即生产率稳速增长。

(2)人均资本存量持续增长。

(3)以名义利率扣除通货膨胀率而得到的实际利率大体上稳定不变。

(4)资本—产出比率大体上稳定不变,或产出和资本存量增速大致趋于相同。

(5)各种生产要素的收入在国民收入中所占的分配份额大体上稳定不变。

(6)人均产出增长率在不同国家间具有很大差别,收入和利润份额较高的国家倾向于有较高的资本—产出比例。

卡尔多研究的样本仅限于发达国家,他不过是再次确认了斯特莱斯勒、鲍莫尔等人的研究结论。更重要的是,卡多尔研究的时段有限,没有涵盖发达国家完成工业化之前的数据。美国经济学家阿布拉摩维茨将研究数据延伸至美国19世纪初,发现资本对于经济增长的作用在经济发展的不同阶段并不相同，见表2-2。

表2-2　美国劳动生产率的长期增长核算

年份	资本收入份额❶	劳动生产率	资本/劳动比率❷	资本对经济增长的贡献
1800~1855年	0.34	0.6	0.6	0.2
1855~1890年	0.45	1.5	1.5	0.4
1890~1927年	0.46	1.3	1.3	1.4
1927~1966年	0.35	1.7	1.7	2.1
1966~1989年	0.35	1.8	1.8	0.8

资料来源：Abramovitz, The search for the Sources of Growth:Area of Ignorance.

在美国早期发展阶段（即1800~1855年、1855~1890年两个阶段，这一时期也被视为美国完成工业化的时段），资本在经济增长中发挥着重要的作用。资本/劳动比率由1800~1855年间的0.6上升到1855~1890年间的1.5，增长为原来的2.5倍；劳动生产率由0.6上升到1.5，增长为原来的2.5倍；资本对经济增长的贡献由20%（0.2）上升到40%（0.4）。美国从传统农业国向先进工业化国家转变这一时期，资本无疑是经济增长"舞台"上的主角。但是当美国完成"初级工业化"❸转变后，在向"高级工业化阶段"❹进阶的过程中，资本的重要性却没有前一阶段那么显著。在这一阶段，尽管资本/劳动比率仍在上升，但增长的速度却明显放缓；更重要的是资本对经济增长的贡献下降。与此形成对比的是，劳动生产率不仅没有下降而且持续快速提升，美国在这一时期成功实现经济总量全球第一，成为世界头号强国。

我们不禁要问，是什么因素在推动美国经济持续高速增长？是劳动力人口的迅速增加吗？尽管美国是一个移民国家，大量来自全球各个地方的青壮

---

❶ "资本收入份额"为资本在总产出中所分得的收益。
❷ "资本/劳动比率"为资本总量除以劳动人口数量，即为人均资本。
❸ 速水佑次朗，神门善久. 发展经济学——从贫困到富裕[M]. 李周，译. 北京：社会科学文献出版社.
❹ 同❸。

劳动人口涌入美国，美国劳动人口数量也确实在不断增长，但是稳定且略有上升的资本/劳动比率表明，劳动人口的增加速度仍然十分有限，没有超过资本积累的速度。不仅在美国，在英国和欧洲大陆，经济学家也发现了同样的规律。诺贝尔经济学奖获得者、被喻为"GDP之父"的美国经济学家西蒙·库兹涅茨❶于1971年首次出版了《各国的经济增长》一书。在这本书里，他以大量的统计资料为基础，通过对比多个发达国家和发展中国家的国民收入以及总产值，概括总结经济增长过程及规律，见表2-3。

表2-3 若干发达国家的产出、投入和生产的增长率

国别和时期	年增长率（%）							
	产值	劳动力	资本	结合投入	每一投入单位的产值	人口	人均产值	每一投入单位的产值/人均产值
英国								
1. 1855~1913年	1.82	0.74	1.43	0.98	0.83	0.86	0.95	0.87
2. 1925~1963年	1.93	0.82	1.77	1.09	0.83	0.47	1.45	0.57
法国								
3. 1913~1966年	2.33	−0.5	1.95	0.18	2.15	0.4	1.92	1.12
挪威								
4. 1879~1899年	1.72	0.68	1.87	0.93	0.78	0.85	0.86	0.91
5. 1899~1956年	2.8	0.25	2.47	0.72	2.07	0.79	1.99	1.04
美国								
6. 1899~1929年	3.7	1.74	3.76	2.43	1.24	1.71	1.96	0.63
7. 1926~1956年	3.89	0.77	2.86	1.18	2.68	1.7	2.15	1.25
加拿大								
8. 1891~1926年	2.96	1.82	2.74	2.02	0.92	1.93	1.01	0.91
9. 1926~1956年	3.89	0.77	2.86	1.18	2.86	1.7	2.15	1.25

❶ 西蒙·库兹涅茨通过大量的数据发掘与研究，创造了GDP这一概念。经济学大师保罗·萨谬尔森曾这样评价："他是测算国民收入的奠基者，他开创了计量经济学的历史"。

续表

国别和时期	年增长率（%）							
	产值	劳动力	资本	结合投入	每一投入单位的产值	人口	人均产值	每一投入单位的产值/人均产值
1950~1962年的变动（国民收入）								
10. 英国	2.38	0.4	2.3	0.82	1.55	0.44	1.93	0.8
11. 法国	4.7	0.21	3.43	0.95	3.71	1	3.66	1.01
12. 比利时	3.03	0.45	1.51	0.74	2.27	0.54	2.48	0.92
13. 荷兰	4.52	0.85	4	1.67	2.8	1.29	3.19	0.88
14. 德意志联邦	7.26	1.71	5.36	2.67	4.47	1.13	6.06	0.74
15. 丹麦	3.36	0.6	3.87	1.41	1.92	0.7	2.64	0.73
16. 挪威	3.47	−0.12	3.44	0.8	2.65	0.91	2.54	1.04
17. 意大利	5.95	0.78	2.5	1.26	4.63	0.6	5.32	0.87
18. 美国	3.36	0.8	3.88	1.46	1.87	1.71	1.62	1.15

资料来源：西蒙·库兹涅茨，各国的经济增长，商务印书馆。

从库兹涅茨的统计结果看，欧美各国的实际收入（产值）增长快于劳动投入的增长，资本存量的增长快于劳动投入的增长，但慢于实际收入的增长，因此，每投入1个单位资本所对应的产出逐年递减，也就是我们前面所说的资本边际报酬递减。在工业化的初级阶段，资本的边际报酬是递增或者不变，但是到了工业化的高级阶段，资本的边际报酬是递减的。那么，该如何解释资本边际报酬在不同经济发展阶段这一动态变化的现象呢？

对于欧美资本主义国家在工业化初期，资本积累及其发挥的作用，马克思在《资本论》一书中做了经典阐述。马克思的经济学理论形成于19世纪中期，这一时期蒸汽机（资本品）在资本主义国家得到普遍使用。马克思敏锐地观察到资本家有强烈的动机使用自动化机械代替人力。以蒸汽轮船为例，在蒸汽轮船出现之前，船的前进动力主要依靠人力划桨或者纤夫拉动。当蒸汽轮船出现后，原先需要100人拉动的船，现在只需要5名船员操作蒸汽机就可以驱动。因此，只要购置蒸汽机械设备的费用低于人力成本，资本家就有动机使用机械替代劳动力。这就是这一时期资本迅速增长的原因,见图2-3。

图2-3 蒸汽动力船与人力拉动船

那么,这一阶段又是如何保证资本收益不下降的?马克思认为,由于机械不断替代产业工人出现大量失业工人,马克思称之为"产业后备军"。庞大的"产业后备军"将工人的工资长期压制在生存工资水平,资本在要素分配中占据着最大的份额,如表2-2所示,资本收入最高时达总收入的46%,资本/劳动比率也随之迅速上升。

基于以上分析,马克思深刻地认识到,这一时期资本的高利润率和高累积率是以牺牲劳动收入份额为代价的,不平等是资本主义固有的缺陷,也是资本主义一切危机的根源,随着这一矛盾的激化,资产阶级将最终被劳动阶级所"埋葬"。

随着资本在收入分配中所占比例以及资本边际报酬的下降,资本对经济增长的贡献不断减弱。正如前面高速公路的例子一样,当蒸汽轮船普及且现有水路运输能力完全能够满足需求时,新的蒸汽轮船投入并不能如之前那样带动经济增长,因为需求不足,新投入的蒸汽轮船很可能会赔本(资本边际报酬为负)。库兹涅茨通过数据统计发现,发达国家资本对人均收入增长的贡献仅为0.25%,而由于劳动时间的不断缩减(如原先一周单休变成一周双休),劳动对人均收入的贡献甚至为负。❶那么剩余99%的贡献是由什么因素

---

❶ 数据来源:库兹涅茨.现代经济增长[M].北京:北京经济学院出版社,1989.经济学家对于库兹涅茨的统计方法仍有争议,但是关于在发达国家,资本对人均收入增长贡献已不占据主导作用的观点已经被多数经济学家所接受。

推动的？这个问题我会留在后面的章节来回答。

值得一提的是，尽管第二次世界大战结束后一段时期，发达国家资本的收入份额下降，劳动的收入份额上升❶，且各种生产要素的收入在国民收入中所占的分配份额大体上稳定不变，资本主义国家的矛盾有所缓和。但是近年来，随着资产泡沫的膨胀（股票、房地产），资本与劳动收入差距再度拉大。2008年金融危机以后，美国爆发了"占领华尔街"运动，普通民众对于以华尔街为代表的资本的贪婪日益不满，资本主义国家的内部矛盾再度显现。

第九节　春天的故事

国内外经济学界对于中国经济一直都保持着浓厚的兴趣，中国是少数几个由计划经济成功转型为市场经济的国家，因此，其资本形成也带有转型的"烙印"。

前面提到，20世纪50年代，由于特殊的历史环境，我国采取了优先发展重工业的经济政策，通过工农产品价格"剪刀差"为发展工业积累资本。但是，由于底子较薄，我国工业化水平仍然相对落后。20世纪70年代，随着美国总统尼克松访华，西方国家与我国逐渐交往，这为中国从西方引进工业设备打开了大门。1973年，当时的国家计委向国务院提出"拟用3～5年时间从美国、联邦德国、法国、日本等西方发达国家，引进总价值为43亿美元的成套设备""旨在改善民生""为解决人民群众的吃饭穿衣问题"。由于设备购买总额为43亿美元，因此被称为"四三方案"。"四三方案"是我国继引进苏联援助的"156项工程"❷之后，第二个大规模的对外技术引进项目。此

---

❶ 根据库兹涅茨的计算，劳动和资本的收入份额分别为75%和25%。

❷ "156项工程"是我国第一个五年计划时期建设的156项重点建设项目。

后，在这一方案的基础上又增加了引进项目，总规模达到了51.4亿美元，至1982年建成了26个大型工业项目，成为1980年代中国经济发展的重要基础。

1978年，中国进入对外开放时期，国家建设需要大量引进设备。由于国家没有更多的外汇储备，这一时期的设备引进主要以外债的形式购买，如此大规模地引进设备，尤其需要注意成本与财力之间的平衡。如果财力不足，仅依靠外债的形式由国家引进国外设备，难以短时间内积累资本实现工业化。实践也证明，外债较高的发展中国家往往容易爆发债务危机。

随着改革开放的推进，我国引进外资的步伐加快。截至2019年12月，中国累计设立外商投资企业达100.2万家，累计实际使用外资金额达2.29万亿美元❶，而在2020年，我国外商直接投资逆势增至2120亿美元，超越美国成为全球最大投资目的地。在相当长一段时期，外商直接投资的大规模进入通过增加资本形成、扩大出口和创造就业等途径推动了我国经济快速发展。

尽管外商投资规模不断增加，但是随着我国经济总量增加，实际上外商投资占资本形成的比重从1997年开始一直在下降。1991~1997年，我国外国直接投资（FDI）占资本形成的比例达到12.3%，这个比例在发展中国家是很高的。而从1997年开始这一比例持续降低，到2004年时为8.2%，已经低于发展中国家10.8%的平均水平。

除了外资进入，我国更重要的资本形成来自高投资率。对于中国迅速积累资本的现象，经济学界的解释是，中国较高的人均储蓄率为高投资率提供了资金来源（鲁滨逊就是少吃多储备，省下找食物的时间制造各种工具），较高的产出又被立即转化为资本投入，在产出持续高增长的情况下，投入的资本实现了高增长以及迅速积累。看到这里，大家一定会问，为啥中国较世界其他国家有较高的储蓄率？这与我国20世纪的人口特征有很大关系。改革开放初期，我国劳动年龄人口多（青壮年），非劳动年龄的人口相对较少，经济学中将非劳动年龄人口与劳动年龄人口的比例称为"人口抚养比"，主

---

❶ 数据来源：商务部发布的《中国外资统计公报2020》。

要是说明每100名劳动年龄人口大致要负担多少名非劳动年龄人口（老幼人口）。显然，人口抚养比越低越有利于储蓄积累。由此可以预计，随着我国逐步迈入老龄化社会，人口抚养比上升，储蓄率也将下降。

在改革开放初期至20世纪90年代中期，上述高储蓄—高投资—快速资本形成—高产出的逻辑链环大体是对的。因为当时我国处于需求旺盛、商品短缺的阶段，投资形成的产出均能卖出，甚至供不应求，投资利润高。随着我国生产力的持续快速增长，经济由供给导向向需求导向转型，资本边际报酬递减规律显现。

经济学里常用资本—产出比率（即存量资本/GDP）这一指标衡量投资效率。这一指标的数值越低，意味着可以用相对少的资本获得相对多的产出，资本对于产出的贡献越大，资本收益率也越高。我国从改革开放到1994年，资本—产出比率基本上在持续下降（除1989～1990年特殊时期），由1978年的3.89%下降到1994年的2.34%，资本—产出比率的年平均变化率达到了-3.13%[1]，见图2-4。

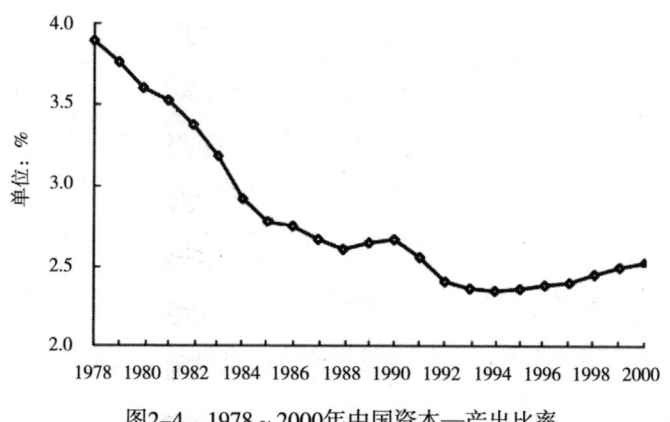

图2-4　1978～2000年中国资本—产出比率

资料来源：李治国、唐国兴，《资本形成路径与资本存量调整模型——基于中国转型时期的分析》。

资本—产出比率不断下降意味着这一时期，投资效率不断提高，资本边

---

[1] 李治国，唐国兴. 资本形成路径与资本存量调整模型——基于中国转型时期的分析[J]. 经济研究，2003（2）：32-42+92.

际报酬增加，高投资利润反过来又促进资本积累。然而，在1994年之后，这一趋势出现逆转，资本—产出比率显示出一定的持续上升趋势。在2008年之后这一趋势愈发明显。与资本—产出比率上升对应的则是资本收益率的下降，见图2-5。

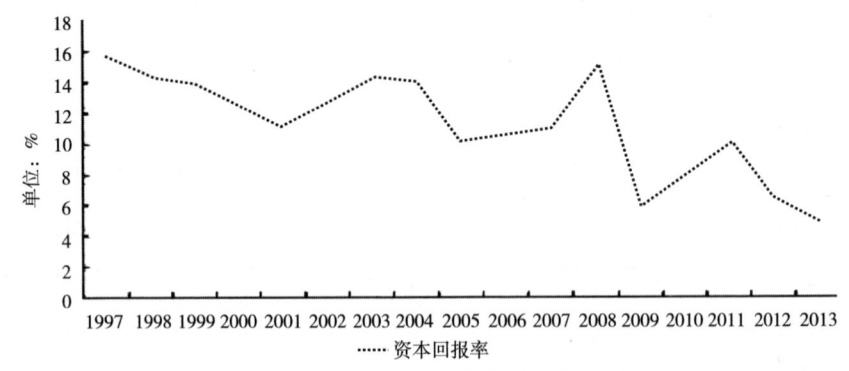

图2-5　1997～2013年中国资本收益率

资料来源：白重恩和张琼（2014），《不考虑存货、剔除生产税和企业所得税"的资本回报率》。

按理来说，资本的投资收益下降，投资就会减少。在我国，尽管投资收益率不断下降，但是投资率（资本形成）却一直保持高速增长。根据国际货币基金组织的测算，发达国家投资率普遍在25%以内，2013年我国投资率接近50%，比印度、巴西分别高13.9个百分点和29.7个百分点。

多年以来，投资一直被视为我国拉动经济增长的"利器"，每当经济衰退或遇到外来负面冲击时，往往会将投资作为抵御经济衰退的政策选项。尽管大规模的投资一定程度上能够提振经济，但是其负面影响也是不可忽视的。大规模投资带来的一个弊端是产能过剩，许多企业（特别是钢铁、水泥以及重化工行业）盲目扩张产能（新设厂房、购置设备等投资，这也是形成资本），但是生产出的产品却无法卖出，这也是导致资本收益率（投资效率）在2008年之后迅速下滑的一个重要原因。高度依赖投资拉动经济的另一个弊端就是全社会的债务高企。根据国家金融与发展实验室（NIFD）发布《2020

年度中国杠杆率报告》，我国宏观杠杆率❶为270%，在世界范围内属于较高水平。一般来说，高投资并不必然带来高杠杆。只要投资能获得高收益，前期投资所欠的债务就能偿还。我国债务高企的背后是投资效率低下。以钢铁行业为例，在经历了全行业的盲目扩张之后，2012年钢铁行业迎来了全面亏损，卖1吨钢材利润仅为1.68元，钢铁库存量过大是影响钢铁价格的主要因素❷。

将我国的资本—产出比率与世界其他国家相比，则更能印证当前我国投资效率有待提高的结论。2016年，我国的资本—产出比率高于美国和印度，几乎和日本相同，见图2-6。

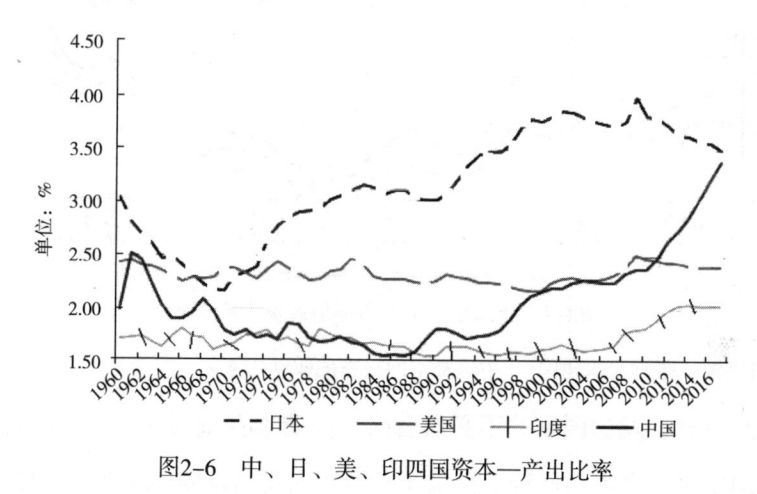

图2-6　中、日、美、印四国资本—产出比率

资料来源：Wind数据库。

如果说我国资本—产出比率高于印度是因为相较于印度，我国的人均资本较高，根据资本边际报酬递减的规律，这一指标会高于印度（前面以高速公路的例子谈过），那么该如何解释这一指标高于人均资本存量是我国3倍的美国？即使是资本—产出比与我国相近的日本，其人均资本也远高于我

---

❶ 宏观杠杆率主要是指全社会的债务规模，居民部门、企业部门和政府部门的债务规模即表示了宏观杠杆率水平。
❷ 原中国钢铁工业协会副会长王晓齐在"2012中国煤焦产业链供需形势高峰论坛"上的表述。

国。这再次印证了前文提出的问题，资本边际报酬递减并不是必然规律。不仅国家之间，即使是在我国国内，地区间的资本收益也存在差异，且呈现与资本报酬递减相反的现象。从地区比较的角度来看，东部地区的资本收益率大多数年份均为最高，中部地区次之，西部地区最低。这样看来，人均资本高的地区反而资本收益率高，这显然也与资本边际报酬递减规律相悖，见图2-7。

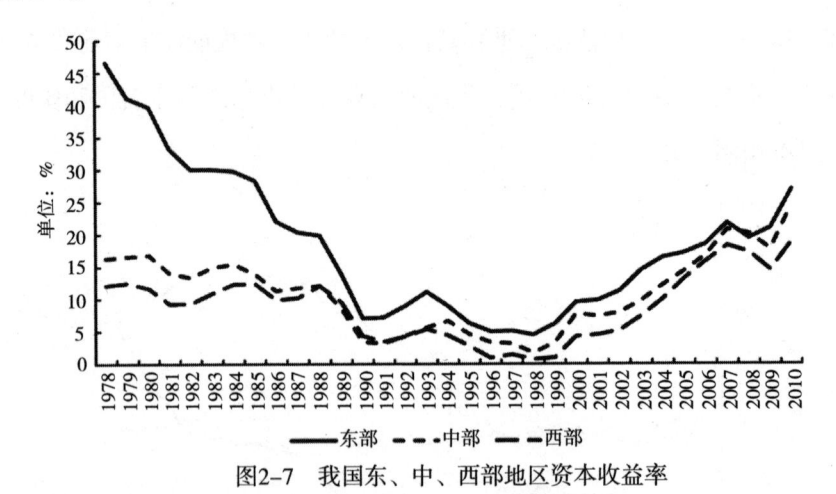

图2-7　我国东、中、西部地区资本收益率

资料来源：张勋、徐建国，《中国资本回报率的驱动因素》。

由此可见，发达国家并不必然会因为高资本存量而导致资本收益降低，发展中国家也不会因为低资本存量而必然实现高速发展。那么，为什么有的国家在资本快速积累的同时能保持资本收益不变乃至不断上升？为什么我国改革开放初期，在实现资本快速积累的同时，依旧保持了资本收益不断增加，而近年来资本收益却快速下降？这显然是资本收益递减所无法解释的现象。

第三章
分工是门大学问

第一节 拆解"黑盒子"

在相当长一段时间内,经济学家只是从要素投入和产出两个方面分析经济增长,对于中间的生产过程却鲜有研究,生产过程仿佛是一个"黑箱",只需要往这个"黑箱"输入资本、劳动、土地等生产要素,它就会自动输出各类产品。因此,从这个角度去看,资本收益递减是符合直观思维的,见图3-1。

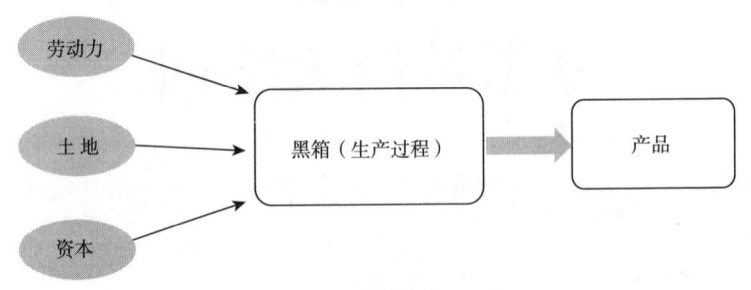

图3-1 生产过程如同"黑箱"

所谓过犹不及,不仅资本的边际报酬递减,当劳动力增加超过一定限度的时候边际报酬也会递减。前面我们曾经举过一个例子:有1公顷农田,如果只有一个人耕种,那么它的产出是5公斤粮食。如果增加一个人,它的产出会是11公斤,而不是5公斤。平均每个人生产5.5公斤,比原来一个人耕种的时候生产平均提高了0.5公斤。但是,不要以为不断加人的结果是粮食产量可以无限增长。毕竟凡事都有个度,超过这个度就是负效用。任何要素单纯的累加都会导致边际报酬递减。

有意思的是,从第一次工业革命至今的几百年来,无论是劳动力、资本还是土地（新大陆的发现、荒地开拓）都在不断增加，世界经济增长速度却远超这些要素增长的速度。那么，是什么打破了要素边际报酬递减的"魔咒"？答案恐怕要从"黑箱"里找，第一个拆解"黑箱"的是被誉为"经济学之父"的英国古典经济学家亚当·斯密。

亚当·斯密的不朽著作《国富论》第一章的标题是"论分工"，亚当·斯密开篇就阐明："劳动生产力最为重大的进步，以及人们不管往何处引导或在何处应用劳动生产力，所展现的大部分技巧、熟练度与判断力，似乎都是分工的结果。"劳动分工是我们司空见惯的事情，但是亚当·斯密的研究却给分工赋予了重要意义，在他看来，分工是国民财富增长之源。

亚当·斯密的家乡苏格兰以出产铁钉而闻名，在许多城镇，铁钉甚至可以作为"准货币"用于在杂货铺购买日用品。在《国富论》中，亚当·斯密则以铁钉的制作为例，来说明分工的重要意义。他通过观察发现，"一个未曾受过训练的工匠即使竭尽所能工作，一整天也许都做不成一枚铁钉，若想做二十枚，就更不可能了。"但是，如果将制作铁钉按照不同的工序来分工，则效果完全不同。在实际生产过程中，"一人抽铁线，另一人拉直，第三人切断，第四人削尖，第五人研磨顶端以便装头……制作铁钉的主要工作就这样大约分成十八个特别工序。有些工厂，这十八个工序分别由十八个特定工人完成，但也有些工厂，一个工人会兼做两三个工序。我曾经见过一个这种小工厂，只雇用了十个工人，因此当中几个必须负责两个或三个工序。尽管他们很穷，一些必需的机械配备显然捉襟见肘，但如果他们努力工作，一整天下来却能做出约十二磅的铁钉。以中型铁钉每磅约有四千枚来计算，这十个工人每天就可做出四万八千余枚铁钉。如果以每个人都制作这四万八千枚铁钉当中的十分之一来算，等于每人每天做了四千八百枚铁钉。但如果他们每个人都各自独立工作，而且都未曾接受这个行业的特殊训练，那么他们当中无论是谁，都不可能在一天内做出二十枚铁钉，说不定连一枚都做不出来；也就是说，由于适当的分工与工序组合，他们每个人每天能够制作四千八百枚铁钉，可是如果他们各自独立工作，每个人不但做不到那个数量的两百四十分之一，恐怕连四千八百分之一也做不到❶。"

从这个例子中，我们不难看出分工对于提高劳动生产率的重要意义。不仅对于制针行业，在现代经济中，从造车到面包、甜点制作分工日益精细化，亚当·斯密总结道"任何一种行业，若能引进分工，都会因分工而使劳动生产力得到相当比例的提高。""一般来说，产业最发达的国家，通常也是分工程度最高的国家；在野蛮的社会状态里，由一人完成的工作，到了进步的社会中，通常都变成由几个人来完成。"在亚当·斯密看来，工业劳动生产率高于农业的原因就在于农业所运用的各种劳动无法完全清楚分开和相互独立出来。不过，亚当·斯密对于农业因无法分工进而导致生产率难以提升的结论也仅限于他所处的时代。在现代发达国家，即使农业也是高度分工的，种子由农业育种公司培育和提供，耕地、播种以及收割则由专业机械完成（农业机械的制造和使用也应视为是分工），而粮食的收购和销售往往由大型粮食企业完成，粮食的价格则由重要的期货交易市场来确定，农场主仅是整个粮食生产链条中一部分。

为什么分工能产生如此大的"魔力"？亚当·斯密给出了答案。

第一，细化分工使劳动者的技巧日益精湛。分工使人们的工作单一化和简单化，从而使人们的精力和智慧集中使用在单一化操作上，如同透镜集中光源可以使物体燃烧起来的道理一样，其结果就是极大地提高了劳动者的技能水平。

第二，节省了劳动时间。通常，人们从一种工作转到另一种工作时，要损失一些时间去适应转变，但劳动分工后，就可以消除工作转换所浪费的时间，从而提高了生产效率。

第三，简化劳动和节省劳动的机器的发明，使一个人能够做许多人的工

---

❶ 亚当·斯密.国富论[M].谢宗林，李华夏，译.北京：中央编译出版社，2010.

作。也就是说，工具的发明也起因于分工。用亚当·斯密的话说，"人类把注意力集中在单一事物上，比把注意力分散在许多事物上，更能发现达到目标的更简易、更便利的方法。"

亚当·斯密对于劳动分工的阐述，对认识经济增长至今依然具有重要的指导意义。在分工理论的基础上，更是衍生出了关于货币、贸易、市场、价格等理论。

第二节　为什么会有分工

上一节，我们讨论了分工对于经济增长的重要意义，我们不禁要问，人类是如何发展出分工的？对于这个问题，亚当·斯密在书中写道："分工并不是任何人的智慧结晶，没有人一开始就看出分工会带来普遍的富裕，也没有任何人刻意想利用分工让社会普遍富裕。分工的形成，是因为人性当中有某种以物易物的倾向。这种倾向的作用是逐步而且缓慢的，也完全不问分工是否会产生广泛的效用，然而分工却是这种倾向必然产生的结果。"

在亚当·斯密看来，分工是因人类以物易物的倾向所产生的，这种倾向是人性中"固有的"，而且在"其他动物身上却是找不到的"。

尽管亚当·斯密发现了劳动分工的重要意义，但是他将分工产生的原因仅归结为人性中固有的以物易物的倾向，对于这样的解释我们不禁要打个问号。要知道，蚂蚁和蜜蜂有着不亚于人类的紧密分工安排，但是它们都没有以物易物的交易倾向。那又该如何解释分工的起源？

尽管亚当·斯密对于分工起源的解释有点牵强，但是上面引用亚当·斯密关于分工起源的阐述还是有很多值得注意的地方。第一，亚当·斯密认为交换（以物易物）是分工的前提。第二，"分工并不是任何人的智慧结晶，没有人一开始就看出分工会带来普遍的富裕，也没有任何人刻意想利用分工让社会普遍富裕。"也就是说，分工并不是"圣贤"事先预料到并有意设计出来的"发明"，而是追求自己目的的个体之间（包括人与人之间、组织与组织之间）自发产生的，行为个体并不会事先意识到其自发的行动会有如此的结果。同样，作为分工前提的交易行为（乃至由交易行为形成的市场）也是如此。无论是分工还是交易，我们都可以将其归结为一种社会秩序。

长久以来，对于人类自身产生的整体秩序，如道德、宗教、法律、语言、货币和市场等是如何起源以及发展的问题一直困扰着人类。从苏格拉底、亚里士多德等古代哲学家到近现代的社会学家，乃至经济学家都在孜孜不倦研究和探讨这一问题，并尝试给出自己的答案。

在古代，由于人类的知识有限，对于许多自然和社会现象无法给出合理的解释，只能将其归因于神灵。到了近代，西方世界先后了经历了文艺复兴和启蒙运动，人们的思想逐渐从宗教的束缚中走了出来，理性精神成为时代主题，人们尝试着用科学知识而不是各类"神迹"来解释这个世界。伴随着科学技术的突飞猛进，人类似乎又在"理性"上走得太远，认为凭借智慧和道德禀赋，人类足以知道并能根据社会成员的偏好进而掌握构建社会制度所必需的所有细节[1]。人们理所当然地认为，所有社会制度都是审慎思考设计的产物。人类真的如此万能吗？诺贝尔经济学奖获得者、著名经济学家、政治哲学家弗里德里希·奥古斯特·冯·哈耶克将这种看法称为"致命的自负"。

哈耶克于1899年出生于维也纳。他的母亲来自一个富裕家庭，并在哈耶克出生前继承了大笔遗产，因此，哈耶克从小可谓衣食无忧。对哈耶克人生影响最大的莫过于其父。父亲奥古斯特是一名市卫生局的公务员，同时还是一名植物学家，并在维也纳大学兼职担任植物学讲师。哈耶克曾回忆道：

---

[1] F.A.哈耶克.致命的自负[M].冯克利，胡晋华，译.北京：中国社会科学出版社，2000.

"如果没有对知识的那种尊重，我可能早就改变发展方向，去做别的事情了。我决心成为一名学者，当然受到了父亲想成为大学教授却未能实现这一愿望的影响。我们没有怎么谈论过此事，但我非常清楚，父亲最大的雄心就是成为大学教授。我就是在这样的想法中成长起来的：没有什么比成为大学教授更高贵了，尽管我对研究哪一学科还没有清晰的想法"。

适逢第一次世界大战，不满18岁的哈耶克与父亲一道加入了奥匈帝国的军队。在残酷的前线，哈耶克几度与死神擦肩而过。一次炮击中，躲避不及的哈耶克被炮弹碎片击中头部，所幸仅是削掉一点头骨，倘若碎片稍微低几毫米，世界很可能就会失去一位伟大的经济学家。不过，也恰恰因为这场战争让哈耶克邂逅了经济学。战斗间歇期，哈耶克平生第一次系统阅读了一位战友送给他的经济学书籍。他后来说，那些书的水平实在不高，"但奇怪的是，这些书竟然没有让我对经济学失去兴致"，相反，这些书将他领进了这一学科的大门。

战争结束后，哈耶克回到满目疮痍的奥地利，并进入奥地利大学攻读经济学。彼时的奥地利大学教育水平非常高，除了全职的教员还有许多编外教师，包括经济学家米塞斯和心理学家西格蒙德·弗洛伊德。在这里，哈耶克系统学习了"奥地利学派"创始人门格尔、庞巴维克经济思想，并在后来接过他们的"衣钵"，成为奥地利学派的领军人物。此后，哈耶克先后前往美国芝加哥大学、英国伦敦政治经济学院、德国弗莱堡大学学习和任教。哈耶克终其一生都坚信自由市场资本主义、自由主义，他与另一位经济学家凯恩斯曾就政府是否应该干预市场展开过激烈的辩论。

作为著名的公知，哈耶克在西方社会拥有众多"粉丝"，其中最著名的当属前英国首相——"铁娘子"撒切尔夫人。她曾在英国下议院演讲时说："我是哈耶克教授的热情崇拜者。我们这里一些尊贵的议员们应该读读他的书。"

哈耶克认为，人类必须谦卑地承认理性的有限性，因为理性本身受制于特定的社会生活进程。因此，人类各种秩序（文明）所获得的种种成就并不是人类智慧的产物，而是人们行动产生的非意图的结果，是不断试错、日益积累经验的结果，是经验的总和。我们不妨以鲁迅先生那句"世上本没有路，走的人多了便也成了路"来类比。一开始，上山是没有路的，每个想上山的人，都会走一条自己认为最好的路线。一条路线如果有人走过，别人就更有可能沿用这条路线，当然后来的人也可能选择自己喜欢的新路线。过路的人多了，山间就会浮现出一条反复被人采用的路线，这条路会变得越来越清晰，最后就形成了我们看到的山间小路。这条山间小路并不是某个"圣贤"事先规划好的，起初上山的人也无意为这座山造一条小路，每个人的选择并不是系统规划的，而是提供多种可能的选项，然后在类似"优胜劣汰"的自然选择机制中形成了秩序。所以哈耶克把自发秩序看作是"自然演化"的结果，他并不否认人为因素，但反对把人为设计的意图过度拔高，上升到对社会秩序的整体性规划。

语言同样如此，世界上的语言都是千百年来自然形成的，没有哪种语言有明确的发明者。唯一人为设计出来的语言就是"世界语"。它最初是由一位波兰语言学家提出创立的，世界语的语法很严谨，语音也很优美，它是一个完全人为设计的语言，但它最终并没有成为一门有生命力的通用语言，大部分人甚至不知道有这门语言。法律亦是一样。在法律能够被成文表达出来之前，社会中已经积累了很多不成文的规范，比如"欠债还钱"等，法律只是将这些为大众所认可的规范以文字的形式表达出来。

我们不禁要问，这么多人踩过的路，究竟谁脚下走过的路会成为最后那条山间小路，这条路又是如何形成的？哈耶克将这一过程归结为三个词：自发、进化、竞争。看到这三个词，你是不是会想到达尔文的进化论？没错，哈耶克正是将生物学的进化论引入了社会学。动物的进化都是先从基因变异开始，而基因变异是随机和无目的性的。以《物种的起源》中被达尔文提到过的长颈鹿为例。远古时代的长颈鹿脖子并不长，与现在的梅花鹿并没有太大区别。随着气候变化，地上可供食用的草减少，唯有树枝上的绿叶才能填饱肚子。如果说因此就认为远古长颈鹿开始整体往长脖子发展那就是误解了进化论。远古长颈鹿的基因变异是随机、无目的性的。因此，远古长颈鹿基因突变的结果既有脖子变长的，也有脖子变短的，甚至还可能会有脖子长歪的突变。只是面对当时的自然环境，脖子变长的突变结果比另外两种突变结果更有竞争优势（吃到树上的叶子）。因此，长脖子长颈鹿生存下来是自然选择的结果，而不是有目的性的基因突变导致的。如果基因突变是有目的性的，那么就不会出现物种无法适应环境而灭亡的结果了。

　　回到本节的主题，我们也可以用哈耶克的理论来推测分工和交易的产生。起初，原始人类可能并不存在交换，但是不同的人天生就有差异。有的原始人可能善于长跑，因此能狩猎到许多猎物；有的人心灵手巧，因此擅长制作兽皮大衣。如果狩猎的原始人此时需要兽皮大衣，那么他获取的方式大致有三种：自己制作、用猎物交换、持刀明抢，我们可以将这三种方式视为相互竞争的。那么最终哪种方式会形成获得兽皮大衣普遍方式呢？这取决于生存环境。如果狩猎的原始人崇尚暴力又或者制作兽皮大衣的原始人是个毫无反抗能力的弱女子，那么持刀明抢显然是最优的选择；反过来，制作兽皮大衣的原始人也是个五大三粗的汉子，那么自给自足或者等价交换才是最优的选择。因此，人类并不是天生就固有"物物交换"的倾向，公平交易也不是必然的选择。个人会根据自己的偏好选择获取兽皮大衣的方式，不同的获取方式相互竞争。比如当其他狩猎原始人看到采取持刀明抢方式的原始人被打得头破血流，而采取相互交换方式的另一个原始人仅需要付出一两只野鸡就能获得一件兽皮大衣，那么大家就会竞相采取公平交易的方式，久而久之就成为一种制度。没有任何人去刻意设计，秩序在不断试错、日益积累经验的实践中形成。反过来，如果持刀明抢的成本很低且收获颇丰，那么这种方式也会被竞相模仿（在竞争中胜出）。历史上，游牧民族大规模对农耕民族的入侵大多发生在农耕民族衰落的时候（劫掠成本低），而当农耕民族国富民强的时候，边境贸易则会成为游牧民族获取所需的主要方式（可参见《明史》）。

前文就暴力获取和非暴力获取方式的选择做了阐述，但是非暴力获取方式中，包括自给自足和交易两种方式，又该如何演化？这就要谈谈分工形成的条件。

第三节　分工的形成靠什么

是不是任何社会都会自动产生分工？对于这个问题，亚当·斯密明确给出了答案——不是！分工的发展是需要条件的。我们常提到，千百年来中国农村是小农经济，而小农经济就是一种缺少交换、自给自足的经济状态，农民的衣食住行几乎是以家庭为单位实现自给自足。为什么过去中国农村没有产生广泛的分工，进而出现大范围的商品经济呢？其实道理很简单，即使个体的专业生产能力再强、生产的专业产品再多，如果其他人对其生产的专业产品没有产生需求，分工发展就无从谈起。在一种极端情况下，如果每个个体对其他人的产品都没有需求，那么经济将重回个体自给自足的状态，市场也将消失。反过来看，如果市场的规模足够大，分工将越来越朝精细化的方向发展。

以汉堡产业链举例。如果制作一个猪柳汉堡的整个过程都是由一个人完成，那么这个人先要养头猪，这需要养猪的知识；猪养好了还要自己屠宰；自己当厨师将猪肉做成猪柳；自己研制配料；自己买面包片……这样的综合性人才绝对和大熊猫一样稀有。这样的猪柳汉堡即使做好了，那么价格是多少？要等多久才能吃到？恐怕吃到汉堡的日子遥遥无期。而在21世纪的今天，普通民众只要在手机上点一下，花十几元钱，等二十分钟就能品尝到可口的猪柳汉堡了，而这一切得以实现，就得感谢分工所带来的劳动效率的提高。

在分工体制下,农场负责养猪,农场主只要关注如何把猪养好,而不需要关注其他事情。在高度的专一化背景下,农场主自然要去研究如何搭配饲料、如何做好猪的防疫工作。而分工所导致的专一化,同样适用于后面环节的配料制作者,使其可以集中精力研制更适合猪柳汉堡的酱料,而在最后环节的快餐店里,服务员只需要将面包、猪柳、酱料拼在一起就可以了。同样,由于长时间的重复拼装过程,使得快餐店店员的制作过程极其娴熟,一般不到一分钟就能完成一个汉堡。此外,专一化还带来了规模效应。

但是,如果消费者对汉堡的需求一天只有10个,那么汉堡店一个月只需要一头猪就能满足供应了,这种需求量是不需要专门雇佣一个人养猪的,汉堡店老板兼顾养猪的工作就可以。但是如果消费者对汉堡的需求增加至原来的100倍(一天1000个),那么一个月就需要100头猪。这个时候汉堡店老板显然无法兼顾养猪的工作,专业养猪场就应运而生(包括建养殖场、防疫、配饲料),而专业化养猪的生产力高于兼职的散户养猪。在整个分工系统中,个体的专业化水平不仅取决于其个人能力,更取决于整个市场的规模。加入分工系统的个体越多、市场的规模(有效需求)越大,分工就会更加精细化,从而促进经济的发展。这是亚当·斯密在《国富论》中阐述的原理,因此被称为"斯密定理"。

看到这里你一定会产生一个疑问,既然市场规模对分工如此重要,那么市场规模又是由什么决定的?答案是,市场规模是由分工决定的。看到这里你可能陷入了一种类似"鸡生蛋还是蛋生鸡"的逻辑死循环。

"市场规模由分工决定"这句话并不是笔者说的,而是美国经济学家阿林·杨格就任英国科学促进协会分部主席时,发表的一篇名为《报酬递增与经济进步》的演说中表述的。这句话被称为"杨格定理",如果再与斯密定理合起来,就可以组成一句完整的表述——分工受到市场规模的限制,而市场规模又由分工所决定。这句关于市场规模与分工关系的完整表述被称为

"斯密—杨格定理"。

该如何理解"斯密—杨格定理"呢？还是以汉堡为例。上面讲到，随着对汉堡的需求增加，从原料到成品的制作过程分工日益精细化。杨格认为，分工日益精细化本身就会增加市场规模。怎么理解？专业养猪场、配料工厂以及面包厂的产生，本身就会带来就业人数的增加，以及相关产业工人收入的增长，而就业人数的增加和收入的增长又会带动汉堡消费，汉堡需求的增加又会带来进一步的分工（如专门的饲料厂、屠宰厂），分工的进一步细化则带来生产率的提高（斯密定理），见图3-2。

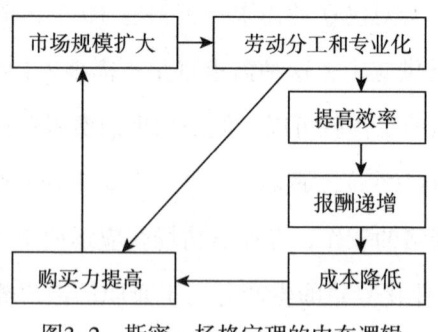

图3-2 斯密—杨格定理的内在逻辑

除了上述汉堡产业链的例子，在日常生活中，我们身边还有许多分工的例子。如家电零售连锁店从原来百货商店的家电销售部门中分离出来，大大促进了家电产品的销售和生产的专业化，而这些家电销售部门员工本身也会用收入购买家电；快递从传统的邮政业务中分离出来，形成了一个庞大的市场；美国某知名电子产品公司的许多电子产品零部件的供应商和代工生产企业按照技术优势、劳动力成本优势等分布在世界各地区，呈现出世界范围的分工网络。这些都是斯密—杨格定理所昭示的分工现象。斯密—杨格定理预示着经济是一个动态的机制，专业化分工水平与市场规模都具有某种不断累进、不断自我繁殖的良性循环机制。

衡量分工深化程度最好的指标莫过于社会中存在的职业种类，职业越多则意味着分工越细化。美国1936年版的《职业名称词典》中包含了17500个职业名称；在 1977 年的版本中有 2100 个新职业名称被加进来；而到 1996 年版本中，又有 840 个新职业名称被加进来。这充分体现了分工推动经济发展，经济发展反过来又促进分工的深化。

从斯密—杨格定理出发，就能发现我国现阶段经济发展的一个巨大优势——庞大的市场规模。市场规模并不是简单地指人口多。民国时期，我国的人口规模大，但是市场规模却不一定比得上欧洲工业化国家。以钢铁产业为例，在民国时期，即使在所谓的"黄金时期"，中国（不含东北地区）钢铁产量竟然只有几千吨！而美国、德国的钢铁产量已经达到千万吨。当时钢铁主要用于建筑、铁路和军事上。是中国不需要那么多钢铁吗？显然不是，没有钢铁就没有现代工业的崛起。不说建筑、铁路，仅军事上就需要大量钢铁。从供给角度看，当时中国没有足够的资本从国外引进钢铁生产设备，但是这并不是唯一的因素。从需求角度看，由于人均收入低，当时的人们没有足够的钢铁消费能力。当时中国农民居住的都是茅草和土坯房，条件好一点的人家也只是住砖瓦房，至于钢筋混凝土的建筑对绝大多数中国人是奢望。

换个角度来看，倘若中国具备庞大的钢铁消费能力，即使一时没有生产钢铁的能力，也可以通过借用外债引进设备、以外商投资的形式设立钢铁厂。中华人民共和国成立后，特别是改革开放以来，我国的钢产量迅速增长，钢总产量在 1996 年超 1 亿吨，成为世界第一钢铁生产国，并连续 25 年蝉联第一。房地产和基础设施建设对钢铁产量的需求超过总需求的一半。这得益于我国国力和人民收入的快速增长。因此，市场规模不仅取决于人口数量，还取决于国民消费能力，也就是国民收入。

那么，穷国因为国民收入低、国内市场规模小就无法发展本国的分工体系了吗？答案显然也是否定的。20 世纪 70~90 年代，我国台湾地区、我国香港特别行政区以及新加坡都是人口规模较小的地区和国家，包括日本（战后的日本百废待兴，国内市场规模也很小）在内的新兴经济体早期经济起飞都不是依靠国内市场，而是依靠国际市场（特别是欧美市场），采取出口导向的经济政策。国际贸易本身就是国际间的分工，发展中国家往往按照自身的比较优势，利用低廉的劳动力成本发展初级制造业，发达国家则依靠其雄厚的资本、人力资源从事研发、设计和销售等产业。

党的十九届五中全会通过的《中共中央关于制定国民经济和社会发展第十四个五年规划和二〇三五年远景目标的建议》提出，要"加快构建以国内大循环为主体、国内国际双循环相互促进的新发展格局"。以国内大循环为主体，基础就在于我国人均国内生产总值超过1万美元，形成拥有14亿人口、4亿多中等收入群体的全球最大最有潜力的市场。巨大的市场潜力不仅是实施国内大循环的基础，也是国际环境日趋复杂，不稳定性、不确定性明显增加，经济全球化遭遇逆流背景下，吸引全球商品和资源要素最重要的优势。2020年，中国吸收外资近万亿元，而吸引外资持续流入中国最重要的因素就是庞大的市场规模。

上面谈到，市场规模不仅取决于人口数量，更取决于人均收入水平，中等收入群体的扩大对于形成强大国内市场、拉动消费结构升级具有基础作用。因此，改善收入分配格局，扩大中等收入群体，努力使居民收入增长快于经济增长是推动我国经济持续、稳定增长的保障。

第四节　古典经济学大师对价格的解释

前面几节，我们讨论了分工对于提高生产效率，促进经济发展具有重要的作用。但是在理论上，分工的具体模式有许多种，比如制作汉堡既可以分为汉堡店拼装出售、猪肉切块、烘焙、酱料制作、专业养殖等分工，也可以分为汉堡店出售、供应商拼装，而猪肉切块、烘焙、酱料制作由猪肉加工厂一并完成。到底哪种分工模式才是最优的？

回答这个问题前，我们先探讨另一个问题。分工是生产方式，在分工体系中，每个人生产产品的最终目的是将其出售并换取自己所需的商品。那么，每个人是如何决定出售自己生产的产品并且购买他人产品的？答案显而易见，根据市场价格。顺着这个思路我们进一步探究下去，市场价格又是如何形成的？

价格一直是微观经济学重点研究的课题。长久以来，经济学家分析价格的形成普遍采用一般均衡的方法。什么是一般均衡？简单说来，一般均衡理论认为各种经济现象均可表现为数量关系。一种商品或生产要素价格的变动，不仅受它自身供求的影响，还要受到其他商品和生产要素的供求与价格的影响。因而，不能仅研究一种商品、一个市场上的供求变化，必须同时研究全部商品、全部市场供求的变化。只有当一切市场都处于均衡状态，个别市场才能处于均衡状态。这个均衡状态又是如何实现的呢？

举个例子来说明，村里种田的老王想吃羊肉，而放羊的老李想吃大米，老王用大米换老李的羊肉就能满足彼此的需求。问题是多少公斤大米换多少公斤羊肉（也就是交换价格）？这一方面取决于两个人对消费品（大米、羊肉）的偏好。如果种地的老王特别喜欢吃羊肉，那么他就愿意用更多的大米去换一定量的羊肉，用经济学的语言来说就是羊肉对老王的效用很高。但是老王不可能光凭喜欢就心甘情愿用收获的全部粮食去换一点儿羊肉，毕竟生产粮食也是有成本的。如果换到的那点儿羊肉只够吃一顿，那一年剩下的364天，总不能就靠"喝西北风"过日子吧。谈到生产粮食的成本，就又涉及其他分工和交换。老王种地用的耕牛是从养殖专业户张三那里买的，犁地的耙则是从铁匠马六那里定制的。老王同样是用粮食去换耕牛和铁犁，与交换羊肉一样涉及交换价格。而耕牛和铁犁的交换价格必然会影响到大米和羊肉的交换价格。我们可以不断将这个链条深入扩展下去，养牛的张三需要到饲料厂购买饲料，打铁的马六要去钢铁厂购买钢材……看似简单的大米换羊肉的交易却涉及一连串交易和价格。那么，交易价格如何确定？

一般均衡理论将整个经济体系分成商品市场（如羊肉、大米）和生产要素市场（如耕牛、铁犁），该理论认为一切商品及生产要素的价格与供求都是互相联系、互相影响和互相制约的。一种商品或生产要素价格的变动，不仅受自身供求的影响，还要受到其他商品和生产要素的供求与价格的影响。我们常说价格是由供给和需求决定的，当供大于需的时候，价格就会下跌；当供小于求的时候，价格就会上涨。只有当供给和需求相等的时候价格才会最终稳定下来，这个使需求与供给相等的价格就被称为"均衡价格"，这个交易市场也就处于"均衡状态"。由于一个产品的价格受到其他产品和要素价格的变动的影响，因此，如果相关产品和要素处于非均衡状态的话，该产品也就处于非均衡状态。比如，如果铁犁的供应、耕牛的供应无法达到均衡状态，那么大米和羊肉的市场也就不可能确定一个使得供需相等的均衡价格。同理，钢铁的市场不均衡，铁犁的市场也无法确定均衡价格。如此看来，价格是一连串的"均衡"，只有所有的局部市场都均衡了才能实现整体经济的均衡；反过来，只要还有一个局部市场不均衡，其他市场也都难以实现均衡。那么，市场均衡是如何实现的呢？

一般均衡理论认为，通过完全的市场竞争就能实现整个经济的均衡。在完全竞争状态下，每个生产者和消费者都是市场价格的接受者，任何一个个体的行为都无法撼动市场价格。完全竞争的均衡结果是每种产品的价格等于要素成本即生产费用。如果产品价格超过生产费用，产生利润，那么竞争者会增加，导致产品价格下降或生产费用上升，利润减少，产品价格最终与生产费用相等。此时，企业家获得相当于自己工资的正常利润，超额利润是零。整个市场不存在超额需求也不存在超额供给。一旦整个经济处于均衡状态，就会按照这种状态持续下去（产量、价格不变），除非有外在因素干预（如自然条件变化、政府干预）。

在一般均衡理论所得出的结论基础上，古典经济学家们认为市场就是一只"看不见的手",自发调节着经济。在市场中,每个人只考虑自己的利益,生产者追求利润最大化,消费者追求效用最大化,价格自由地反映供求的变化。当某一商品或生产要素供不应求使价格上涨,生产者就会为了超额利润多生产稀缺产品,最终使得市场重新回到均衡。在这只手的指挥下,所有的生产要素都能物尽其用,每一个人从私利出发却能为他人提供最好的产品。

"看不见的手"一词最早出现于亚当·斯密的著作《道德情操论》,之后在《国富论》中又一次出现,他写道:"当每一个人企图尽可能地使用他的资本去支持本国工业,从而引导那种工业使它的产品可能有最大的价值时,每一个人必然要为使社会的每年收入尽可能大而劳动。的确,他既无心促进公共利益,也不知道他对之正在促进多少。他宁愿支持本国工业而不支持外国工业,只是想要确保他自己的安全;他指导这种工业去使其产品能具有最大的价值,他这样做只是为了他自己的利益,也像在许多其他场合一样,他这样做只是被一只看不见的手引导着,去促进一个并不是出自他本心的目的。"亚当·斯密之后的经济学家们发展了这一理论,将"看不见的手"总结为市场规律,并认为自由、竞争是最佳的市场运行机制,政府不应干预市场。

尽管一般均衡理论看起来逻辑紧密、自成一体,直到现在依然是经济学的主流分析方法之一,但是对于这一方法的质疑依然存在。主要是因为一般均衡理论隐含着几个重要假设:第一,市场参与者有关于市场的完全信息。用通俗的语言来说,消费者在每个时点上都了解市场各种商品的全部可能价格以及他自己的偏好、存货,并且能够在个人的环境状态(偏好和资本)和市场价格基础上计算出超额需求。同样,厂商知道生产要素、价格与投入产出之间各种形式的可能组合配置。这样,他们在任何时点都能了解市场各种商品的供求状态。种粮食的老王在购买犁耙时,非常清楚市场上在售的所有犁耙的价格、质量。不仅老王掌握了市场上犁耙的完备信息(质量、价格),所有想要买犁耙的人都掌握与老王一样的完备信息,谁也不比谁多知道或者少知道信息。恰因信息完备,市场所有在售的犁耙一定是同质同价的,因为如果出现同质价高或者同价低质，掌握完全信息的消费者就不会去购买。奥地利政治经济学家熊彼特认为，经济理论中有一项基本主张，即"消费者在估价（需求）消费品的时候，事实上也是在对用于生产这些商品的生产资料进行估价"。第二，信息完备的第二层含义就是信息获取是免费的，就如空气般，重要却免费。任何市场参与者在任何时点都能免费获得自己想要的信息。第三，经济中不存在不确定因素，因此不会因为预防不测而贮藏货币。也就是说，想吃羊肉的老王很清楚，在未来一年他不会有任何其他花销，会将手中的余粮全部用于换羊肉解馋。

既然消费者的偏好、资源最优的组合方式都是可知且免费获得的，那么剩下的经济问题就只是数学计算而已了。而且经计算出来的最优均衡状态一旦确立，没有外因的变化就不会被打破。在均衡状态下，所有的资源都得到合理的使用，所谓"好钢用在刀刃上"。古典经济学派基于此认为，市场这只"看不见的手"能够保证经济运行在最优的轨道上，而政府的干预纯属"画蛇添足"。

不过，只要稍有生活常识的人就会发现，这些假设并不是现实世界的情况。就仿佛是物理学中，假设在一个真空、平滑无摩擦平面上运动的小车，在没有外力的作用下将做匀速直线运动。然而，现实世界中既不是真空，也不可能建造出光滑无摩擦的公路，否则汽车就不需要发动机了。同样，我们现实世界的经济生活中也存在着各种"摩擦"。

第五节　知识也能分工吗

中国有句俗话叫作"众口难调"，意思就是吃饭的人多，一种饭菜很难让每个人都满意。这就与一般均衡理论的假设不一致，因为在该理论看来，所有的消费者的偏好（口味）都是一样的，这无疑把微观世界的人同质化和"原子化"了。正如世界上没有完全相同的两片叶子一样，真实世界里，鲜活的每一个人也不可能是同质的。对于汉堡，每个人都有不同的偏好，比如素食主义者对猪柳汉堡的偏好就是负的。此外，对于汉堡的口味是偏甜还是偏咸，青菜和肉的比例应该是多少，每个人都会有不同的答案。

而对于一个汉堡出售者来说，如果他能清楚了解每一个消费者的口味，并根据每一个消费者的口味个性化制作汉堡无疑是最好的销售模式。但是，对于绝大多数人来说，我们除了知道自己家人的口味，恐怕连隔壁邻居的口味都不知道，这就是经济学里所说的"信息不对称"。信息不对称在现实世界中是普遍存在的。比如，银行发放贷款的时候往往要抵押品，这就是信息不对称造成的。因为，银行的调查再细致都会有许多关键信息无法获得，比如，贷款人拿到这笔贷款的真实用途、贷款人会不会为了偿还这笔贷款而努力工作，等等，这些主观信息是难以获取的。这样看来，一般均衡理论关于信息完备的假设也是不符合实际的。

你也许会说，只要我肯花时间和精力总能获取这些信息的。你说得没错！但这同样也说明，获取信息是有成本的，而不是免费的。往往获取信息成本之高以至于这一行为本身是不划算的。比如，汉堡店之所以没有去详细调查每一位消费者的口味进而提供个性化服务，就是因为获取这些信息的成本远超过了提供个性化服务所带来的收益。

更重要的是，整个经济是处于动态变化的，经济并不会处于一般均衡的静态中，即使一般均衡状态存在也很可能是"转瞬即逝"。现实生活中，商品的价格时刻处于变化之中，这也就意味经济也在持续地动态变化。

如果我们将每个人的偏好看作是一种知识，一种使得资源得到有效利用的知识，那么这种知识就是被每一个个体分散掌握。不仅个人的消费偏好如此，实际上每个人都比其他人更具有某方面的信息优势。一个公司的总裁并不会比他手下的工程师更了解产品的物理结构,一名士兵比指挥他的将军更了解手中武器的性能,一名布匹商人比纺织厂厂长更了解哪里才能把布料卖出更高的价格;反过来,纺织厂厂长比布匹商人更懂得如何做出上乘的布料。这种关于世界的独特知识(信息)分散掌握在不同个体手中。汉堡涨价是因为猪肉价格上涨还是人工成本上涨?抑或是店铺的租金上涨?如果是因为猪肉价格上涨,那么猪肉价格上涨的原因是猪饲料价格上涨还是猪瘟爆发?对于这些问题,我们无法逐一掌握,对于汉堡消费者来说,他也不会像一般均衡理论所描述的那样,完全掌握了这些信息才做出是否购买汉堡的决定。对于每一个汉堡消费者更有意义的问题是目前汉堡的价格是否值得购买,如果不买是否还有其他食品可以替代。这说明我们每一个人在做出经济决策的时候都是基于自己所独有的知识。

正如劳动分工一样,哈耶克将其称为"知识分工",并且认为"这个问题不仅与劳动分工问题颇为相似,而且和劳动分工问题一样重要"。专门从事某一生产的人,只管钻研与工作有关的生产技术,而不必去过问别的知识。由于人的精力有限,在分工体制下他可以不问其他而专门创造并积累自己的生产知识。

哈耶克在其著名的文章《知识在社会中的应用》中写道:"第一,无论我们从事什么职业,我们在接受理论训练以后都必须学习许多其他的东西;第二,学习和掌握各种特定工作的知识,实际上耗用了我们整个工作生涯中的很大一部分时间;第三,在各行各业中,有关人的知识、有关当地环境的知识、有关特定情势的知识,都是一笔极其宝贵的财富。了解并操作一架未得到充分使用的机器、掌握并使用某个人所具有的可以得到更佳运用的技艺,或者意识到供应品中断期间所能依凭的供应品储备,从社会的角度来看,与了解并掌握更好的可供选择的其他技术有着大体同样的助益作用。"

劳动分工是通过交易行为来实现每一个人对他人产品的需求。那么分散的知识在现实经济中又是如何运作的?在哈耶克看来,"社会经济问题是这样一个问题，即人们如何才能够确使那些为每个社会成员所知道的资源得到最佳使用的问题……简而言之，它实际上就是一个如何运用知识——亦即那种在整体上对于任何个人来说都不是给定的知识——的问题。"

哈耶克进一步分析发现，在现实世界中人们做出决策只根据所需要的基础知识，因此，经济问题可以归结为两个问题：一是分散的知识是如何传递的？比如，汉堡制作者关于汉堡口味的决策是依据大众的口味来确定，那这些知识是如何传递到汉堡制作者那里的？二是什么方式才是运用最初由个人分散掌握的那种知识的最佳方式？

对于第一个问题，现实世界中主要采用两种方法解决：一个是把所有应当加以运用的，但最初却由许多不同的个人分散掌握的知识，交由某个中央权力机构去处理；另一个就是把个人为了使自己的计划得以与其他人的计划相应合而需要的那种相关的额外知识都传输给这些人。前一种方式在具体实践中就是计划经济，而后一种则是市场经济。

哪种方式是最佳的方式？对于这个问题，每一个人都能给出正确的答案。计划经济不能集中收集、集中控制、集中使用在分散的市场决策中为个人所独有的那些信息和知识，尤其是作为独立的利益主体的个人所独有的那种直觉、灵感、想象力、决断力和冒险精神。这些为不同的个人所独有的知识，只有在市场的分散决策中才能产生，才能发挥作用。比如触屏手机的发明，如果通过收集手机使用者数据，是不可能创造出触屏手机的，因为在触屏手机推出之前，大多数消费者不可能想象到手机可以通过触屏来使用。这是典型的创新引发需求。

知识分为明示知识和默会知识。明示知识可以明确用文字描述和理解。默会知识则只能意会不能言传。在市场当中，既存在大量明示知识，也存在大量默会知识。而在计划经济体制下，一切生产都是按照计划指令完成，个人所独有的直觉、灵感、想象力、决断力和冒险精神等默会知识是无法进行传递并充分使用的。更重要的是，任何一个计划者都不可能掌握所有的信息。此外，计划者本身也会有不同的政策偏好，这些偏好往往不取决于经济效率目标，而取决于掌握权力的部门和官员的特殊利益及其他诸多因素。

现在有一种观点认为，大数据技术的进步使计划经济变得可行。上面的解释已经一定程度上说明了这个问题。大数据也无法解决知识——特别是默会知识的传递问题。此外，大数据并不能使动态变化的经济产生稳定性。数据再庞大、计量技术再先进，用于分析的数据只是代表过去，未来难道就是过去的简单重复？关于这个问题，以大卫·休谟、卡尔·波普尔为代表的哲学家们给出了明确的答案，他们认为任何归纳都无法得出普遍有效的全称陈述。简单来说，通过对过去经验归纳总结而得出的结论并不适用于对未来的预测。《黑天鹅》一书的作者塔勒布就以"黑天鹅事件"来形象比喻波普尔的哲学观点。在发现澳大利亚的黑天鹅之前，17世纪之前的欧洲人认为天鹅都是白色的，但随着第一只黑天鹅的出现，这个不可动摇的观念崩溃了。黑天鹅的存在寓意着不可预测的重大稀有事件，它在意料之外，却又改变着一切。人类总是过度相信经验，却不知道一只黑天鹅的出现就足以颠覆一切。

作为波普尔挚友的哈耶克，毫无疑问坚定支持这一观念，并在其经济著作中充分体现这一思想。哈耶克认为商品和服务的持续流动之所以得以维持，就是因为经济是持续动态变化的：第一，人们持续不断地根据最新环境变化进行着精心的调整，而不是根据过去的信息执行一成不变的计划；第二，人们每天都在根据前一天所不知道的情势做出新的安排；第三，一旦某人不能交付商品或提供服务，另一个人即刻就会顶掉他的位置。

既然完全的计划经济在信息传递、信息掌握、动态反馈等方面问题上存在不足，并导致分散的知识无法得到充分利用，那么，市场经济又是如何处理这些问题的呢？

第六节　价格是信息交流、传递的机制

我们在上一节谈到，消费者在购买汉堡的时候并不需要具备猪肉价格、工人工资、店铺租金等信息，但不可否认的是，这些消费者不掌握的信息发生任何变化都会影响消费者的决策。这些信息是如何传递给消费者并进而影响其消费决策的？答案是通过价格。

消费者购买任何商品，并不会关注构成这个商品各要素的变化，而只会关注商品的价格，并根据价格变化做出决策。在哈耶克看来，价格就是信息交流和传递的机制，并进一步认为，"从根本上说，在一个相关事实的知识掌握在分散的许多人手中的体系中，价格能协调不同个人的单独行为，就像主观价值观念帮助个人协调其计划的各部分那样"。哈耶克用一个例子来阐述这一观点。他假设在世界某地有了一种利用某种原料——例如锡——的新途径，或者有一处锡的供应源已枯竭，至于其中哪一种原因造成锡的紧缺，与我们关系不大（这一点非常重要）。锡的用户需要知道的只是他们以前一直使用的锡，现在在另外一个地方利用起来更能盈利，因此他们必须节约用锡。对绝大多数用户来说，没有必要知道更迫切的需要是在哪儿出现的，或者供给是为了其他什么需求。如果他们中间的一部分人直接了解新的需求，并且将资源调配给这种需求，只要了解到由此产生的新缺口的人转而寻求其他资源来填补这个缺口，则其影响就会迅速扩及整个经济体系。受到影响的不仅是锡的使用，还有锡的替代品以及替代品的替代品的使用，用锡制作的商品的供应以及它们的替代品等。而那些有助于提供替代品（如铁）的绝大

部分人，一点儿也不知道这些变化的最初原因。

每个人都是基于自己掌握的独有知识做出决策（买什么、怎么生产、生产什么），并通过买卖行为参与市场交易。无数交易者在市场中博弈的结果，最终体现为成千上万种商品的价格，价格就是散落在个体中的信息集合，这些信息通过价格传递给市场中的每一个人。价格之所以成为分散信息的传递方式是因为这种传递方式最为经济（简短），就如"工程师观察一些仪表的指针那样，仅观察一些指标的变动便可调整其活动从而适应变化"，对于每一个经济生活中的人，只有反映在价格上的变化才能为他们所了解。市场之所以能够形成并不是因为每一个成员都能掌握所有信息，而是因为每个人掌握的独有信息是紧密相联、相互交融的，因此，这些信息可以经由许多中介（价格）传递给所有的人。

既然价格是掌握分散信息个体行为交互的结果，那么无法掌握全面信息的人或组织也就很难精确的预测价格走势。塔勒布在《黑天鹅》一书描述的案例非常具有代表性。2003年12月，萨达姆·侯赛因被捕，彭博新闻社在13点01分打出了这样的头条——《美国国债价格上涨，侯赛因被捕可能不会抑制恐怖主义》。一个半小时后，美国国债价格下跌了，彭博新闻社重新为价格下跌找了个原因——《美国国债价格下跌，侯赛因被捕刺激了风险资产的吸引力》。同一被捕事件（原因）被用来解释一个事件，同时用来解释其相反事件，这显然是错误的，后两件事之间不可能有共同点。其实，美国国债价格每天都会正常波动，那天国债的价格波动未必就与这一事件有关，价格波动本身是无数信息汇集的结果，在信息不完备的条件下，人们很难给予价格波动合理的解释，即使像彭博新闻社这样的专业机构。

那么，如此"神奇"的价格机制又是如何形成的呢？本章第二节曾介绍过哈耶克的自发秩序理论，劳动分工并不是人们刻意设计的产物，而是自发形成的。同样，哈耶克认为价格机制远远超出了人类心智所能，在他看来"人类最初是在并不理解的情况下偶然发现了某些惯例和制度的，只是在后来才慢慢学会了如何运用它们,尽管人类直到今天还远远没有学会如何充分运用它们,价格体系只是这些惯例和制度当中的一种而已"。

当然,尽管价格机制成为能够协调人类经济行为的"无形之手",但是价格制度本身并不是完美无瑕的,现实运行中也存在着许多不完美的地方,这恰恰正是自发形成秩序的特点。对于分工制度,哈耶克谈道:"人类之所以能够发展起我们的文明赖以为基础的劳动分工制度,实是因为人类碰巧发现了一种使劳动分工成为可能的方法。如果人类不曾发现这种方法。那么他们仍可能会发展起某种完全不同的其他文明类型,就像某种白蚁'国'一样,或者某种完全无法想象的其他文明类型。"而不完美的价格机制得以存在,也是因为"迄今为止还没有人成功地设计出一种替代性体系"。

现在我们可以回到第四节开头的问题,同一个商品的制作可以有许多不同的分工模式,到底哪种分工模式才是最优的?对于这个问题,没有一个人能够在分工形成之前予以回答,因为没有人能够掌握完备的信息。任何一种商品的分工模式也是自发形成的,每个人(或组织)都是根据自己掌握的信息生产产品,这本身就是参与分工的表现。比如,在汉堡制作流程里,张三到底应该去养猪还是卖汉堡,抑或是配酱料,由张三根据自己掌握的信息来抉择。这就产生一个问题,张三的选择就一定正确吗?既然信息是不完备的,人是不完全理性的,人所做出的经济决策就难免会产生错误。那么,目前我们所看到的分工模式又是如何形成的呢?

任何事情都不是一蹴而就的。分工模式亦是如此。每个人做出经济决策的过程就是一个试错过程。当张三决定去养猪的时候,他并不能确定自己就一定能够赚钱,他可能低估了养猪所需要的科学知识,一场猪瘟可能会让他束手无策。养猪的失败就是一次试错,它传递出的信息就是张三不适合养猪。当张三转而做汉堡销售的时候,其能言快语的专长得到了充分发挥,资源(张三的才能)在分工体系中得到优化配置。尽管人们的理性程度无法达到一般均衡理论所假设的全知全能,但是人和动物的区别就在于心智。笔者更愿意将理性看作是一种学习过程，人们在不断试错过程中，不断纠错、不断精炼和不断提高，这是一个没有终点的过程，这是一个知识积累的过程。理性趋于完全但却永远不会完全，也就是"摸着石头过河"。

那么，人们怎么知道自己的决策正确与否？其实就是通过价格机制来鉴别。当不擅长养猪的张三养猪成本高于市场的猪肉价格时，亏损这一事实就向张三传递信息，张三则会根据这一信息进行纠错（转行卖汉堡）。"试错—纠错"过程就是资源优化配置的过程。因此，我们常常看到，有很多推进创新和革新的国家，其企业破产率往往相对较高，如2013年，美国有4.41万家企业申请破产。商业的成功可以很大程度上视为试验不同分工模式的最终结果。就如爱迪生在发明电灯的过程中实验了1600多种耐热发光材料，才最终找到钨丝这个最适合做电灯的材料。在此之前，包括爱迪生在内的许多发明家也发现其他材料可以发光（如白金丝），但是这些材料价格昂贵，普通大众难以承受。爱迪生的伟大贡献更在于其发现了一种能为大众所接受，得以推广的电灯，这也是价格机制的作用。

价格不仅对商品生产具有重要的作用，对人才的培养亦是。2021年，中国人民银行的一篇工作论文引起了社会热议。这篇名为《关于我国人口转型的认识和应对之策》的工作论文，以详尽的数据论证了我国当前的人口特征及对经济的影响。其中部分关于文、理工科作用的论述内容在网上引起了热议。

其实，关于不同学科的人才培养问题应该由市场来回答。一个国家缺少理科生的时候（或者说理科生能创造更大价值的时候），市场给出的信号就是理科毕业生的工资上升，文科毕业生的工资相对下降。根据这一信号，偏好高工资的学生必然会报考理科专业，而大学也会增加这些学科的招生，其结果就是理科生的市场供给增加，工资逐渐下降，而文科生由于市场供给减少，工资必然会上升，直到两者的平均工资水平大致相等。当市场缺少文科人才的时候，其作用机制也是如此。

为什么一个简单的市场问题会陷入"公说公有理，婆说婆有理"的争论当中？这背后反映的是计划思维仍然在人才培养领域中盛行。学科的划分、招生的数量不是根据市场需求来定，而是人为划定指标。如果决策者认为哪一门学科重要，就会将教育资源向相关学科倾斜，但问题是决策者并不能准确地掌握各行各业的人才需求信息。经济是动态变化的，每时每刻都有新的知识产生、新的需求产生，对不同学科的人才需求也就产生变化。譬如，一国重点发展生产制造业，那么制造业的人才需求显然理科生为主。但是，一国制造产业的发展是需要服务业与之配套。比如产品的市场需求调查、市场营销、公司的合同签订（法律服务）、金融服务都是发展制造业必不可少的，这些服务业所需求的人才又以文科生为主。制造业发展离不开服务业的配套，服务业的发展离开制造业便是"无源之水"，两者是相互促进的关系，而不是彼消此长的。文科知识和理科知识都是人类智慧的产物，没有"贵贱"之分。

在无法掌握完备信息的情况下，人为地划定学科以及招生指标，最终的结果就是培养的人才与市场需求错配，这也是大学生就业难背后的一个重要因素。

第七节　城市化的驱动力

大家对城市这个词一定不陌生。截至 2019 年底，中国城镇常住人口 8.48 亿，城镇化率突破 60% 达到了 60.6%。而在欧美发达国家，90% 的人口都居住在城市。城市化是人类进步的必然过程，城市化也往往与工业化联系在一起。

城市的兴起和发展一直都是社会学家和历史学家关注的课题。早在 18 世纪，以亚当·斯密、马歇尔为代表的英国古典经济学家就认识到分工与城市出现之间的内在联系，但是直到20世纪90年代，新古典经济学家才就分工与城市出现之间的内在联系做出了令人信服的阐释。

　　农业生产与工业生产一个不同点就是农业是土地密集型的产业，而工业不是。因此，农户必须居住在耕地周围，这就意味着农业人口是分散而居，无法像城市人口那样集中居住。即使进入现代，村庄与村庄的距离也远大于城市里同样人口数量社区与社区的距离。这是由农业生产的土地密集特性所决定的。分散居住带来的一个问题就是商品交换的成本高。住在村西头的王二想做猪肉炖粉条，他就要拿上自己的粮食先去5公里外隔壁村的李四那换猪肉，再去村东头王五家换粉条，再去10公里外马家村的马六那买八角，这一趟下来没有一天的工夫恐怕吃不到一碗猪肉炖粉条，这就是交易的成本。交易成本之高，以至于想吃猪肉炖粉条的王二觉得还不如自己养猪、做粉条和种八角。这就回到了自给自足的经济模式，分工无从发展。由此可以看出，分工的发展很大程度上取决于交易成本。

　　反过来，分工会随着交易效率的提高出现。比如随着马车、牛车等畜力运输工具的出现，交易成本降低，在农业之外就会出现纺织、建筑以及木工等分工。这些非农业生产者的生产并非土地密集型，使居民居住地脱离了农业土地的束缚，实现了集中居住。非农生产者为什么要集中居住？因为非农生产者不仅用自己的技术或者产品与农民交换粮食，更多的交易发生在非农生产者之间，比如纺织工需要建筑工建纺织场、建筑工需要木工制作房梁等，专业制造业者的集中居住就可以降低彼此之间的交易成本。而这些专业制造业者集中居住就导致了早期城市的出现，他们也就是早期的城市居民。已有的历史研究表明，第二次社会大分工（第一次大分工是农业与畜牧业的分离）是随着金属工具制造和使用，引起手工业和农业分离，产生了直接以交换为目的的商品生产。

　　城市居民间的交易距离比农村村民间的要短很多，其交易成本自然低很多，而较低的交易成本又成为分工进一步发展的驱动力，从前面的章节我们知道，分工的发展带来生产效率的提高，城市居民专业化水平和生产力就比农村居民提高的要快。同时，城市分工的发展也会带动农业生产力的提高，从早期铁制耕具到现代农用机械乃至高产粮食育种都是城市分工发展的结果。这些农用机械的生产和农作物品种的研发之所以都是在城市完成，就是因为在现代迂回生产机制下（如拖拉机生产需要铁、机床），城市交易能够降低交易成本。以前的理论认为，是因为传统农业社会有了粮食剩余才使得城市产生。但是现在的经济理论分析发现，随着交易效率的提高，自给自足的自然人会分化为专业农民和各种产业工人，因而使生产力提高。这种分工演进的动力是交通条件的改善和制度的改进。不是剩余农产品导致城市产生，而是城市化才导致专业农业和专业生产各种迂回农业机械的产品的出现，因而使农业生产力提高，剩余农产品增加。正如经济学家雅各布所说："如果我们在没有城市的情况下等着农业剩余的出现，这样的剩余永远也不会发生。工业化和城市化是农业剩余的驱动力，农业剩余不是工业化和城市化发展的必要条件。"

在现代经济中，每一种分工很可能就形成一个产业。比如在汉堡的分工体系中，养猪就成为一个产业。城市是一个非农生产分工的集合体，不同的产业会在城市集聚。经济学家们一直关注产业活动的空间集聚。英国古典经济学家马歇尔在其经典著作《经济学原理》首次提出了"外部经济"这一概念。在马歇尔看来，除了以往人们多次提出过的土地、劳动和资本这三种生产要素外，还有一种要素是"工业组织"。许多因素会导致生产费用的变化，这些影响因素包括企业离原材料供应地和产品销售市场远近、市场容量的大小、运输及通信的便利程度、其他相关企业的发展水平等。

具体来看，首先，在分工体制下，厂商倾向于在中间产品供应商集中的地方以获得大量且多样的中间产品，这样一方面可以节省交通成本，另一方面可以享受到中间产品供应商之间因竞争带来的较低价格，从而增加利润；

其次，厂商愿意将企业建在劳动力汇集的地方，如此一来，厂商和工人之间寻找彼此所需对象的成本会降低，从而吸引更多厂商和劳动力集聚；最后，知识密集型企业更愿意将企业建在空间集、人口密度较高的地方，以获得知识外溢。美国的硅谷就是典型的例子，在这个面积约 800 平方公里的地方，聚集了上千家高技术中小公司。这些高科技公司聚集在这里一个重要原因就是为了分享知识的溢出。这里拥有具有雄厚科研力量的美国一流大学斯坦福大学、加州大学伯克利分校等，企业科研人员可以第一时间分享这些大学的科研成果（很多企业研究人员本身就是这些大学的毕业生，他们在与校友的交流中可以获得信息）。同时，高科技企业的聚集使得这些企业的员工有信息交流的机会（甚至包括竞争对手的员工之间的交流），咖啡馆、酒吧往往成为创意的迸发之地。

企业和劳动人口的聚集会带来庞大的市场需求，而市场需求又会带来分工的不断深化，推动经济不断发展。在经济从低分工水平向高分工水平过渡的转型阶段，用生产力差别和商业化收入差别表示的城乡二元结构就会出现。

由此可以看出，城市化既是经济发展的结果，也会推动经济发展。英国在第一次工业革命的推动下，城市化水平于 19 世纪中叶就超过了 50%，19 世纪 40 年代到 20 世纪 50 年代，第二次产业革命在美、德、法等主要资本主义国家兴起，使得重化工业取代纺织等轻工业而成为主导产业。在这一时期，西方国家的城市化进程明显加速，发达国家的城市化水平从 1850 年的 11.4% 上升到 1950 年的 52.1%。1950 年，英国达到 79% 的城市化水平；其他一些西方国家在此阶段皆成功地实现了高度的城市化，美国当时的城市化水平为 64.2%，德国为 64.7%，加拿大为 60.9%，法国为 55.2%，瑞典为 65.7%[1]，目前，西方发达国家城市化率基本在 90% 左右，而我国城市化率刚超过 60%，城市化进程还在路上。

---

[1] 周跃辉．西方城市化的三个阶段 [J]．理论导报，2013（2）：42.

当前，我国面临人口增速放缓和老龄化的问题。但是，这并不必然意味着中国经济就将失速。许多经济学者认为，只要人口规模足够大，那么由人口规模决定的市场规模便足够大，则未来经济增长和发展可以摆脱劳动供给不再增长的制约，而通过分工细化、专业化、产业分化、生产率提高得以实现，这可以看作是人口规模回旋空间❶。

具体来看，庞大的人口规模形成市场需求，使创新的驱动力更大而且成本分摊更容易，有利于新技术的扩散应用，从而促进技术进步，这是我国的优势所在。我们也可以从这个角度来看，美国政府所谓的半导体行业与中国"脱钩"的行为无疑是搬起石头砸自己的脚。美国半导体行业得以成功的一个重要因素就是巨额科研投入。但是，半导体产品，尤其是芯片其量产的成本是很低的。英特尔公司研发一个新的芯片的成本固然很高，一旦量产其一片芯片的成本仅为40美元，而其处理器的售价却高达637美元（Pentium4s处理器），利润率惊人！只要其销售量达到一定水平，其利润就能覆盖前期投入的研发成本，并持续盈利。

过去10年美国芯片行业投入资金高达2120亿美元，科研投入占总收入比例接近20%，大大高出海外企业的7%~14%，投入资金主要来自海外的销售，美国半导体行业约80%收入来自海外市场。中国是全球最大的半导体需求市场，73%的中国芯片需求可以被美国以外的供应商替代，若中美全面脱钩，其半导体行业的收入缺口将引发美国生产总值下滑1240亿美元，美国半导体行业每年将损失830亿美元，全球份额下滑18个百分点，科研投入将遭受重创，下滑幅度30%~60%，同时损失12.4万个工作岗位❷。从另一面来看，这也为我国半导体行业发展提供契机，庞大的市场需求是行业发展的坚实

---

❶ 王金营，刘艳华.经济发展中的人口回旋空间：存在性和理论架构——基于人口负增长背景下对经济增长理论的反思和借鉴[J].人口研究，2020，44（1）：3-18.

❷ 数据来源：波士顿咨询（BCG），《限制与中国贸易将如何结束美国芯片行业的领袖地位》.

基础，只要坚持持续投入，一旦追赶上来就能获得商业上的回报。

人口规模的另一个优势就是有利于分工深化、产业多样化和产业体系的完备、知识创新扩散和技术进步，从而带来规模经济。人口优势的发挥有赖于城市化，巨大的城市化潜力也是我国经济能够持续稳定发展的保障。

第八节 国际分工与贸易

前面几节我们探讨的分工主体都是单个的个人，如果进一步将分工主体范围扩大至国家，那么国与国之间会不会有分工？如果有，又是依据什么来分工的呢？

我们不妨先从人类早期的社会形态——原始部落开始探讨。有两个原始部落分别生活在河流的东岸和西岸。东岸部落生活的地方土地肥沃、地势平坦，非常适合种植小麦。但是由于缺少适合野生动物栖息的崇山峻岭，因此不适合捕猎。而西岸的自然条件恰恰相反，到处都是古树参天的原始森林，非常适合狩猎而不适合种植农作物。如果东岸的部落既种植小麦又狩猎，则一年只能生产3吨小麦和1吨的肉，倘若只生产小麦，则一年能生产6吨的小麦；同理，西岸的部落如果种植与狩猎两者兼顾，则一年只能生产1吨小麦和3吨的肉，倘若完全依靠狩猎，则一年能生产6吨的肉。显然，东岸的部落专一种植小麦，西岸的部落专一狩猎，两者发挥各自的优势（从整个社会的角度看就是两个部落专业化分工），然后相互交换（市场产生），好处是很多的。比如东岸部落用3吨小麦与西岸部落3吨肉进行交换，则两个部落每年可分别获得3吨小麦和3吨肉，要比自给自足的经济（3吨小麦、1吨肉或1吨小麦、3吨肉）要好很多。我们可以将这个部落的故事扩大至国家间。

当然，在现代经济中，国与国之间的分工比部落间的分工更为复杂。一国比另一个国家生产某种商品更有优势，不仅是地理与自然优势，人口、资金、技术乃至制度都可能成为一国的专业化生产优势。最典型的例子就是"南北贸易"，即发展中国家与发达国家之间的国际贸易。发展中国家向发达国家提供的商品以初级工业品、农产品为主，而发达国家主要向发展中国家出口机械设备等工业品。这主要是因为发达国家资本充足，相比资本匮乏的发展中国家生产资本密集型的工业品更有优势。

那是不是两个国家发展贸易，必须在自己生产的贸易品上具有绝对优势？如果这样理解，我们就无法解释美国长期的巨额贸易逆差（进口大于出口）。大量商品进口是不是意味着美国这些商品的生产效率都弱于这些商品出口国？显然不是，作为当今经济、科技实力强的国家，美国长期贸易逆差显然不代表它在这些商品生产上比起其他国家特别是广大发展中国家具有绝对劣势。比如，美国与其邻国墨西哥贸易中，进口比例最大的产品是汽车和零配件。在汽车生产上，美国的生产效率不会比墨西哥低。那如何解释背后的原因？

回答这个问题前，咱们先讲个熟悉的故事——田忌赛马。在"田忌赛马"的故事里，田忌所代表的一方的上、中、下三类马，每一类的速度都比齐王的马慢。但是，田忌用完全没有优势的下马对齐王有完全优势的上马，再用拥有相对优势的上、中马对付齐王的中、下马，结果稳赢。我们是否可以把"田忌赛马"的原理用在国际贸易中呢？假设说一国（田忌）在两种商品生产上较另一国（齐王）均处于绝对劣势，但只要劣势国家在两种商品生产上劣势的程度不同，则可以通过劣势国家生产劣势较轻的商品，优势国家生产优势较大商品的策略实现两种商品最优产出。

举例说明。假定英国人用100小时能做一件衣服，用120小时能酿一瓶酒，英国人如果用220小时，就分别能够生产一件衣服和酿一瓶酒。而葡萄牙人用90个小时能做一件衣服，用80个小时能酿一瓶酒，所以葡萄牙人用170小时，也分别能够生产一件衣服和一瓶酒。显然，无论是做衣服还是酿酒，葡萄牙人都比英国更有效率，葡萄牙人在这两种商品中都具有绝对优势。按照常理判断，葡萄牙是不应与英国做买卖的，葡萄牙人在衣服和葡萄酒两样商品上应该自给自足。而别无选择的英国人也只好亲力亲为。这时候，英国人用220小时，葡萄牙人用170小时，就能够生产社会总财富两件衣服、两瓶酒。根据上面给出的条件，我们能够算出来：英国人每酿1瓶酒，就得放弃1.2件衣服；而葡萄牙人每酿1瓶酒，放弃0.89件衣服。

但是如果我们再做更深一步的分析就会发现，葡萄牙人每酿1瓶酒所放弃的衣服数量，比英国人每酿1瓶酒所放弃的衣服数量要少。尽管英国人在生产两种商品上均处于绝对劣势，但是相比于酿酒，英国人在制衣上落后的稍微少点（或者说葡萄牙人在酿酒上优势更明显）。这时候如果英国人和葡萄牙人分工，葡萄牙人全力以赴酿酒，而英国人全力以赴做衣服。这样，英国人在他们原有的220小时里面就可以生产2.2件衣服，而葡萄牙人在他们原有的170小时里面就可以酿2.125瓶酒。经过分工，社会财富总量发生了变化，整个社会能够生产2.2件衣服和2.125瓶酒，比原来的两件衣服和两瓶酒都增加了。

社会的饼做大了，无论是英国人还是葡萄牙人，用他们生产出来的产品再跟对方交换，双方的处境都改善了。大卫·李嘉图在1817年发表的《政治经济学和赋税原理》一书中，用这个例子说明基于比较优势进行国际贸易（分工）所带来的巨大好处。在这个例子中，英国人在制衣上具有比较优势（相较于酿酒），而葡萄牙人在酿酒上具有比较优势，两国都应该集中资源生产本国具有比较优势的商品并进行贸易。

是不是只要具备比较优势就会产生分工与贸易呢？恐怕不一定，在上一节我们就提到过分工能否形成还取决于交易成本。倘若西岸的部落住在海拔1000米以上的高山之上，上山之路均是悬崖峭壁、荆棘满地，东岸的居民背1公斤粮食上去，自己在路上就要吃半公斤。这样算下来，原本1公斤粮食可以换1公斤肉，由于运输成本奇高（路上就要吃掉一半的粮食），最后相当于2公斤粮食换1公斤肉，实在划不来，还不如自给自足，分工自然也就无从谈起。有一句大家熟悉的口号"要想富，先修路"非常形象地说明了包括公路建设在内的基础设施建设对于减少交易成本、促进经济发展的重要作用。

　　交易成本也同样可以解释为什么全球发达的城市群主要位于靠海的湾区。国际一流湾区如纽约湾区、旧金山湾区、东京湾区、伦敦港、悉尼湾区等，它们能够在早期发展成为繁荣贸易区，无不是依赖于便利的航运降低贸易成本，并在此基础上构建高效集疏运体系和信息设施，实现人流、物流、商务流的便捷流动。东京湾区的横滨港早在1859年就成为自由贸易港，大力发展自由贸易，解决了日本原材料短缺问题，使其在高端制造业、国际贸易、金融业等方面得到发展并成为国际知名大湾区。

　　我国也正利用粤港澳地区的优势发展湾区经济。2015年3月国务院发布的《推动共建丝绸之路经济带和21世纪海上丝绸之路的愿景与行动》，首次提出要深化与港澳台合作，打造粤港澳大湾区。2017年《政府工作报告》再次明确，要"推动内地与港澳深化合作，研究制定粤港澳大湾区城市群发展规划"。2018年《政府工作报告》明确要"出台实施粤港澳大湾区发展规划，全面推进内地同香港、澳门互利合作"，粤港澳大湾区规划建设将进入加速发展期，预示着我国大湾区经济时代即将来临。

第九节　规模经济下的国际贸易

　　比较优势理论很好地解释了发达国家与发展中国家之间的分工与贸易，但是分析全球贸易的统计数据，我们会发现发达国家之间的贸易总量丝毫不少于发达国家与发展中国家之间的贸易。按理来说，发达国家之间的劳动—资本比相差并不大，但是它们之间仍然发生了巨额的贸易往来。2019年，欧盟（27国）与美国货物贸易额达6160亿欧元，其中欧盟对美出口3840亿欧元，在出口总额中占比18%，美国为欧盟第一大出口市场。欧盟自美进口

2320亿欧元，在进口总额中占比12%，美国位列中国（18.7%）之后，为欧盟第二大进口来源地。自2009年起，欧盟对美贸易顺差略有波动，总体持续上升，至2019年达1530亿欧元。欧盟向美出口产品前三大类分别为机械及车辆（41%）、化工产品（27%）、其他工业制成品（20%），合计共占88%。自美进口产品前三大类分别为机械及车辆（40%）、化工产品（23%）、其他工业制成品（17%），合计共占80%。

从上述数据就可以看出，当今世界贸易已经远远超出比较优势理论所能解释的范围。不过，仔细思考却会发现这并不奇怪。我们在介绍一般均衡理论的时候讲过，马歇尔时代的古典经济学家们假设商品生产者和消费者都是处在一个完全竞争的市场，在这样的市场中，无论生产者还是消费者都是价格的接受者。对于任何一个生产者，它只是成千上万个同样产品生产者中的一个，无力改变市场销售价格。同理，任何一个消费者也无力改变购买价格。市场价格是由产品的总供给和总需求决定的。完全市场竞争的一个重要前提就是商品具有高度同一性，不同厂商生产的同一类商品是没有差别的。

现实中，很难找到这样的市场。不同生产厂商生产的同一样商品肯定是有差别的。不说汽车、房子这样的大件商品，就是菜市场里卖的西兰花也会因为品相不同而价格不同。除了如石油、黄金之类的少数大宗商品，绝大多数同类商品都会因生产厂家的不同而存在差异。产品的差异不仅会导致价格不同，还会带来垄断竞争。大多数商品市场都是处于垄断竞争的状态——少数几个厂商占据了整个市场的大部分份额，但是这几家厂商谁也不能独霸整个市场。比如空调、汽车、手机、电脑等行业都处于垄断竞争的状态。垄断的产生有多种原因，政府特许经营就是其中之一，这种情况多出现在公共物品、烟草、邮政、广播媒体乃至奥运商品。多数情况下，垄断是竞争的结果。如何理解垄断在竞争中产生？

市场竞争中，产生垄断的一个重要因素就是规模经济，即由于高成本的投入导致一个市场只能容纳1~2个厂商，多一个厂商都会使所有厂商亏损。最典型的莫过于大型客机领域。当前，大型客机领域基本被两家企业所垄断——美国的波音公司和欧洲的空客公司，这是一个双寡头垄断市场。大型客机的研发和生产具有典型的高投入特征，这就注定其产品价格高昂（单价客机售价基本都在1亿美元以上，与芯片高研发成本、低生产成本不同，大型客机的造价也很高）、市场需求有限。有限的市场需求和较高的生产成本使得市场无法容纳多家生产厂商。新厂商的加入会带来两种可能的结果：一是大型客机供应量的增加；二是客机供应量总量不增加，原先的两家厂商减产。

对于第一种情况，客机供应总量的增加会导致售价下跌，最终结果可能是三家生产厂商都亏本。而对于第二种情况，尽管客机供应总量不变，客机的销售价格不会发生变化，原先两家生产厂商通过自身减产为第三家厂商进入腾出空间，但是其结果很可能依然是亏损。为什么？这涉及厂商的生产成本。厂商的生产成本根据性质可以分为可变成本和固定成本。

可变成本是指成本随产量的变化而变化，常常在实际生产过程开始后才需支付，如购买原材料及电力消耗费用和工人工资等。固定成本则指成本总额在一定时期和一定业务量范围内，不受业务量增减变动影响而能保持不变的成本，如建设厂房、购买大型机械设备等成本。固定成本一个特点是随着产量增加，平均固定成本不断下降。比如，一个工厂花100元购买了一个大型生产线，无论用这个生产线生产1个产品还是生产100个产品，生产线的总成本都是100元，但是其平均固定成本就不同。如果只生产1个商品，其平均固定成本就是100元（100元/固定1个），如果生产50个商品，其平均固定成本就是2元（100元/固定50个），如果生产100个商品，其平均固定成本就是1元（100元/固定100个）。产量越高，其平均固定成本就越低，反之则反是，厂商必须生产一定数量的产品才能有效降低平均固定成本，进而产生盈利，这就是所谓的规模效应。

回到大型客机市场，我们假设每个厂商必须年生产120架客机才能把平均固定成本降到盈利点。市场对客机的总需求是每年300架，原先两家厂商平分市场，每家厂商生产150架客机。如果此时第三家厂商进入，三家厂商均分市场的结果就是每家生产100架客机，产量无法达到盈利点，三家厂商都将亏本。从这个角度倒推，潜在进入者（第三家厂商）意识到自己的进入将导致大家都亏损，市场只能容纳两家厂商，那么其最优的决策将是不进入市场，市场继续维持双寡头垄断格局。

在规模经济作用下，很多产品市场呈现垄断竞争的特点。而发达国家之间的贸易可以使各国从更大的市场规模中受益。诺贝尔经济学奖获得者保罗·克鲁格曼编撰的教科书《国际经济学》用一个实际案例很好地阐述了这一原理。在1965年之前，美国和加拿大由于存在关税壁垒，在汽车工业领域都是自给自足。但加拿大主要汽车生产商都是美国的厂商（如福特、通用）投资建立，加拿大汽车市场规模仅为美国的1/10，因此被视为一个缩小版的美国汽车工业。汽车工业是一个典型的规模经济行业，其平均生产成本会随着产量的增加而下降，一条汽车生产线投产以后，不达到一定产量是无法盈利的。加拿大较小的市场规模给这些在加拿大的美国汽车公司经营带来了种种负面影响。在美国，庞大的市场需求使汽车厂商可以更加专业化分工——集中精力生产单一型号的汽车和零部件。而加拿大的汽车生产商不得不生产各种不同型号的汽车和配件，以至于工厂不得不经常停产以实现从一个产品项目向另一个产品项目的转化，不得不保存较多的库存，不得不减少使用专业化的机械设备等。尽管都是美国的汽车生产商，加拿大汽车工业的劳动生产率比美国的要低大约30%（这例子也很好说明了市场规模与分工的关系以及分工对于提高生产率的重要作用）。

1964年美国与加拿大达成协议，共同建立一个汽车自由贸易区，以彼此分享各自的汽车市场。美加共同市场使得大型汽车厂商得以设立更专业的工厂。例如，通用汽车削减了其原来在加拿大生产的汽车型号的一半产量，但是加拿大汽车产业的产值和就业水平没有降低。加拿大一方面进口自己不再生产的汽车型号，另一方面向美国出口加拿大仍生产的汽车型号，而这些型号的产量较原先大很多，因为它不再是仅满足加拿大市场需求，而是满足美加两国共同的需求，市场规模扩大了10倍。在自由贸易前的1962年，加拿大出口了价值1600万美元的汽车，却进口了5.19亿美元的汽车。但是到1968年，这两个数字分别成为24亿美元和29亿美元。进口和出口金额大幅增加，逆差占比大大缩小。到20世纪70年代初，加拿大汽车工业的生产效率已与美国基本相等。这也是为什么当今世界自由贸易、区域一体化贸易越来越被各国所提倡，而欧盟（区域内大部分国家均为发达国家）就是基于市场共享的理念而创立的。当今世界贸易格局，既有基于比较优势的"南北"贸易，也有基于规模经济的行业内贸易，而这些贸易都是国际分工的体现。

第十节　全球价值链下的国际分工

从人类的生产活动历史来看，特别是进入工业时代以来，生产过程越来越长和复杂，生产阶段越来越多。比如，生产一辆车的过程包括数百个甚至数千个生产阶段，需要很长时间，从设计、订购原材料、装配线制造到运输、分销、广告、展览、销售等流程，才能最终到消费者手中。汽车生产线平均几十秒组装完成一辆车，是因为大量的生产活动都是在中间阶段进行的。这种生产过程被称为迂回生产。

迂回生产理论最早是由奥地利经济学派主要代表人物欧根·冯·庞巴维克提出。迂回生产就是先生产生产资料（或称资本品，如厂房、机械），然后用这些生产资料去生产消费品。先制造生产工具，再生产产品的"迂回生产"办法更有利于提高劳动生产率。因此，生产工具和资本品制造行业的出现和发展也就成为分工深化的必然要求。我们曾用鲁滨逊的故事来解释资本的概念，我们同样也可以用这个故事来解释迂回生产。刚刚漂流到岛上的鲁滨逊只能徒手采摘野果，在有了一定余粮储备之后，他花时间制作了摘果子的木棍，这就是迂回生产，木棍就是生产工具，而木棍的出现大大提高了最终产品（野果）的生产效率。

现代工业生产与荒岛上的鲁滨逊最大的不同，就是无论是制作生产工具还是生产消费品都是鲁滨逊一个人完成的，而现代工业复杂的生产则必须建立在广泛分工基础上，一个人显然是无法完成这么多道工序的。我们用下面简化的图（图3-3）来进一步探究这一生产过程。

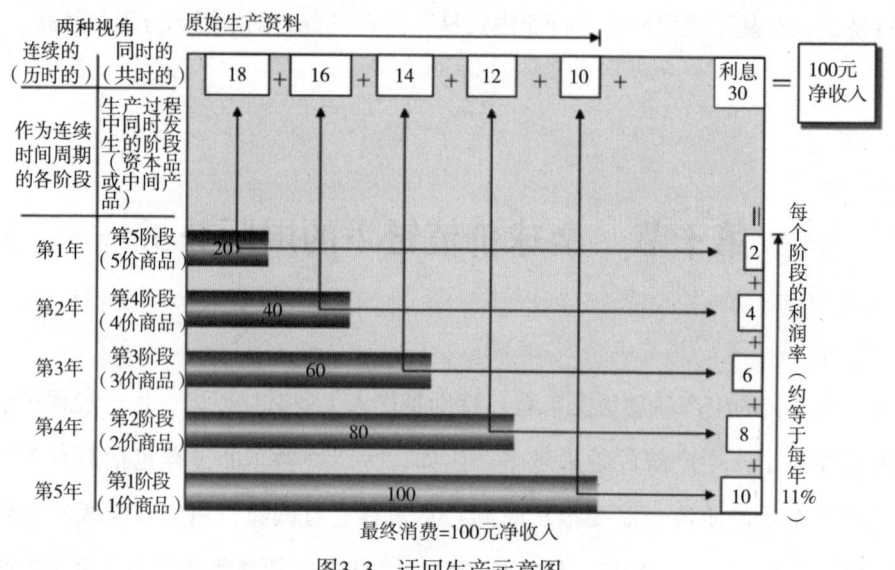

图3-3 迂回生产示意图

假设生产结构由五个阶段组成，每个阶段耗时一年。类似于设计一年，建生产线一年，生产一年，广告一年……从上到下分别就是最高阶段的商品到最低阶段的商品，那么显而易见，最底下的一阶商品就是最终消费品，图中的箭头代表了货币收入的流动。在生产过程的每个阶段，收入都会以工资或租金的形式到达原始生产资料（劳动和自然资源）所有者手里，并以利息或利润的形式到达资本品所有者（资本家或储蓄者）手里。比如，最终消费品销售额是 100 元，这笔钱成了最终消费品生产者的收入，一年前，他从自己的储蓄中支付了 80 元给第二阶段资本品的所有者，然后支付了 10 元给原始生产资料（劳动和自然资源）所有者。简单说就是买设备花了 80 元，雇工人花了 10 元，最后卖了 100 元，赚了 10 元，大约是 11% 的利润率（$10/90 \approx 0.11$）。

同样的推理可应用于其他阶段，比如拥有第三阶段中间品的资本家支付 40 元给第四阶段生产的资本品，还支付 14 元给原始生产资料所有者。我们可以看到原始生产资料所有者的收入共计 70 元（18+16+14+12+10），右侧的 2、4、6、8、10 则是每个阶段生产的利润，共计 30 元，70+30=100 元，也正是最终消费品的收入。

在这里探讨一下 GDP 的核算问题。在图中可以看出，原始生产资料所有者的收入是 70 元，中间资本品的收入是 200 元（20+40+60+80），这 270 元远大于最终消费品的价格（100 元），虽然最终统计出的 GDP 是 100 元（GDP 只统计最终产成品），但其实总产出是 370 元。所以从这个角度来看，GDP 或许并不是最好的评价标准。现在，不少经济学家试图通过 GDO（总产出）去评价经济情况。早在 20 世纪 50 年代，美国中间品的收入份额就已经大于消费品的份额，中间品生产部门的份额 1947 年为 44%，1958 年为 54%，1961 年为 55%，至 1967 年为 62%。

通过上面的分析，我们可以大致了解现代工业迂回生产的特征，它是劳动分工深化的表现。与分工必须依靠贸易（交易）去实现一样，迂回生产也依靠上下游产业之间的贸易实现。分工越是深化，生产越是迂回，则商品交易量越是庞大。从某种程度上说，发达经济体与欠发达经济体之间最重要的差异就是分工水平的差异，这种差异也必将体现在商业化程度的差异。美国 1869 年的商品交易量占总收入的比率是 0.2，在 1997 年这个比例是 9.28，这两个数据说明，在美国要得到 1 美元的收入，1869 年仅需要进行 0.2 美元商业上的交易，而到 1997 年则需要进行 9.28 美元的交易，这就是分工不断深化，生产过程更加迂回的结果。19世纪末，中国戊戌变法领袖康有为在访问欧洲时，对欧洲商品买卖之发达、商业化程度之高留下了深刻印象，他认为德国之所以强大就是因为"善分业以专而致其精"。❶

如果我们再将迂回生产的范围扩大，那么一个最终产品的中间品生产可能分布在不同的国家和地区。苹果手机就是一个典型的例子，其产品设计、软件开发、产品管理、市场营销等集中在美国总部；手机芯片、触控面板及存储器等核心零部件供应商大多来自中国台湾、韩国及日本；电池等其他零部件以及组装则是在中国大陆。从苹果手机例子里可以看出，整个产业链条中，最终产出部分（组装）反而是整个链条附加值最低的部分，产品设计、软件开发、芯片研发等中间品生产部分才是增加值最高的。这种同一产品基于产业链条的分工，经济学里被称为垂直分工，而上面所谈到"南北"贸易则是不同产品的水平分工。

《纽约时报》专栏作家托马斯·弗里德曼在其畅销书《世界是平的》中认为，全球化已经将世界连成一个整体，大部分的商品都是多个国家和地区分工协作的产物。尽管发达国家和发展中国家都参与到国际分工体系中（垂直分工），但是利润分配却是极不平衡的。根据美国加州大学和雪城大学3位教授合作撰写的研究报告《捕捉苹果全球供应网络利润》，一部苹果手机利润在世界各个国家/地区的分配状况差异巨大，苹果公司（美国）每卖出一部手机，便独享其中近六成的利润；排在第二的是塑胶、金属等原物料供应国，占去了利润的21.9%；作为屏幕、电子元件主要供应商的韩国，仅分得了利润的4.7%；而我国通过劳工组装只能获得其中1.8%的利润份额。

这也可以看出中间产品（迂回）产出价值要大于最终消费品生产端产出价值。这种垂直分工体系形成也是基于比较优势原理。发达国家由于资本雄厚、科技发达，在科技研发、产品设计等资本密集型生产上具有优势；而其人均工资高（美国一个普通工人工资甚至高于发展中国家的高级工程师），

---

❶ 康有为. 欧洲十一国游记[M]. 长沙：湖南人民出版社，1980.

在劳动力成本上处于相对劣势❶，因此将组装等技术含量较低的劳动密集型生产放在发展中国家。

生产价值在不同国家和地区之间的不均衡分配引起了很多经济学家的注意，他们提出了不平等交换理论。部分经济学家认为，发展中国家生产体系中低资本有机构成、高剩余价值率的行业占有更高比例，这使得其生产价格将低于价值；而发达国家则恰恰相反❷。这样的分配格局使得原本就资本雄厚的发达国家可以更快地积累资本，而原本就资本匮乏的发展中国家则无法积累资本。资本积累可以促进科技进步，这反过来又为发达国家带来超额的剩余价值，对发达国家而言这无疑是一个正反馈过程，而对发展中国家则是一个负反馈过程。

不平等交换理论一经提出，就在经济学界引起争论，有的经济学家从不同角度进一步深化了该理论，而有的经济学家则反对这一理论。从实证角度来看，尽管统计方法和统计数据有差异，但是很多实证结果都显示不平等交换在国际分工体系中确实普遍存在。同时，研究也显示不平等交换的影响并非一成不变，有相当数量的发展中国家（地区）正在脱离不平等交换的束缚，通过对美国、日本和韩国在20世纪60~70年代的贸易状况进行测算，可以得到美、日、韩之间存在不平等交换的结论，但是日本和韩国通过快速的工业化正在逐步逃离不平等交换。❸

---

❶ 值得指出的是，在劳动成本上发达国家并不一定处于绝对劣势，因为尽管发达国家工人工资高，如果其生产效率相较发展中国家工人更高，其平均成本就会低于发展中国家。比如发达国家工资是2元/小时，发展国家是1元/小时，但是1小时内发达国家工人可以生产5个产品，而发展中国家工人只能生产1个，发达国家平均人工成本为0.4元，而发展中国家为1元。但这不妨碍国际垂直分工体系的形成，因为根据比较优势理论，发达国家更应集中生产其优势更大的产品（资本密集型产品）。

❷ 伊曼纽尔.不平等交换：对帝国主义贸易的研究[M].北京：中国对外经济贸易出版社，1988.

❸ Nakajima, Akiko, Izumi, et al. Economic Development and Unequal Exchange among Nations: Analysis of the U.S., Japan, and South Korea [J]. Review of Radical Political Economics，1995，3.

一些国家得以逃离不平等交换，得益于产业升级和改变自身国际分工地位的努力。作为全球第一大贸易国和第二大经济体，中国无疑是最典型的范例。有学者通过分析全球44个国家（地区）2000~2014年制造业部门全球价值链分工地位指数发现，中国制造业国际竞争力在样本期内呈现先降后升的"V"形趋势；虽然劳动密集型产业领域竞争力最强，但近年来技术密集型产业领域国际竞争力提升较快；从国际比较看，中国制造业国际竞争力指数的全球排名较为靠前，"大而不强"的传统认识更多源于与少数作为制造业强国的发达经济体相比的结果，从更为宽泛的角度以及基于中国自身要素禀赋和发展阶段看，中国制造业国际竞争力仍可算"优等生"。❶

我们不禁要问，为什么少部分国家实现了产业升级，从而脱离了不平等交换的束缚，经济快速发展，而绝大多数发展中国家却没有？

在接下来的章节里，我们继续探讨其中的秘密。

---

❶ 戴翔，李洲. 全球价值链下中国制造业国际竞争力再评估——基于Koopman分工地位指数的研究[J]. 上海经济研究，2017（11）：18-31.

第四章
经济增长的源泉

第一节　无法解释的经济增长

在第二章，我们谈到在西方发达国家经济发展过程中，资本在其早期发展阶段起到了很大的作用，但是当这些国家完成了农业国向工业国的转变，特别是在工业化后期，都不可避免地出现了资本边际报酬递减，资本对经济增长的贡献降低。不过，发达国家并没有因为资本边际报酬递减放缓经济增长的脚步，无论是两次世界大战间期还是第二次世界大战后，发达国家都出现了相当长时期的经济繁荣，发达国家与发展中国家的差距也没有如古典经济学所预测那样逐渐收敛，反倒是越来越大。

上一章我们介绍了分工深化使得经济得以摆脱资本边际报酬递减的束缚，持续稳定增长。亚当·斯密在谈到分工的作用时说，"人们之所以会发明那些大规模简化与节省劳力的机器，追根溯源似乎也是分工的缘故。如果人们的心思全部集中在某个目标，而不是分散到许多五花八门的事情上时，人们比较可能发现更简便的方法去达成目标。分工之后，人的注意力自然而然会倾注于某个简单工序。所以工序只要有改良的余地，在执行该工序的工人中迟早会有人发现一些比较简便的方法来完成自己的工作。目前，那些分工最细密的制造业所使用的机器，大部分原本是某些普通工人的发明；他们每个人都只操作某种简单的工序，自然而然会把心思花在设法找出较简便的操作方式上。无论是谁，只要他常去拜访这种工厂，一定会看到不少巧妙的机器，它们都是普通工人发明的，原本只是为了让自己负责的那部分工作更轻松快速地完成"❶。

亚当·斯密以蒸汽机的一次重大改良来说明他的这一观点。最初的蒸汽机必须由一个人看着活塞升降，交替打开或关闭汽锅与汽筒间的通路。一个小孩在看守时发现，只要用一条绳子，将通路开关活门的把手和蒸汽机的另一头系起来，活门就会自动开关，他就可自由自在地与同伴玩耍。一个小孩为了让自己省事而发明的方法，就这样成为蒸汽机发明以来最重大的改良之一。亚当·斯密认为分工有利于技术创新，而技术创新则推动经济发展。纵观人类社会的发展历史，每一次经济飞跃无不伴随着科学技术的重大突破。

早期的古典经济学家们研究经济增长时，将目光聚焦于人口、土地、资本三个要素，尽管此间不少经济学家（如熊彼特）意识到技术创新对于经济发展的重要作用，但是依旧没有被纳入主流模型中。随着经济统计制度的建立和增长核算方程的推出，经济学家们得以量化（计算）各个生产要素对经济增长的贡献分别有多大。正如第二章所介绍的，经济学家们发现，在发达国家，无论是人口、土地还是资本都无法解释经济增长。如经济学家阿布拉摩维茨的研究发现，资本对美国经济增长的贡献在1890~1927年仅为30%，在1929~1966年则下降到22%，超过70%的经济增长无法从人口、土地和资本三要素中找到解释。

这些无法解释的部分在计量经济学模型中体现为残差，经济学家索洛在1957年提出这些残差是技术进步所导致的产出增加，故而最早被称为索洛残差。经济学家索洛和斯旺第一次将科学技术创新纳入模型，打破了人们所奉行的"资本积累是经济增长的最主要的因素"的理论，向人们展示，长期经济增长除了要有资本，更重要的是靠技术的进步、教育和训练水平的提高。

---

❶ 亚当·斯密. 国富论[M]. 谢宗林, 李华夏, 译. 北京：中央编译出版社, 2010.

经济增长的内在逻辑

经济学界普遍认为，计量模型中索洛残差所反映的就是技术进步对经济增长的贡献。随后人们将其命名为"全要素生产率增长率"，"全"的意思是经济增长中不能分别归因于有形生产要素的增长的那部分，因而全要素生产率增长率用来衡量除去所有有形生产要素以外的纯技术进步的生产率的增长，也可以理解为我们常说的第一生产力。

全要素生产率增长率的增长主要来自三个方面：一是效率的改善，二是技术进步，三是规模效应。效率改善主要来自制度改进和组织管理完善，比如，实行家庭联产承包责任制后，人还是那些人，地还是那些地，耕作方式也没有太大的改变（没有大的技术变革），但是粮食产量却相差甚远，这就是制度改变调动了人们劳动积极性所带来的经济增长。再如，亨利·福特以革命性创举——流水装配线代替传统个体手工制作，使得福特T型车以其低廉的价格成为一种实用工具走入了寻常百姓之家，这就是组织管理完善带来生产率的提高。

尽管科技创新在经济发展中扮演着最重要的角色，但是经济学家的研究却发现，全要素生产率增长率对经济增长的贡献是先低后高，见图4-1和图4-2。

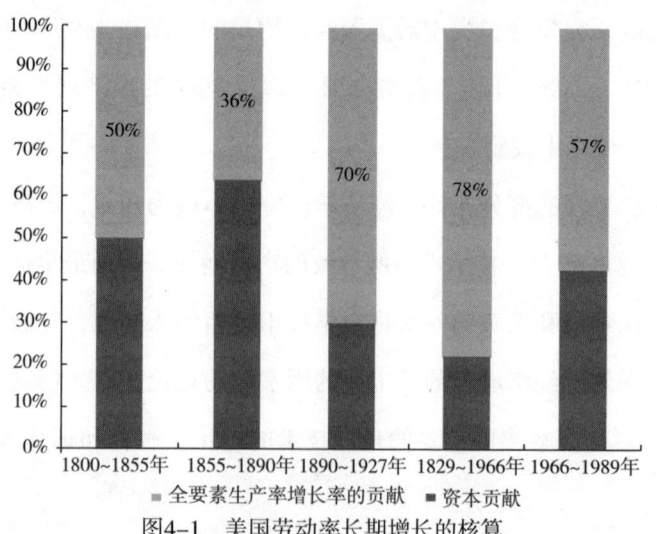

图4-1 美国劳动率长期增长的核算

图4-2 日本劳动率长期增长的核算

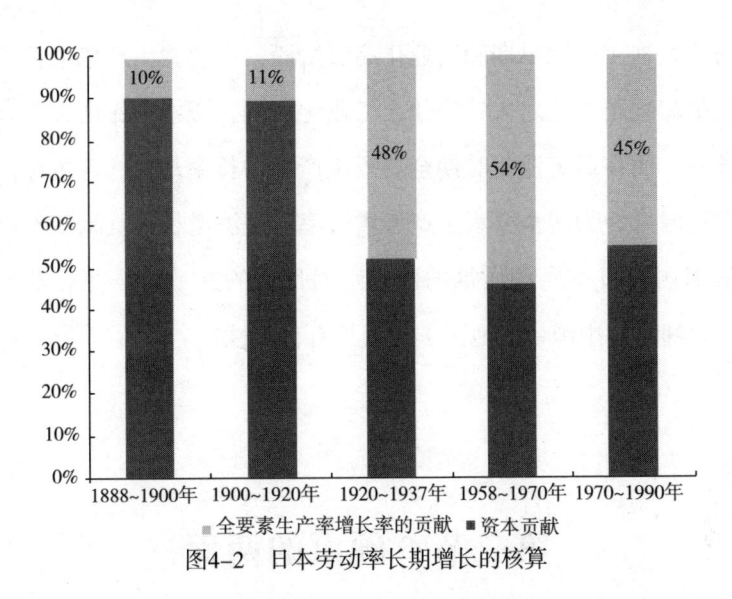

资料来源：美国数据来自 Abramovitz；日本数据来自 Hayami、Ogasahara。

图 4-1 和图 4-2 展示了美日两国百年来全要素生产率增长率对经济增长贡献的变化。1800～1855 年，美国的资本和全要素生产率增长率对经济增长的贡献各占一半；但是，到 1929～1966 年，全要素生产率增长率的贡献平均达到 78%！日本工业化发生在中日甲午战争（1894 年）前后，工业化早期，资本在推动日本经济发展过程中扮演了极其重要的角色，工业化初期资本对经济增长的贡献达到 90%。但是，第二次世界大战以后日本经济起飞，并在 20 世纪 70 年代一举迈入发达国家行列，这一时期全要素生产率对经济增长的贡献超过资本。

美日两国的数据在发达国家经济发展过程中具有代表性。它们共同的特征是，在工业化初期，资本在经济发展中发挥着重要作用，但是在进入高阶工业化阶段，特别是后工业化时代经济，其增长主要来自全要素生产率增长率。此外，尽管有着共同特征，但是美日两国也有差别，全要素生产率增长率在日本经济发展中所贡献的份额始终低于美国，其最高峰时（1958～1970年）全要素生产率增长率对经济增长的贡献仅为美国 19 世纪 80 年代的水平。

针对这些特征，我们不禁要问，科学技术对于经济的重要作用是显而易见的，为什么在工业化早期和工业化高级阶段，全要素生产率增长率对经济增长的贡献却差距如此之大？为什么工业化早期，资本的作用大于全要素生产率增长率，而在后工业化时期全要素生产率增长率却发挥着主导作用？美日同为发达国家，为何全要素生产率增长率对经济增长的贡献却不相同，这是否代表美国与日本经济质量的区别？而日本的这一特征在后发国家（地区）中（如韩国、中国台湾地区）是否具有普遍性？

第二节　硬币的两面

　　早在20世纪50年代，经济学家已经从经验数据中发现，经济增长并不是仅靠人均资本的增加，还要靠技术进步。上一节提到著名的索洛—斯旺模型首次将技术进步纳入经济增长的因素，但是以该模型为代表的新古典经济学理论仍然无法解释长期经济增长的真正来源——技术进步是如何产生的？在他们看来，技术进步以不可预测的方式随时间变化，创新就像是令人惊喜的礼物，用经济学的话语来说"技术是外生的"，用俗话来说，技术是"可遇不可求"的。这样的解释显然无法令人满意。

　　在相当长的一段时期，经济学家们认为推动经济发展的要素是相互独立、毫不相关的。20世纪60年代，美国经济学家肯尼斯·约瑟夫·阿罗发现，在生产和物质积累过程中，人们对经验的积累总结会提升劳动生产率并带来技术创新。阿罗以飞机制造业为例，在飞机制造业中有这样一条经验规律：在开始生产一种新设计的飞机之后，建造一架飞机的机身所需要的劳动与已经生产的该型飞机数量的立方根成反比，而且生产率的这种提高是在生产过程没有明显革新的情况下出现的。这就是说，一种特定型号飞机的累积产量每增加一倍，它的单位劳动成本就下降20%，即随着技术的积累，单位产品成本随生产总量递减。比如，已经生产了1000架飞机机身，则第1001架机身的生产时间为第1架飞机机身的1/10，这充分说明了积累的技术具有递增的生产力。

1962年，阿罗在《经济研究评论》杂志上发表《干中学的经济含义》（*The Economic Implications of Learning by Doing*）一文，详细阐述了实物资本的积累有助于技术进步的原理，"干中学"也成为经济学里脍炙人口的词汇。此外，技术进步也会反过来推动资本投资增加，一项新的技术或者产品的出现总会增加企业对于相关设备的购置。资本与技术就好比硬币的两面，不应当被认为是增长过程的两个不同驱动因素，而是一个过程的两个方面；新的技术几乎总要附着于新的物质资本和人力资本，而要使用这些新技术，就必须积累这些资本。

"干中学"理论在现实经济世界中最典型的应用案例莫过于我国（以及日本、韩国等后发国家）。对中国这样处于工业化中期的发展中国家而言，许多技术是不需要独自进行研究开发的，从国外发达工业化国家引进成熟的生产技术更能节省成本。我们在第二章谈过，改革开放初期，中国资本积累的一个来源就是外商投资。外商在中国投资建厂从物质资本的角度看是我国从国外购买先进设备（相对当时的中国而言），但是设备引进以及生产过程中，中国的工人、技术人员能从中学到先进技术和管理经验，即所谓的"外资企业的技术外溢"。如1988~1995年中国技术引进的结构中，有6年设备引进占比保持在83%以上，纯技术进口（许可+咨询+服务）所占比重在大多数年份不足15%。在2003年和2004年国外技术引进中，设备费支出占总合同金额的比重仍达到29.3%和30.5%。1990~2005年中国设备投资中年均技术进步率至少在5.1%以上。显然，在大量的设备引进中，必然含有明显的技术进步因素❶。不仅我国如此，日本、韩国经济发展都受益于"干中

---

❶ 赵志耘，吕冰洋，郭庆旺，等.资本积累与技术进步的动态融合：中国经济增长的一个典型事实[J].经济研究，2007（11）：18-31.

学"和"知识外溢"。

后发国家和地区的这种经由引进国外资本、吸收国外技术来快速提高本国技术水平的过程被称为"后发优势"。这一概念最早是由美国经济史学家亚历山大·格申克龙在总结德国、意大利等国经济追赶成功经验的基础上所提出的，他认为，引进技术是正在进入工业化的国家获得高速发展的首要保障因素。后起国家引进先进国家的技术和设备可以节约科研费用和时间，快速培养本国人才，在一个较高的起点上推进工业化进程。此外，后发国家可以借鉴先进国家的经验，避免或少走弯路，采取优化的赶超战略，从而有可能缩短初级工业化时间，较快进入较高的工业化阶段。

由此可见，对于广大发展中国家（包括后发国家如日本、韩国）而言，由于其技术进步主要依靠从先进国家引进设备（资本）的方式，因此在经济发展过程中，资本起到了重要的作用。

尽管后发优势使得许多发展中国家得以快速追赶，但是其负面作用却在发展中国家向发达国家迈进的过程中不断显现，乃至成为许多发展中国家掉入中等收入陷阱的重要因素。技术引进容易形成路径依赖。无论是转让专利还是跨国直接投资，技术输出国为维持技术的垄断地位，不会输出先进技术。技术输出国输出技术的最优策略是输出略高于技术引进国的技术。技术引进国通过研发投资，经过一段时间可能掌握这一技术，当技术输出国观察到技术已完全为技术引进国掌握并成为竞争对手时，技术输出国会采用新技术生产产品，以确保竞争优势。当技术引进国发现现有技术已经落后，缺乏竞争力，则再次引进新技术，这意味着技术引进国对引进技术消化吸收的研发投资和努力得到的收益甚微，这些投资和努力因为引进新技术替代现有技术的过程中可能并没有直接形成生产技术，这样，技术引进国的产出不一定增加[1]。

---

[1] 唐未兵，傅元海，王展祥.技术创新、技术引进与经济增长方式转变[J].经济研究，2014，49（7）：31-43.

也有学者提出"后发劣势"的概念。"后发劣势"理论认为模仿有两种形式，一种是模仿制度，另一种是模仿技术和工业化的模式；正因为后发展国家可以轻易地模仿先发展国家的技术，一下就能将经济快速发展上去，所以，后发展国家会缺乏动力去改革自己的制度。正由于来得太轻松、能以技术替代制度变革，就没动力在根本性制度上做有利于长久发展的变革，结果牺牲了长久繁荣的机会，后发便利反成了"劣势"。一个典型的例证就是中国晚清时期的"洋务运动"。以北洋大臣李鸿章为代表的清政府洋务派官员将"洋务运动"的原则总结为"中学为体，西学为用"，即只引进洋人的先进科技技术，但仍保持清朝封建落后的专制政体，其失败显然只是时间问题。

诚然，法治、产权保护、市场经济等因素是推动创新所必不可少的条件，但是这并不等于要全盘照抄其他国家的制度。制度取决于一个经济体中的很多因素，由于各个经济体许多因素的不同，因此，并没有一个"放之四海而皆准"的最优制度。各国应该从自己的实际国情、民情出发，将他国长处融入自己的制度中。

如果说后发国家通过外商投资、引进设备，以"干中学"的方式掌握先进科学技术，在一个较高的起点上推进工业化进程，而早期的先进工业国显然不具备这种"后发优势"，因为这些国家当时所拥有的技术已经处于世界科技前沿，技术的进步主要依靠本国的研发和创新。那么，为什么在美国等先进工业国的早期发展过程中，资本依然起到了重要作用？

这主要是因为，早期的技术进步是资本偏向的技术进步。所谓资本偏向的技术进步，是指在给定资本和劳动力相对价格的前提下，使得资本/劳动的比例增加的技术进步❶。简单来说，就是替代劳动力的技术进步。人类第一次工业革命是以蒸汽机为代表，蒸汽机作用就在于用蒸汽动力代替原始人

---

❶ 姚洋. 发展经济学 [M]. 北京：北京大学出版社，2013.

力,而蒸汽设备的生产和使用就表现为资本支出。这其中最典型的就是蒸汽火车的使用。火车的出现对于人类贸易发展以及城市的拓展具有划时代的意义,尤其对于当时年轻的新兴工业国美国。

英国维多利亚时代著名的现实主义作家安东尼·特洛普到访美国后,对于铁路发展的重要作用,有所感慨地谈道:"相隔100英里的两个城镇可以说离得很近,彼此之间可以互称邻居,但在尚未开发的荒野,相隔仅20英里的两个定居点的居民可能老死不相往来……铁路代表一切。这是生活的第一种必需品,也是人们获得财富的唯一希望。"铁路的出现极大促进了美国国内贸易发展和领土扩张。1890年,美国铁路运输1吨货物每英里的成本约为0.875美分,相比使用马车运输的成本24.5美元,运输成本降低了96%。铁路的出现不仅大大降低运输成本,也扩大了货物贸易的范围。之前,美国的货物长途运输主要是通过运河,而其运河主要为南北走向,因此贸易主要集中于南北方。铁路运输则摆脱了自然条件的束缚,货物得以借助铁路在东西部来往。当时美国西部是空旷的未开发之地,铁路铺设后,大量的移民得以通过客运列车向西部迁移、拓荒,西部原本长满杂草的土地上出现经济农作物和成群的牲畜,这一时期也被称为"西部拓荒时代"。铁路不仅改变了交通运输方式,也改变了人们的时间观念,在引入标准时间之前,世界的每个城市根据太阳的地方位置设置其官方时钟。这种状况直到在英国引入铁路旅行后才发生改变,铁路的出现使得人们有可能在很长的距离上旅行,要求连续重新设置时钟,因为火车在日常运行中就会通过几个城镇。为了解决这个问题,建立了格林威治平均时间,也就是后来的世界标准时间。

从1870年开始,大量新成立的铁路公司以每天铺设13英里铁轨的速度,进行了为期40年的大规模建设,到1916年,美国铁路里程数达到14万公里,占全世界里程数的35%。铁路的铺设需要大量的资本投入,其中钢铁需求(铁轨)和人力需求占据着资本支出的最大部分。1890年,铁路建设资本支出超过其他制造业资本总支出,占整个工业资本总支出的62%。

由此可以看出，以蒸汽机为代表的第一次工业革命乃至以电气化为代表的第二次工业革命是资本偏向的技术进步，技术对经济的推动通过资本投入体现，技术创新集中出现在工业特别是重工业行业（如机械设备、钢铁、采矿、冶金、石油等）。那么，为什么第二次世界大战以后，资本的作用逐渐降低，全要素生产率增长率成为主导经济发展的重要力量呢？

第三节　人力资本是更宝贵的"资本"

工业化初期的技术进步具有用资本代替劳动力的取向，也可以说以有形资本节约劳动。这一时期的技术进步更多是依靠工匠实践经验累积以及天才发明家们的"灵光一闪"。大多数重大发明的创造者并不是科班出身，有的甚至没有接受过基础教育。珍妮纺织机的发明者哈格里夫斯只是兰开夏郡的织布工人；火车机车的发明者乔治·斯蒂芬森没有上过一天学；蒸汽机的重大改良则是一个贪玩孩子的随意之作。对于自己创造出来的发明，大多数发明者都不知道其背后的科学原理。瓦特发明蒸汽机的时候，人们对热力学的了解几乎是空白的；莱特兄弟第一次使人类可以如鸟儿般在天空飞翔的时候，空气动力学这一名词还没有出现在字典里；当牛痘接种挽救成千上万的生命时，人类甚至不知道世界上有病毒的存在。工业化初期的创新就如亚当·斯密所说，"源于普通工人的小修小补"和"机器制造者的独创力"。

如果说工业化初期的技术进步主要依靠经验积累（干中学），那么工业文明时代的技术进步则更多依赖自然科学理论的积淀和可控性试验。第二次世界大战以后，技术进步呈现出新的时代特征——从以大型机械、齿轮、钢铁为代表的有形资产转变为以电子、分子、电流、细胞、遗传以及互联网等为代表的"不可视的"无形知识资产。技术的变化自然会带来产业结构的深刻变化以及随之而来对人力资本需求的变化。人力资本由凝聚在劳动者身上具有经济价值的知识、技术、能力和健康素质构成，是劳动者质量的反映。自第一次工业革命一百多年来，技术经历了原始技术（手工生产技术）、初级技术（半机械化技术）、中间技术（机械化技术）向先进技术（半自动化技术）和尖端技术（自动化和智能技术）逐步演进的技术结构升级过程。经济学家也逐渐将研究的焦点从劳动力数量转向劳动者"质量"，他们普遍认为，人力资本结构对推动经济增长具有重要意义。美国经济学家丹尼森的研究统计发现，如教育和研究这样的无形资本投资对经济增长的贡献，要比机械设备等有形资本积累的贡献大2~3倍。

人力资本如此重要，那么人力资本到底是什么？是不是就是高学历？如果这样理解就太片面了。我们不妨思考这样一个问题，为什么第一次工业革命会发生在英国？要知道18世纪的英国在科学知识、国民受教育程度等方面，并没有明显优于欧洲大陆的法国和德国（德意志地区），许多重大发明，特别是化学领域的重大发明均来自法国和其他地区，在造纸、食品加工、化学制品，以及亚麻制品等方面，英国更像是学生，而不是老师[1]！那第一次工业革命何以在英国孕育，并使得英国以此成为"日不落帝国"？关于这个问题，经济学史界长期争论，不同学者从不同角度得出不同的结论，但是有一点尤其值得关注，就是当时英国拥有欧洲大陆各国所难以相比的人力资源——数量庞大的熟练工人。与当今的基础科学知识不同，18~19世纪的技师和熟练工人（绝大多数是文盲）所掌握的知识来自长期的实践，这些知识属于"默会"知识，按照俗话就是"只可意会，不可言传。"

大量的熟练工人使英国可以将欧洲大陆的发明通过技术改良、生产运用到实践中去。产业工人们可以根据图纸生产出尺寸规格和用材精确的零部

---

[1] 乔尔·莫克尔.启蒙经济：英国经济史新论[M].曾鑫，熊跃根，译.北京：中信出版集团，2020.

件，他们会计算速度、掌握容差、阻力、摩擦、润滑、机械部件相互耦合等知识。常压蒸汽机（瓦特蒸汽机前身）的发明者纽科门在英格兰中部安装蒸汽机时，对水泵的使用茫然不知所措。不过，由于安装地点离工业城市伯明翰很近，纽科门在熟练工人的帮助下，很快掌握了泵阀、阀瓣和泵斗的方法。这一例子生动说明，拥有熟练技艺的产业工人这一人力资本对于发展制造业（现代工业）是多么重要。正是这些经验丰富、技艺精湛并且掌握了有关能源和材料的实用知识的产业工人，使得理念转化为产品成为可能。小说《鲁滨逊漂流记》的作者丹尼尔·迪福一针见血地指出："英国人……以改进技艺闻名于世，而不是发明。"而著名哲学家大卫·休谟更是写道："我们（英国）在过去两个世纪取得的各种进步，都应归功于我们能够模仿外国人……尽管我们的生产厂商采用先进的技术，但就每一项技术来说，我们每天都在使用邻国的发明❶。"

早期工业化国家生产率的提高主要依靠自身的创新，而后发国家则主要依靠吸收和利用发达国家先进技术来提高生产率。这就引出一个有趣的问题，为什么诸如日本、韩国、中国这样的国家能够充分发挥后发优势，而世界上大多数发展中国家却没能发挥出后发优势呢？

如何充分发挥后发优势，一直是经济学研究的课题。一般来说，人力资本作用于经济增长的机制分为两种。

第一种，通过提高劳动者受教育程度、职业技能、技术熟练程度直接促进经济增长。比如，当一项创新技术投入使用时候，只有研发者懂得如何使用是不够的，因为这项技术最终使用人是产业工人。飞机的发明极大地缩短了人类旅行的时间，是交通运输业的重大进步，但是，光有飞机是不够的，还要有掌握飞行技术的驾驶员、领航员等，驾驶员的飞行技能、技术熟练程度直接决定了飞机这项发明的使用效率。同样，当发展中国家从发达国家引

---

❶ 乔尔·莫克尔.启蒙经济：英国经济史新论[M].曾鑫，熊跃根，译.北京：中信出版集团，2020.

进成套先进设备的时候，如果没有工人懂得如何使用、维护这些先进设备，那么这样的引进不会带来任何生产效率的提高。

第二种，主要通过创新新技术和加速技术的吸收、扩散两个途径对生产率增长产生促进作用。技术的吸收和扩散对于发展中国家发挥后发优势具有重要作用。比如，改革开放以后，我国通过引进外资不仅加快了资本积累，也带来了"外资企业的技术外溢"。外资的涌入并不必然带来"外资企业的技术外溢"，如今的发展中国家在第二次世界大战前多为发达国家的殖民地，而在殖民地时代，西方列强竞相向殖民地实行资本输出，在殖民地开矿筑路、开办工厂，外资也曾达到过相当的规模。遗憾的是，殖民地时代的外资并没有带来殖民地国家的经济增长和技术进步。❶

那发展中国家如何才能充分发挥后发优势呢？发展中国家的技术吸收能力取决于发展中国家的人力资本水平，当发展中国家人力资本水平伴随着技术引进而不断提高的时候，引进的新技术才有可能促进发展中国家经济的持续增长。换句话说，后发优势能否得到充分发挥内生地取决于本国的人力资本结构，只有当发展中国家的人力资本达到一个最低的临界水平时，外资才会促进发展中国家的经济增长❷。这是因为，发达国家一般不愿意将先进的技术转移到发展中国家，而更愿意将落后淘汰的技术转移到发展中国家。如果发展中国家人力资本不足、技术落后，那么即使是发达国家落后淘汰的技术依然能够在发展中国家赚钱。比如，20世纪90年代初的中国，德国大众公司的桑塔纳一度成为豪车的代名词，该车当时的价格不菲，而在德国该车型已经停产或更新换代。只有发展中国家自身技术和人力资本积累不断进步，才能迫使发达国家提高投资的技术含量。也正是中国拥有更多高水平的研发人员、汽车行业的不断进步，国产车性能已经远超当年的桑塔纳，才使得大

---

❶ 代谦，别朝霞.FDI、人力资本积累与经济增长[J].经济研究，2006（4）：15-27.
❷ Borensztein, E. J.DeGregorioand, J-W.Lee.How does foreign direct investment affect economic growth[J]. Journal of International Economics, 1998.

众为保住在中国汽车市场的份额，不断升级换代在中国销售的汽车型号。

值得注意的是，即使能从发达国家引进先进技术，如果发展中国家不具备与此相适应的人力资本，那么最终结果只能是拥有先进技术却生产不出相应的产品；或是即使能够勉强生产，要么实际生产的产品离设计要求相去甚远，要么企业生产从技术、设备、原材料包括技术工人都完全依赖于国外，成为发达经济体的一个装配厂，与本国经济联系甚少。❶因此，对引进技术的吸收、消化能力对发展中国家而言至关重要。

正式的学校教育体系是一国的人力资本积累的基础。日本、韩国、中国大陆和中国台湾等东亚地区之所以能够快速吸收、消化西方国家的先进技术，产业快速升级换代，经济持续快速增长，一个共同的重要因素就是都受到儒家文化的影响，高度重视教育。比如，明治维新后不久，日本就出台了《学校制度规章》，明确了"让所有村庄内和所有家庭里的孩子都上学"的目标。日本的平均受教育年限从1890年的1.3年提高到1930年的5.6年（美国的62%），至2000年已经达到12年以上。

1949年中华人民共和国成立以后，我国义务教育迅速普及，文盲率迅速下降。科教兴国作为一项基本国策，为改革开放后引进外资、吸收世界先进技术奠定了良好的人才基础。

人力资本积累不仅能够解释发展中国家经济赶超的速度，同样能够解释一国之内经济发展水平的不平衡。人力资本结构高级化❷水平增加1%，经济增长率将提高0.319%；而人均教育年限增加1%，经济增长率仅提高0.192%。这说明相较于人力资本存量增加，人力资本结构高级化对经济增长具有更大的推动作用。我国东部地区高等教育程度人力资本比重为15.01%，

---

❶ 邹薇，代谦.技术模仿、人力资本积累与经济赶超[J].中国社会科学，2003（4）：15–27.

❷ 人力资本结构高级化指教育程度较低的人力资本的比重下降，教育程度较高的人力资本的比重上升。通常表现为仅接受过初中或小学教育的人口比重下降，接受过大学教育的人口比重上升。

高于中部和西部的 8.44% 和 9.70%，而人力资本结构高级化的差异是解释东中西部地区经济发展差距的重要原因❶。具有较高人力资本结构水平的东部地区，能够完成产业结构由劳动密集型产业向资本密集型产业、技术密集型产业、知识密集型产业逐级迈进，而西部地区没有与产业升级相对应的人力资本结构高级化的提升，因此经济发展相对缓慢。

如果我们再将这一问题细化到每一个人的身上，同样会发现受教育程度也是影响个人收入差距的重要因素。2021年诺贝尔经济学奖授予了美国经济学家戴维·卡德、乔舒亚·安格里斯特以及吉多·因本斯因。其中乔舒亚·安格里斯特和吉多·因本斯因"对因果关系分析的方法论贡献"而获奖。乔舒亚·安格里斯特和吉多·因本斯的成名之作就是回答了一个问题——多读一年书到底能带来多少收入？在一篇发表在《经济学季刊》的文章中❷，两位学者巧妙地利用美国教育制度的规定，用"一个人的出生季节"作为工具变量。美国的义务教育法规定：只要当年年满6岁的儿童，都需要在该年9月份入学。如此一来，如果一个孩子生日是12月31日，那么，他和生日是1月1日的孩子一样，都需要在当年9月入学（这点与中国不一样）。美国的义务教育法还规定，只有年满16岁，青少年才可以离开学校，辍学回家。这样一来，美国的义务教育法就创造了一个自然的实验环境。两位学者把在16岁辍学的孩子分成了两组：一组是生日在一年当中比较早的那些孩子，我们把他们称为A组；另一组是生日在一年当中比较晚的孩子，我们把他们称为B组。由于B组的孩子比A组要多上一段时间的学，因此，就可以估计多读一年书所带来的收入差异。研究的结果显示，对于出生于20世纪40年代的人，第一季度出生的人比其他三个季度出生的人少上了0.109年学，教育回报率要低1.02个百分点。

---

❶ 刘智勇，李海峥，胡永远，等. 人力资本结构高级化与经济增长——兼论东中西部地区差距的形成和缩小 [J]. 经济研究，2018, 53（3）：50-63.

❷ 这篇文章名为：Does compulsory school attendance affect schooling and earnings?

我国学者研究发现，受教育时间每增加 1 年，个人收入会增加 4.34%，尽管这一教育回报率看起来并不高，但是进一步的研究发现，中国的教育回报率具有两个重要的结构性特征：一是教育回报率呈现出随教育程度升高而增加的现象，受过高中及以上教育者的教育回报率平均来说要比初中及以下教育程度者高 5.9%；二是教育回报率还展现出随收入水平增加而增加的趋势，最低收入 5% 的人教育回报率只有 2.7%，而最高收入 95% 的人的教育回报率最高达到 6.53%，后者是前者的 2 倍多。收入、受教育程度及教育回报率之间展现出一种让"贫穷者更贫穷、富有者更富有"的"马太效应"。[1] 所谓"扶贫先扶智"，提高全社会的受教育水平对于实现共同富裕具有重要意义。教育的政策更应着眼于提供公平的教育机会，无论孩子的出身如何，在教育上均应站在同一"起跑线"上。

教育是人力资本的基础，是不是只要提高国民的受教育年限就能实现人力资本的升级，就能走到世界先进技术的前沿呢？恐怕不是如此简单的线性关系。通过上面的分析，我们知道人力资本对于发展中国家能否发挥后发优势具有重要意义。目前，仅有少量的后发国家成功进入发达国家行列，即使是这些国家也面临着"后发"红利逐渐消失的问题，要想实现经济持续稳定发展必须依靠本国的创新能力。毫无疑问，能够迈入发达国家行列的国家，其教育水平不会相差较大，但是就创新能力而言，发达国家间的差距却远比教育水平差距大。这又该如何解释呢？

---

[1] 张车伟. 人力资本回报率变化与收入差距："马太效应"及其政策含义[J]. 经济研究，2006，12：59-70.

第四节 爱迪生真的是一名杰出的发明家吗

1931年10月21日，美国政府下令全国停电1分钟，10月21日6点59分，好莱坞、丹佛熄灯；7点59分美国东部地区停电一分钟；8点59分，芝加哥有轨电车、高架地铁停止运行；从密西西比河流域到墨西哥湾陷入了一片黑暗；纽约自由女神手中的火炬于9点59分熄灭。在这1分钟里，美国仿佛又回到了煤油灯、煤气灯的时代。美国这一行为是为了减少温室气体排放而拉闸限电吗？显然不是，那个时代还没有温室效应这个概念。美国此举是为了悼念在3天前去世的伟大发明家托马斯·阿尔瓦·爱迪生。打从幼儿园起，爱迪生的故事就被讲述给孩子们，在人们心中，爱迪生是20世纪最伟大的发明家这一事实是不言而喻的。他拥有超过2000项发明，其中包括对世界极大影响的留声机、电影摄影机、钨丝灯泡等。但是如果我们仔细查询历史的细节，对于发明一词恐怕就要有新的定义。

我们不妨看看爱迪生发明电灯的历程。历史教科书都会说，1879年10月21日，爱迪生在他的实验室里，用碳化的卷绕棉线作为灯丝，成功制作出世界上第一个电灯泡。但是只要我们翻开有关灯泡发明的历史记录就会非常遗憾地发现，教科书的定论并非毋庸置疑的。1801年，英国化学家戴维第一次将铂丝通电发光，9年后，他发明了电烛，就是利用两根碳棒之间的电弧照明。1854年，美国人亨利·戈培尔将一根碳化的竹丝放在真空的玻璃瓶中通电发光。当时戈培尔试验的灯泡已可维持照明400小时。1874年，加拿大的两名电气技师发明了一种技术：在玻璃泡之中充入氮气，以通电的碳杆发光。可惜，他们没钱了，做不下去了。然后他们做了一件事——在1875年把这项专利卖给了爱迪生。1878年，在爱迪生"发明"电灯的前一年，英国人约瑟夫·威尔森·斯旺同样完成了一个"真空下用碳丝通电的灯泡"，斯旺立刻申请了英国的专利，并开始在英国建立公司，在各个家庭安装电灯。1879年，爱迪生"实验了1600多种材料，做了几千次实验"，终于找到了碳化的棉丝作为最好的灯丝材料——斯旺在1860年就发现了。1880年，爱迪生又经过数千次实验，发现了碳化的竹丝比棉丝更好——戈培尔在1854年就发现了这一点。1883年，爱迪生试图把电灯推广到英国，立刻遭到了斯旺的侵权官司控告。爱迪生输掉了官司，被迫让斯旺加入爱迪生在英国的电灯公司担任合伙人。直到后来，爱迪生花钱买下了斯旺的专利。❶

从上面我们不难发现两个事实：一是爱迪生并不是电灯泡的发明人；二是我们现在使用的灯泡并不是一蹴而就发明出来的，而是通过不断的小改进而成，这是绝大多数创新的共同特征。这段记述并不是要贬低爱迪生，时至今日，我们依旧要向爱迪生致敬，如果没有他，人类可能还要在黑暗中摸索更长的时间才能将灯泡普及千家万户。尽管爱迪生不是灯泡的最初发明者，但是他对电灯普及的贡献丝毫不亚于那些发明者们，爱迪生的贡献在于他的创新能力。这是在玩文字游戏吗？创新和发明不是差不多一个意思吗？

了解爱迪生的伟大之前，我们还是来了解一下创新和发明的含义吧。创新和发明是一回事吗？20世纪初，美籍奥地利经济学家约瑟夫·熊彼特（后面的章节我们还要详细讲到他的理论）最初提出了这个问题，并且给出了自己的答案："只要发明还没有得到实际上的应用，那么在经济上就是不起作用的。而实行任何改善并使之有效，这同它的发明是一个完全不同的任务，而且这个任务要求具有完全不同的才能。"

在熊彼特看来，创新可以理解为"把发明成果引入生产体系"，是对

---

❶ 张玮. 历史的温度 [M]. 北京：中信出版集团，2017.

发明成果的首次商业化应用，发明是一种科技活动，而创新是一种经济活动。我们可以将创新定义为把发明商业化。爱迪生本人曾这样告诫其助手："我们必须拿出研究成果，不能像有些德国教授那样，毕生研究蜜蜂身上的绒毛。"技术发明的商业化需要现代的市场经济环境（包含着产权保护制度、专利法律、资本市场、得到社会尊重的企业家群体、现代金融体系、生产/流通领域的分工协作、产品质量体系等诸多要素），离开这个环境，技术发明的商业化则无从谈起。在工业革命初期，许多创新来源于"普通工人的小修小补"和"制造者的独创力"，创新者对其产品背后的自然科学原理知之甚少。但是到了20世纪后半叶，技术进步则更多依赖自然科学理论的积淀和可控性试验，创新和科学呈现出一种单向依赖关系，将技术视为科学的应用成果，由此将企业和大学的研究活动分为基础研究、应用研究与试验发展三类，而技术创新一般发生在应用研究与试验发展的活动中。

弄清楚了创新与发明的区别，我们可以把爱迪生与电灯的故事继续讲完。爱迪生最大的贡献，就是使电灯普及千家万户（商业化）。电灯不是蜡烛，不是点个火就能发光，支撑电灯持续发光的是源源不断的电力，而电力系统是由爱迪生及其团队发明的。也就是说，要想用电灯替代煤油灯、蜡烛，还需要建立发电厂、铺设电缆、架设电线等一系列辅助工程。此外，作为一种前所未有的新商品，广告是必不可少的。而这一切都需要庞大的资金支持。尽管爱迪生在当时可以算得上是富豪，但是要承担这样庞大的支出，显然单靠个人是无法做到的，见图4-3。

爱迪生背后的最大支持者就是著名的大金融家——约翰·皮尔庞特·摩根。1878年，皮尔庞特·摩根在给友人的一封信中这样写道："过去几天，我一直在尽力促成一笔生意，这很可能是最重要的一笔生意……不仅对世界具有如此重大的意义，从某个角度来看，此事对我们更是意义重大。"摩根信中所说的生意就是爱迪生的电灯，他敏锐地发现了电灯的重要意义和商业价值。摩根组建了新的公司——爱迪生电力照明公司，并注资100万美元（这在当时可是相当大的资金）。公司在曼哈顿商业区的珍珠大街上建立起第一座中央发电站，为照明提供电力，而摩根的公司则获得了美国内外所有白炽灯泡的经营销售权。

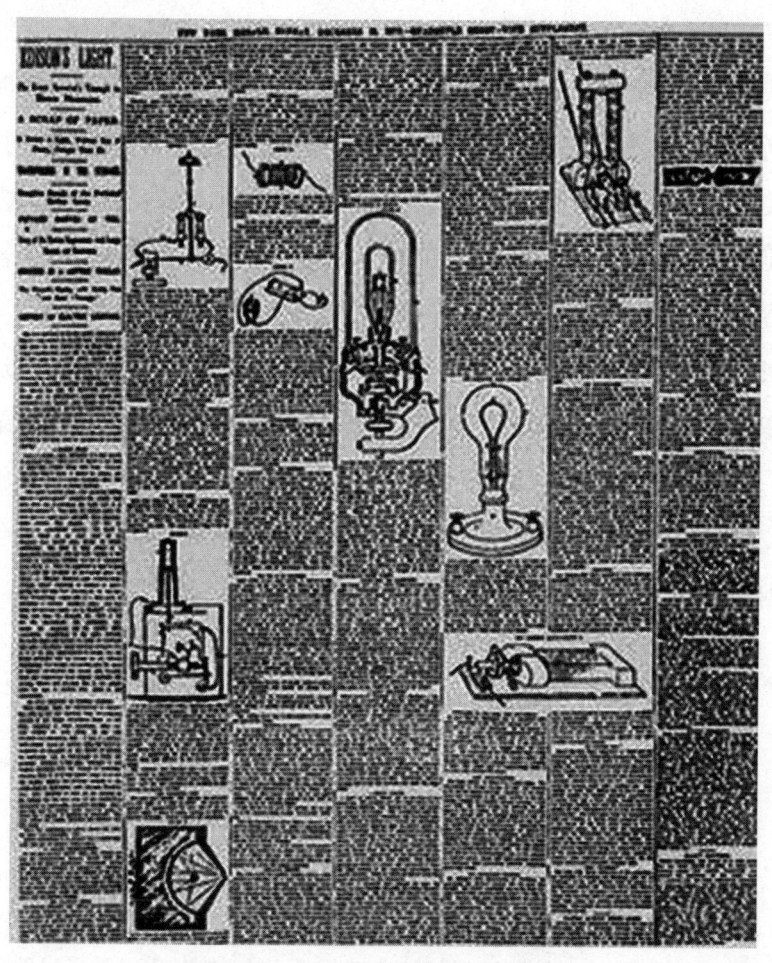

图4-3　爱迪生刊登在报纸上的电灯广告

"近水楼台先得月"，第一个使用电灯的家庭无疑就是摩根家族。1882年9月4日，爱迪生在华尔街23号德雷克塞尔—摩根公司的总部按下了电灯开关，刹那间，外墙上的106个电灯泡亮了起来，大楼的每一个角落都被灯光填满。为了庆祝这个光明、伟大的时刻，摩根在家里举行了盛大的宴会，邀请了近 400 位当时的名流前来参观，这无疑是为电灯做了一次最好的发布会。

据说爱迪生拥有 1093 项发明专利，但这些专利并不是由爱迪生一人发明，绝大多数的专利都是由其创办的实验室的工程师、机械师、化学家和物理学家发明的，还有一部分专利为从别人手中购买的。爱迪生更多的是负责想点子，与客户和投资商对接，以及和媒体打交道。

从爱迪生的故事我们可以发现，发明不仅不等同于创新，而且发明转化为创新的过程并不是一蹴而就的，即使是在美国这样以创新而著称的国家，发明转换为成功的商业创新的概率并不高，平均只有 12%～20% 的研发项目有可能转化成商业上成功的产品或工艺。而在中国，专利技术真正能转化为生产力（商品）的概率不到 10%。

根据世界知识产权组织发布的报告，2019 年中国超越美国，成为通过产权组织提交国际专利申请最大来源国，2020 年我国继续保持这一记录，以 68720 件专利申请稳居世界第一。但是，我国在许多关键领域仍然面临"卡脖子"的困境。人们不禁要问：为何专利的数量优势无法有效转化为创新优势？创新需要什么呢？

第五节　给创新者画个"脸谱"

创新的主体是人，人既是创新的实践者也是创新的受益者。尽管很多人在童年时代曾梦想自己成为发明家，但梦想成真的人却寥寥无几，这就说明了创新并非一件容易的事。我们不妨为创新者画个"脸谱"。创新者必须要有过人的市场感知能力，能抓住眼前机会，挖掘市场中存在的潜在利润。这一点在苹果手机创造者乔布斯身上尤为突出。早在苹果推出第一款触屏手机的 7 年前，诺基亚的设计师就在内部展示过一款仅配置了一个按键的触摸屏智能手机，那款智能手机可以收发电子邮件和玩游戏，非常可惜的是，当时诺基亚高层人员没人看好这一新技术的市场潜质。乔布斯却凭借着敏锐的市场感知能力，在苹果手机上运用这一技术，苹果手机一经推出就在全球引起销售热潮。不仅是苹果手机，许多创新产品和创意在起初并不被人们所好看，而创新者却具有"在当时不能肯定而以后则证明为正确的方式去观察事情的能力"❶。

创新不仅体现在技术、产品上，还体现在消费模式、潮流风尚等社会的方方面面。直到 19 世纪早期，穿衣问题还要花去欧洲家庭近三分之一的精力和金钱，虽然当时方兴未艾的工业革命解决了织布问题，但如何把布料缝成衣服又成了瓶颈，哪怕一个熟练的裁缝也需要耗时数天才能将一件衣服缝好。缝纫机的发明将缝纫效率提升了 10~20 倍。但是，1856 年，美国一台缝纫机的价格高达 80 美元。当时美国一个一线工人的年薪也就不到 300 美元，要让一个妇女说服丈夫拿出近三分之一的年薪给自己买台缝纫机，这实在太难了。此时，缝纫机厂家胜家公司的销售主管克拉克首次提出了"分期付款"的概念，妇女们只花 5 美元就能得到一台缝纫机，此后每个月都付 5 美元，一直交纳 18 个月的时间。一台缝纫机的实际价格就变成了 90 美元，但分摊到每个月，却一下子让人感到轻松了不少。分期付款模式推出后，胜家缝纫机的销量迅速扩张，第一年翻了三倍，第二年翻了二十倍，巅峰时期，全球每三台缝纫机中就有两台是这家公司生产的。分期付款逐渐成为一种消费模式，美国老百姓自此开始习惯于分期付款、超前消费，消费市场获得激发，而厂商借活跃的市场更快速地实现了资金回笼，得以迅速扩大生产。这说明创新者要有敏锐的商业洞察力。

---

❶ 约瑟夫·熊彼特. 经济发展理论 [M]. 北京：华夏出版社，2015.

创新者还要有"善于动员和组织社会资源进行并实现生产要素新组合"的组织能力以及"善于说服人们，使他们相信执行他的计划的可能性；注重取得信任，以说服银行家提供资本，实现生产方式新组合❶"的说服能力。如果把上述洞察力、组织能力和说服力合一的话，我们可以将其称为"企业家能力"。

显然，具有"企业家能力"并不意味着能顺理成章成为创新者，"企业家能力"只是成为创新者的前提条件之一。无数事实证明，但凡新的创意、新的产品，从诞生之初到最终被人接受，总要经历种种坎坷。人类天生就厌恶不确定性，而创新之路则恰恰充满不确定性。一个全新的产品、工艺上市前，没人会知道它能否畅销，大多数时候还要面对周遭的质疑。创新者要让自己坚信这不只是白日做梦，而是有实实在在的成功机会，那他（她）就要具备不同寻常的意志力。人类的思维具有惯性，长久以来的思维模式、看待实物的方式已经深深印入大脑，乃至成为一种下意识的活动，正如在触屏手机推出来之前，大部分人将按键视为手机必不可少的部件。创新需要对未知领域具有天生的好奇感和求知欲。

人是精神性动物，人的行为背后都由精神意识驱动。关于人的精神或者说价值观对于经济发展的重要作用，熊彼特并不是第一个给予关注的人。德国哲学家马克斯·韦伯在其经典著作《新教伦理与资本主义精神》中谈道："现代资本主义扩张动力的问题，首先不是一个资本主义可用资金的问题，而是要问资本主义精神从何而来。资本主义精神繁荣昌盛之处就能获得资金。"他着重从动机上分析新教徒的行为。他认为在贪财和"拜金欲"上，资本主义时代并没有比它以前的时代有任何特别的地方。他将资本主义精神定义为"以职业的方式，系统地、理性地追求合法利润"，与之对应的是"无所顾忌、内心不受任何规范约束的贪欲"。韦伯认为新教的苦行

---

❶ 约瑟夫·熊彼特.经济发展理论[M].北京：华夏出版社，2015.

是入世的宗教基础,营利与苦行这对看似相反的两个词在新教中得到了统一。苦行强调节俭、勤奋,反对懈怠和享受。因此,营利得来的钱不是用来享受。即使成为富人也不应有任何享受和懈怠,而应该一如既往地勤奋工作,浪费时间是万恶之首。这种"精神"无疑是有利于资本主义的原始积累。

但是,中国人民素以勤劳(追求财富)节俭(高储蓄)著称,曾经经济实力占据世界半壁江山的中国却在韦伯生活的时代与西方资本主义世界的经济差距越来越大。彼时的中国为什么会衰落?彼时的西方又为什么会崛起?显然,韦伯并没有给出一个完整的答案。

就在人们寻找近代西方创新井喷背后的原因,熊彼特在定义创新的基础上提出了一种新的精神——"企业家精神",这一概念的提出不仅轰动了当时的整个西方世界,其影响一直到今天依然是世界性的。

何为"企业家精神"?熊彼特认为"企业家精神"包括:

(1)建立私人王国。企业家经常"存在有一种梦想和意志,要去找到一个私人王国,常常也是一个王朝。"对于没有其他机会获得社会名望的人来说,它的引诱力是特别强烈的。

(2)对胜利的热情。企业家"存在有征服的意志、战斗的冲动、证明自己比别人优越的冲动,他求得成功不仅是为了成功的果实,而是为了成功本身。"利润和金钱是次要的考虑,是"作为成功的指标和胜利的象征才受到重视"。

(3)创造的喜悦。企业家"存在有创造的欢乐,把事情做成的欢乐,或者只是施展个人能力和智谋的欢乐。这类似于一个无所不在的动机……寻找困难,为改革而改革,以冒险为乐事。"企业家是典型的反享乐主义者。

(4)坚强的意志。企业家"在自己熟悉的循环流转中是顺着潮流游泳,如果他想要改变这种循环流转的渠道,他就是逆潮流游泳。从前的助力现在变成了阻力,过去熟悉的数据现在变成了未知数。""需要有新的和另一种意志上的努力……去为设想和拟订出新的组合而搏斗，并设法使自己把它看作是一种真正的可能性，而不只是一场白日梦。"如果要简单一点的概括，我们可以将其归结为探索、勇气以及对未知领域的好奇。

因此，在熊彼特看来，企业的高管乃至老板并不一定就是企业家，或者说具有"企业家精神"，这里的"企业家"一词一定与"创新"相关联。如果一位经理只是监督管理日常生产，没有做出任何创新行为，那么他只能被称为生产管理者，而不是企业家；一个企业家如果不再从事创新，而只是循环往复地生产同样的商品，那么他也将失去"企业家"的头衔。

无论从国外还是国内的经济增长历程来看，企业家精神越集中的地区，经济发展越快，企业家精神是经济发展的驱动力。如果以私营企业比率和专利申请数量作为创业精神和创新精神衡量，那么在我国企业家创业精神每增长1个标准差，将提高GDP年均增长率2.88%；企业家创新精神每增长1%，将提高GDP年均增长率3%❶。这就可以解释，为什么我国广东、浙江这些自然资源禀赋和国家资本投入并不突出的省份，经济发展却能领先全国。金融投资大师约翰·邓普顿曾说："一个国家的财富不能依靠自然资源，应该依靠人们心中的想法和观念。"

如果把上述"企业家能力"和"企业家精神"归结为创新者的素质，那么不得不承认并不是每个人都拥有这种素质，可以说拥有这种素质的人是百里挑一乃至千里挑一。人的能力既受先天因素也受后天培养因素的影响，总体来看我们可以认为一个国家国民的"创新素质"服从正态分布。我们可以以一张人类智商（IQ）分布做类比。爱因斯坦IQ数值为160，而人类IQ平均值为100，68%的人IQ介于85~115，而仅有0.13%（千里挑一）的人IQ达到145以上，见图4-4。

---

❶ 李宏彬，李杏，姚先国，等.企业家的创业与创新精神对中国经济增长的影响[J].经济研究，2009，44（10）：99-108.

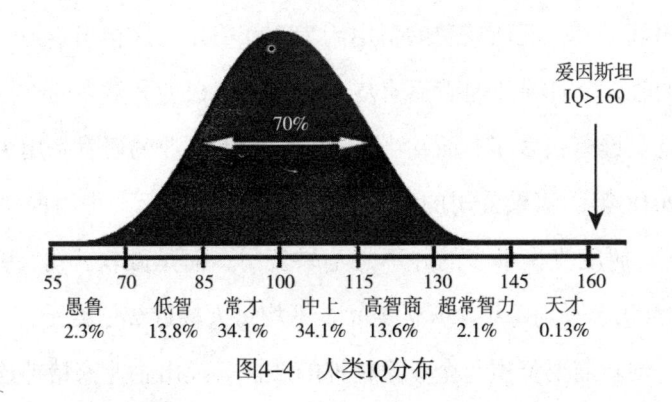

55	70	85	100	115	130	145	160
愚鲁	低智	常才	中上	高智商	超常智力		天才
2.3%	13.8%	34.1%	34.1%	13.6%	2.1%		0.13%

图4-4 人类IQ分布

同样，我们也可以认为，具备乔布斯那样创新素质的人就如爱因斯坦般凤毛麟角，但是在总人群中保持一个固定的比例（就如 IQ 在 145 以上的人群比例为 0.13%）。显然，一个国家的总人口规模越大则具备高创新素质的人数越多。但是，作为人口大国的中国、印度为什么在相当长一段时期，创新人才的数量小于欧美乃至以色列这样的人口小国？具备创新素质只是成为创新人才的前提而不是全部，正如高智商并不能保证你一定成为科学家，倘若没有接受教育的机会、没有好的科研设施，智商再高也不可能成为科学家。同理，在创新的路上，外在环境依然扮演着不可或缺的角色。

第六节　硅谷方程

早期的发明家们大多是通过自己丰富的实践知识和娴熟的工艺技术创造出新的产品。发明过程中所需要的费用大多数依靠发明家自己就可以承担。但是，随着科学技术的发展，发明、创新也越来越复杂，需要用到不同的原材料、机械以及聘请科学家、工人，这些费用远非单独个体所能承担。爱迪生发明电灯的过程中，尝试了成千上万种材料，雇用了一个包含物理学家、化学家的团队，其一天所花费的费用约为 800 美元，这相当于当时美国中产家庭半年的收入，如果不是背后有皮尔庞特·摩根庞大财力的支持，电灯的出现恐怕就要推迟很多年。而在当今世界，大型企业的研发费用更是高得令人咂舌。2018 年，苹果公司的研发费用为 142 亿美元，华为的研发费用为 130 亿美元。研发支出最多的并不是苹果公司，而是微软公司，9 年累计支出 6530 亿美元，平均每年 726 亿美元，平均每天接近 2 亿美元。

显然，创新需要资本与企业家精神的碰撞。提出企业家精神这一全新理念的经济学家熊彼特也敏锐地观察到了这一点。他认为，经济发展的本质在于以新的方式使用现有的劳动服务及土地服务，而新的组合能否实施，要看劳动服务以及土地能否从原先的用途中腾出来。经济学家们将总体技术进步分为两个部分：一部分可以由现有生产单位的生产率增长来解释，另一部分来自生产单位随时间的变化。后者进一步分解为由生产率较高的生产单位增长和生产率较低的生产单位缩减引起的再配置效应，这被称为净进入效应。

举个例子，假设采用传统耕种模式的老李一公顷土地产粮 5 公斤，而种植"杂交水稻"的老王一公顷土地产粮 15 公斤。土地只有 10 公顷，老王要想多用地，就得靠老李少耕地腾出来，老李少种一公顷土地，老王多种一公顷土地所带来的结果就是粮食增产 10 公斤。这种技术更先进的新生产单位替代了较落后的旧生产单位就是净进入效应。简单来说，技术进步对经济的推动主要通过两个方面，一个是创造出更高效的生产方式，另一个则是把有限的资源配置于更高效的生产方式上。

毫无疑问，最优的资源（土地）配置就是所有的土地都由老王来种。问题是假设这些土地原本都属于老李，老王只有"杂交水稻"的种子和技术，却没有施展这一先进生产方式的土地。老王获得土地的唯一方式就是从老李手中购买。如果老王资金充足则问题不大，但对于绝大多数的创新者来说，他们的资金有限，如何才能从旧的生产者手中获得生产资料呢？他们需要资本的力量！熊彼特认为，要想经济发展就需要为企业家们（创新者）创造购买力，以贷款为代表的信用"从本质上说是为企业家创造购买力"❶。他认为，在一个奉行私有产权以及实行劳动分工的社会，购买力创造是这个社会实施发展的一大特色。

在熊彼特时代，企业家们获得资本的主要方式是向银行借贷。但是银行往往不愿将钱借给这些初创企业，因为这些借款的收益和银行所要承担的风险不相匹配。银行贷款是一种债权，其所得收益为利息（在很多国家商业贷款都有最高利率限制），而一旦债务人经营失败，银行不仅得不到利息，甚至还会侵蚀本金乃至最终"颗粒无收"。而初创企业由于其产品、经营模式还没有经过市场的检验，存在较大的不确定性。即使是在以高科技企业聚集而著称的"硅谷"，创业的失败率达到30%~40%，而能够存活十年以上的企业不到10%。在中国，根据清华大学五道口金融学院副院长、金融学教授田轩的数据，企业平均寿命只有两年半，失败率高达80%，大学生创业失败率更高达95%。对于成功成长为"参天大树"的企业，银行所能获得的回报还是贷款利息（在我国中小企业的贷款利率一般都不会超过10%）。收益和风险的不对称，使得银行不愿意将贷款发放给初创企业，而更愿意贷款给经营稳定、具有一定规模的大型企业，且高度依赖抵押品（这是初创企业所没有的）。此外，从一个国家的宏观稳定角度来看，如果过度依赖银行贷款，则会导致风险过度向银行系统集中，最终产生系统性金融风险。

风险不会消失，但是可以分散。市场经济的本质特征是经济主体分散决策、自担风险。这一方面有利于分散风险，另一方面也是一种激励机制，经济主体通过承担风险，可以得到相应的回报。市场经济中的很多制度安排，如股票市场和有限责任公司等，本质上是一种激励机制和风险分担安排，既可以使投资者获得应有的回报，又有利于避免风险过度集中，从而有助于推

---

❶ 约瑟夫·熊彼.经济发展理论[M].郭武军，吕阳，译.北京：华夏出版社，2015.

动创新和发展❶。

　　硅谷之所以能够孕育出英特尔、苹果、雅虎等一大批当今世界的科技巨头，得益于其拥有世界上规模最大、成熟度最高、竞争最激烈的风险资本市场。风险投资简称风投，又称为创业投资，主要是指向初创企业提供资金支持并取得该公司股份的一种融资方式。不同于银行贷款的债权性质，风险投资是私人股权投资的一种形式。风险投资公司管理者由一群具有科技及财务相关知识与经验的人组合而成的，经由直接投资获取被投资公司股权的方式，其最终目的大多是帮助这些企业上市，并将其所持有的股票卖出获得收益。也就是说尽管风险投资面临巨大的风险（否则也不会叫风险投资），由于其投资是以股票持有的形式存在，这就保证风险资金能够分享企业成长的价值。1946年，美国哈佛大学商学院院长乔治·多里奥特创建了世界第一个风险投资公司——美国研发公司。1957年，公司用募集来的7万美元投资了一个名为数字设备公司的企业，并获得企业70%的股份。1968年数字设备公司上市，7万美元变成了3.55亿美元。

　　美国拥有世界上最大的风险投资市场，2014年硅谷（包括旧金山）吸引的风险投资占美国所有风险投资总额的43%。除了大量可利用的资金使硅谷的初创企业受益外，风险投资还能提供额外价值，如为创业公司的关键早期员工提供人际关系网络，以及为企业引荐潜在的客户和买家，这些都是风险投资除融资以外的重要功能。

　　大家可能要问：美国风险投资的钱又是哪儿来的呢？主要来自各类大型基金，特别是美国养老基金。20世纪70年代末，养老基金成为风险投资基金的主要投资者。这主要是受到监管变革的推动。1974年的《就业退休收入保障法案》禁止公司的养老基金持有被视为风险过高的金融资产。然而1978年，美国劳工部允许养老基金评估投资组合的投资风险，如果养老基金能证

---

❶ 易纲. 再论中国金融资产结构及政策含义 [J]. 经济研究，2020，55（3）：4–17.

明整个投资组合的整体风险不是很高,就可以参与风险投资和其他类型的私募股权投资。这大大增加了流入风险投资的资金,并促进了风险投资和其他私募股权基金的快速增长。❶

风险投资人的最终目的并不是要经营或长期控制被投资企业,而是希望通过帮助被投资企业公开上市或并购获得财务回报,这就需要一个发达的股票交易市场。一般能够上市的企业都是经营多年、具有一定规模、经营稳定的大公司(如有连续多年的盈利记录),显然中小企业难以达到上市的门槛。1971年,一个名为纳斯达克的证券交易机构在纽约成立,其设立初衷是规范混乱的场外交易和为小企业提供融资平台。在纳斯达克上市的条件只有一个——企业经营满1年。彼时,并没有人能预测到这个专注于小型企业的证券交易市场日后能发展成为全球第二大的证券交易所。在这个交易所里,先后走出了索尼、思科、微软、百度、高通等明星企业。时至今日,纳斯达克的上市门槛依旧不高,纳斯达克流行一句话:"Any company can be listed, but time will tell the tale"(任何公司都能上市,但时间会证明一切),其含义为只要申请上市的公司秉持诚信原则,挂牌上市是迟早的事,但时间与诚信将会决定一切。"诚信"二字非常重要。

企业在美国股票交易市场上市并不需要经过美国证券交易监督委员会的批准,只要满足交易所的上市条件就可以申请上市。美国证券监管机构职责就是确保每一笔证券交易的公开、公平、透明。1792年5月17日,美国24名经纪人在华尔街的一棵梧桐树下聚会,商订了一项协议,约定每日在梧桐树下聚会,从事证券交易并订出了交易佣金的最低标准及其他交易条款(这是纽约证券交易所的开端)。此后,美国金融市场经过200多年的发展,建立起一套完善的监管机制。比如,美国证监会就定出了上市标准,这些标准主要是要求公司必须如实披露信息,不能弄虚作假,企业上市需要满足这

---

❶ 理查德·达舍,原田信行,星岳雄,等.创新驱动型经济增长的制度基础[J].比较,2017(5).

些标准，至于现在是否盈利、收入有多少、股票卖不卖得出去、定什么价格（在 A 股市场上市的价格都是有上限的，所以才会出现打新的现象）、是涨是跌，完全由市场做决定，监管机构不会干预。在美国，所有上市公司该公布的都必须按时公布，公布的信息必须是真实的，市场的每一个人得到的信息必须是同时以及准确的，不能搞内幕交易，对于违反规定的处罚是非常严厉的，这就大大提高了违规的成本。

相比银行贷款，证券交易涉及非银行经济主体之间的直接交易，对法治和信用环境的要求更高。在金融工具中，债券市场的约束比银行贷款融资强，股权市场的约束又比债券市场强❶。在我国，一直是以银行贷款作为主要融资方式，一方面，广大中小型企业因为无法满足银行借贷要求，长期面临贷款难、贷款贵的问题；另一方面上市门槛高，能够上市的企业多为央企、国企和大型民营企业。因此，发展多层次股权融资市场，支持私募股权投资发展，让市场机制充分发挥作用，鼓励创新发展，仍是我国证券市场未来改革的方向。

第七节　谁是创新先锋

上一节，我们谈到过早期的发明大多来自能工巧匠们，这些能工巧匠们多是从事实际生产的产业工人，他们通过自己丰富的实践知识和娴熟的工艺技术以及对未知世界的好奇创造出新的产品，独立发明家无疑是这一时期的创新先锋。此外，由于此时科技的发展方兴未艾，活跃的科技市场尚未形

---

❶ 易纲. 再论中国金融资产结构及政策含义 [J]. 经济研究，2020，55（3）：4–17.

成，而根据著名的"斯密定理"，我们知道分工和专业化的程度是由市场规模所决定的，因此，当时几乎没有全职从事科学研究的发明家。

19世纪下半叶，随着科技在经济发展中扮演着越来越重要的作用，一个活跃的技术交易市场开始在美国出现。1870年，美国的转让专利与授予专利的数量之比为0.83❶。市场规模的扩大必然带来分工的深化。1870年，专业发明家❷的人数仅占所有发明家的5%，1911年，专业发明家的占比上升到25%❸。美国大型企业主要通过从发明家手中获得技术专利来实现技术进步。西联汇款以1万美元的价格购买了爱迪生发明的"四倍通信机"（可用同一根导线同时送四个信号通信机），从而为人们提供了电汇服务。直到20世纪最初的几年，尽管美国的很多大公司都设立了工业实验室，但这些实验室的职责并不是从事技术研发，而是对公司可获取的专利进行评估以及对产品质量进行监控。

然而，随着技术复杂程度的不断加深，通过收购独立发明家专利获取技术进步的模式日益受到挑战。一方面，单个发明家难以承受研发的费用，已无法担当创新先锋的重任；另一方面，如果公司自身的技术实力不够，即使收购了专利技术也难以掌握，从而无法将其付诸实践。激烈的市场竞争促使各公司纷纷成立自己的研发部门，并从这一战略转型中获得了丰厚的回报，其中最典型的例子就是化学巨头杜邦公司。1928年，杜邦公司决定成立一个只做纯基础科学研究的实验室。为此，他们聘请了来自哈佛大学和麻省理工等著名大学的教授，并由华莱士·卡罗瑟斯教授领导这个部门。在来公司之前，卡罗瑟斯教授提出了三个条件：一是建设一个全新的实验室，二是研究课题不受限制，三是提高工资。杜邦公司全盘接受了这三个条件。当时哈佛

---

❶ 这表明每100件专利中就有83件专利发生有价转让（交易），这一数值越高说明技术交易市场规模越大。

❷ 这里的专业发明家指一生提交10份以上的专利申请的发明家。

❸ 阿希什·阿罗拉，莎伦·贝伦佐，安德烈亚·帕坦柯妮.不断变化的美国创新结构：关于经济增长的一些告诫[J].比较，2019（5）.

大学教授的年薪是3500美元，而杜邦公司则开出了5000美元的年薪。卡罗瑟斯教授后来回忆道："没人过问我如何安排时间、未来的计划是什么，一切都由我自己决定。最令人兴奋的就是研究资金简直没有限制。"2700万美元的花费和7年的等待，终于获得了丰厚的回报，1936年，杜邦的实验室发现了一种特殊分子，这种分子可以合成为一种叫作"尼龙"的全新材料。1939年，尼龙被投入商业使用，杜邦公司在当年举办的纽约世博会上首次展示尼龙袜就引发巨大轰动。随后爆发的第二次世界大战，尼龙成为降落伞的材料而又一次名声大噪。

美国的企业家们认识到，企业不仅可以通过生产创造利润，还可以通过改进产品创造附加利润，而后者的收入远大于前者。各大公司纷纷开始设立自己的研发部门、聘请优秀的科学家。在化学产业，1921年有1102名科学家受雇于各大企业的实验室；到了1933年，这个数字增长至3255人；1945年，这一数字已经突破14000人。美国电话电报公司、杜邦、IBM以及柯达等科技巨头雇用的科学家高达数万名，著名的贝尔实验室先后有14名研究人员获得诺贝尔奖，其研究水平丝毫不亚于美国顶尖大学。20世纪60年代，杜邦的中央研发实验室在《美国化学学会期刊》上发表的论文数量比麻省理工学院和加州理工学院在该期刊上发表的论文数量总和还多。晶体管、半导体、电子计算机、互联网、新能源、高分子材料、基因科学……这些改变人类历史的发明均诞生于公司的实验室，与之相应的则是英特尔、IBM、微软、华为、宝洁、特斯拉等企业崛起。在第二次世界大战后相当长的一段时期，企业成为创新的先锋。大哲学家佛朗西斯·培根说："知识就是力量。"这句话其实还有后半句——"但更重要的是运用知识的技能"。能让知识真正成为力量、成为第一生产力的并不是知识或者科技本身，而是面向市场进行创新的公司。公司将资金、技术和市场联系在一起，将发明转化为产品、利润和投资，当科技创新日益显示出创造利润的能力后，公司对财富的渴望就直接变成了对技术发明的热爱。进入21世纪，尽管企业资助和从事基础研究所投入的资金仍在不断攀升，但是企业资助的研究在所有研究中的比重和基础研究在商业研发中的比重均呈现下降的趋势，见图4-5。

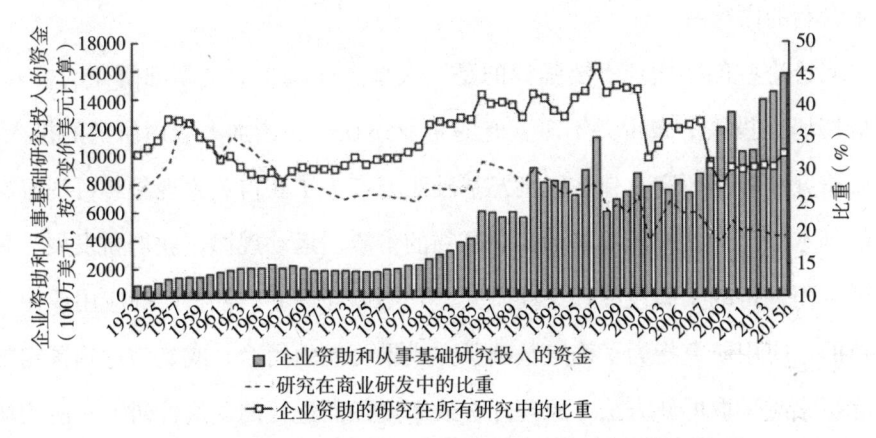

图4-5　1953～2015年美国企业资助和从事研究的投入情况

资料来源：阿希什·阿罗拉、莎伦·贝伦佐、安德烈亚·帕坦柯妮：《不断变化的美国创新结构：关于经济增长的一些告诫》

杜邦于2016年关闭了自己的中央研发实验，贝尔实验室则于1996年从美国电话电报公司剥离出来……1980～2006年，有研发能力的美国上市公司发表的论文数量以每10年下降20%的速度持续下滑；1971年，财富500强企业在美国研发百强奖中占据47%的席位，但到了2006年，这个比例只有6%。❶

难道大型公司不再视创新为获取超额利润的"法宝"了？显然不是，自第一次工业革命以来，人们愈发认识到科技对于推动经济增长重要作用，技术进步是经济增长的源泉已成为圭臬。大型企业的CEO们依旧视创新为企业生命，只是获取科学知识的途径不再是通过自身的研发部门，而是通过收购专利。这看似又回到了第二次世界大战之前的时代。尽管都是通过收购专利获取科学知识，但是第二次世界大战之前专利主要来自独立的发明家，而现

---

❶Block, F.and Keller, M.R. Where do innovations come from?Transformation in the US economy, 1970-2006 [J]. Socio-Economic Review.

代专利的提供者则主要是大学和中小科技型企业。大型企业为什么会转而依靠外源性发明创造？大学和中小科技型企业为何又能替代独立的发明家成为技术专利的供给者？

回答这些问题之前，要强调的是，大型企业减少的是基础研究的投入，而应用研究投入的减少并不多，有的企业还在进一步加大应用研究的投入。基础研究和应用研究有什么区别？基础研究指为了获得关于现象和可观察事实的基本原理的新知识（揭示客观事物的本质、运动规律，获得新发展、新学说）而进行的实验性或理论性研究，它不以任何专门或特定的应用或使用为目的。应用研究指为了确定基础研究成果可能的用途，或是为达到预定的目标探索应采取的新方法（原理性）或新途径而进行的创造性研究。应用研究主要针对某一特定的目的或目标。

文字解释是枯燥和抽象的。我们不妨以爱因斯坦的狭义相对论为例子来说明。20世纪初最大的科学之谜是太阳的能量。太阳的能量究竟是从哪里来的？是怎样产生的？从这个问题衍生出来的一个研究课题就是光与热的基础原理，光是怎样产生的，光是怎么传播的？爱因斯坦以其狭义相对论回答了这个问题。在发表了狭义相对论之后，爱因斯坦又发表了另外一篇论文《物体的惯性同它所含的能量有关吗？》，爱因斯坦在这篇文章当中统一了质量和能量，质量能够转为能量。这就为原子弹的出现提供了理论基础。原子弹的威力如此之大，就是因为原子核爆炸前后的质量有亏损，这些质量都转换成了能量。显然，爱因斯坦发表狭义相对论的初衷并不是为了研制一种威力巨大的武器，而是试图去解答光的传播、质量与能量之间的关系这类有关客观事物的本质、运动规律的问题。著名的曼哈顿计划就可以被看作是应用研究——将质能方程所揭示的原理转化为制造威力巨大武器的目的。从基础研究成果到具体生产技术期间要经历三次转换：第一次转换，基础研究成果加上目的性转化成技术原理；第二次转换，技术原理加上功效性转化成技术发明；第三次转换，技术发明加上经济性与社会性考虑转化成具体生产技术。

基础研究是对未知事物的探索，必然充满不确定性。而企业有直接的经营目标，并要在持续压力下开展有形生产，这就是它们存在价值的评价标准。这些条件都不适合基础研究。然而，基础研究是所有实际知识应用的源头活水。一切新产品和新工艺都不是突如其来、自我发育和自我生长起来的，它们都建立于新的科学发现之上，而这些新的科学原理和科学概念则源自最纯粹的科学领域的研究。

随着科技的发展，当今创新愈发依赖科学知识的指导。上面谈到过，工业革命初期的发明者并不一定掌握其发明产品背后的科学原理，创新往往依靠随机实验获得。我们还是回到爱迪生发明电灯的例子中。为了找到适合做灯丝的材料（耐热），爱迪生实验了上千种材料后才找到炭化竹丝。从这个例子中可以发现，爱迪生并不知道哪种材料具备耐热性能，只能依靠尝试不同的材料（随机实验）。但是，如果时间穿越到21世纪，依靠材料学的研究成果，我们不仅能够顺利找到理想的灯丝材料（省去了随机实验所消耗的大量人力、物力和时间），甚至可以去合成一个自然界中不存在的材料。20世纪以来，诺贝尔物理学奖中有20余项是依托重大科技基础设施取得的。纵观100多年来诺贝尔物理学奖的成果，1950年以前，只有1项成果是来自重大科技基础设施的；1970年以后，有超过40%的成果是来自重大科技基础设施，比如天文望远镜、科学卫星、加速器等；到了1990年以后，这个比例高达48%，近20年来，国际上用同步辐射研究蛋白质大分子结构的成果大约平均每3年就获得1次诺贝尔奖。诺贝尔物理学奖获得者李政道先生曾作过一首打油诗："基础科学清如水，应用科学生游鱼，产品科学鱼市场，三者缺一不可"。

2021年10月，国际货币基金组织发布了《世界经济展望》，其中第三章题为《研究与创新：抗疫与提高长期经济增长》。文章中提出了一个值得深思的问题——为什么尽管研发支出（这是创新的一个代理指标）一直稳步增长，但几十年来发达经济体的生产率增速却一直在放缓？见图4-6。

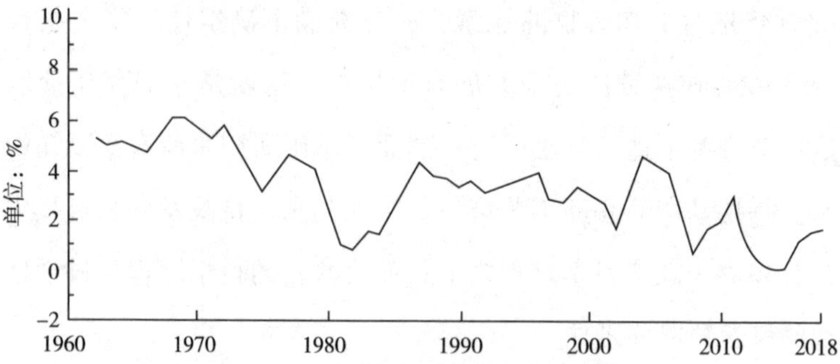

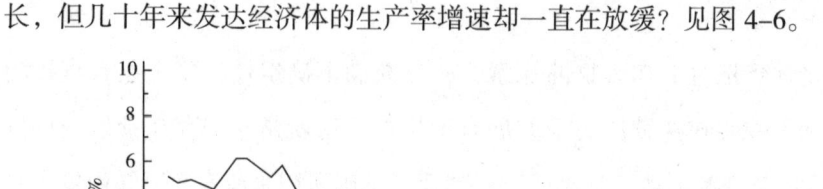

图4-6 发达国家劳动生产率增长率

资料来源：国际货币基金组织。

对此，国际货币基金组织的回答是，多年以来研发支出方向主要是应用性研究，而基础研究的投入却在减少，见图4-7。

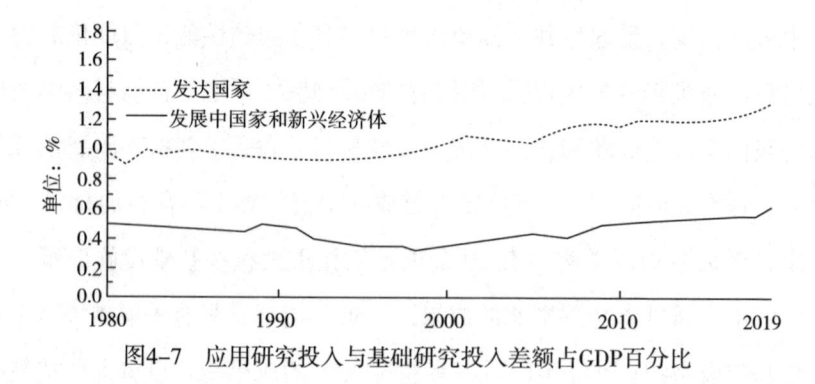

图4-7 应用研究投入与基础研究投入差额占GDP百分比

资料来源：国际货币基金组织。

他们进而分析认为，研发的构成对增长至关重要。与应用型研究（企业从事的商业化研发活动）相比，基础科学研究会在更长时间内对更多国家的更多部门产生影响。通过比较基础研究的科研文章与专利（应用型研究）二者的引用情况（见图4-8，对科研文章的引用数量在其公布约八年后达到峰值，而对专利的引用则在三年后达到峰值），他们论证了上述观点。

图4-8 基础研究的科研文章与专利的引用情况

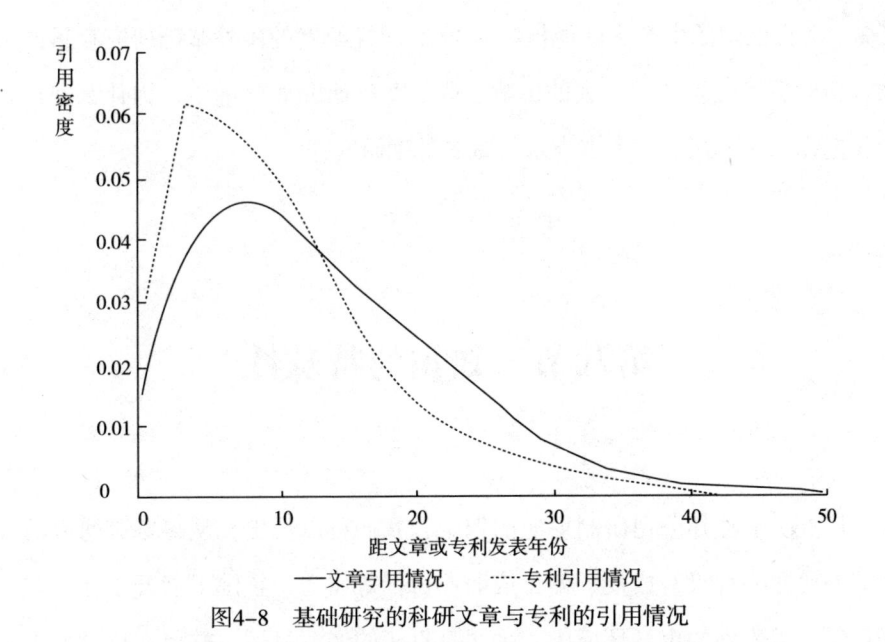

为何相比应用性研究，基础研究会有如此深远和长久的影响？

之前谈到过，基础研究是所有实际知识应用的源头活水，任何创新与发明都不可能在"真空管"中产生，都要有理论基础，因此可以说创新与发明来源于基础研究。

另外，一项基础研究的结论可以催生出许多创新。上面提到过，爱因斯坦的相对论为原子弹以及核能应用提供了理论基础。而相对论的成果绝不仅用于这两样，GPS导航定位也是应用相对论的结果。GPS卫星的核心是原子钟，把原子钟的时频信号用微波发射出去，接收器通过时频信号和光速得出相对几个卫星的位置，从而完成定位。但原子钟的时频在卫星不同轨道不同速度飞行时，会受到狭义相对论多普勒频移和广义相对论引力红移的影响，因此需要修正这些影响，才能准确地定位。在发表数十年后，相对论依旧在不同行业的创新中发挥着重要作用，这也证明了"基础科学研究会在更长时间内对更多国家的更多部门产生影响"的结论。

国际货币基金组织测算发现，一国的国内基础研究存量永久性增加

10%，那么该国的生产率就能提高 0.3%。同样幅度的国外基础研究存量的增加，会对后发国家产生更大的影响。既然基础研究如此重要，为什么曾经的创新先锋——公司会"舍本求末"减少基础研究呢？

第八节　知识的特殊性

　　从上一节杜邦公司研制尼龙的例子，我们可以看出，从事基础研究的科学家需要在一种没有成规、偏见或商业目标等压力的氛围下展开工作。在当今竞争日益激烈的市场环境中，公司有直接的经营目标，并要在持续压力下开展有形生产，这样的要求并不适合基础研究。基础研究是对未知事物的探索，必然充满不确定性，而且基础研究项目的周期往往长达数年乃至十余年。基础科学研究需要一个思想与学术自由的氛围，由科学家自主确定研究方向，其不应受到外在因素的干预。因而基础科研根本无法在一个以经营或生产作为评价和检验标准的环境中取得令人满意的成果。

　　此外，重大的研究成果往往无法直接用于创新产品的开发，基础研究的成果转化为产品往往需要漫长的时间。瓦特发明的蒸汽机从 1764 年草拟图案，到真正投入市场用了 12 年时间，而公司真正开始盈利则是 22 年后的 1786 年；莱特兄弟发明飞机是 1903 年，飞机第一次投入商业使用是在 1936 年，间隔 33 年；索尼公司的家用录像机从研发到商业化历时 17 年，JVC 家用录像机历时 21 年。而在强调"时间就是金钱"的商业环境中，股东们难以忍受如此长期的等待。

　　除上述两点外，公司减少基础研究一个更为重要的因素则是科学知识的非竞争性和部分排他性，这也是知识作为一种特殊的生产要素与劳动力、资本和土地最为显著的区别。什么是非竞争性和部分排他性？所谓非竞争性，是指某人对物品的消费并不会影响其对其他人的供应。从经济学的角度来看，就是给定的生产水平下，为另一个消费者提供这一物品所带来的边际成本为零。比较典型的例子就是国防，一个国家建立了现代化的国防体系，享受这个服务的是每一位公民，老王的小孩出生了，作为公民自然享受国防安全保障，但是老王却不必为孩子支付国防安全保障费用，同时也不会影响隔壁老李享受国防安全保障，尽管人口数量往往处于不断增长的状况，但没有任何人会因此而减少其所享受的国防安全保障。同样，对于同一个知识，张三掌握了并不会影响李四去学习。而生活中的大多数商品都是竞争性的，比如，一个猪柳汉堡被我吃了，你就没得吃。

排他性是一种物品具有可以阻止其他人使用该物品的特性。某个消费者在购买并得到一种商品的消费权之后，就可以把其他消费者排斥在获得该商品的利益之外。我购买了一个猪柳汉堡，你就休想咬这个猪柳汉堡一口。与此对应的就是非排他性。高速公路就是一个非排他性产品，张三交了行驶费在高速路上行驶，李四同样有权力在同一时间在同一条高速公路上行驶。看起来，非竞争性和非排他性有点同义反复，但是两者的侧重点并不一样。非排他性重点强调该产品消费人群的范围，不排除任何一个人对它的消费；非竞争性则重点强调消费数量和质量，即增加一个消费者并不减少任何一个人对该产品的消费数量和质量。

为什么说知识是非完全排他性的？公司发明了一项技术（创造了新的知识），自然希望独自享有，从而使得这项创新能为公司创造最大的利润。从法理上来说，公司投入了大量人力、物力和财力获得的创新知识，也理应由该公司独有。问题是知识要实现完全排他性是非常困难的，或者说由于执行成本高以至于成本超过了完全排他性的收益。知名饮料可口可乐的配方至今仍是保密的，但是早在可口可乐上市几年后，美国饮料市场就出现了好几种与可口可乐口味相似的饮料，尽管因为激烈的市场竞争，只有少数产品存活了下来。即使当今世界绝大多数国家，特别是发达国家，都建立起了专利制度，对于知识产权的保护一直在不断完善，但是执行成本仍然非常高。前几年热映的电影《我不是药神》中展示出，印度的药之所以便宜，是因为印度的药企通过分解他国发明的药进而"山寨"。而他国的知识产权制度无法在印度执行。由于不像原生产厂家发明药品一样需要投入大量的研发费用，印度"山寨"药价格自然比较低。经济学里将这种"山寨"称为知识的溢出。知识的溢出指的就是知识的生产者得不到补偿，而知识的获取者无须付费的一种外部性现象。

即使是在知识产权制度较为完善的西方国家，知识溢出也是无法完全避免的。因为与土地、资本不同，知识并不是有形的，而是以信息的形式存在于文字与个人的大脑里。人的流动就自然会带来知识的流动，当受过培训或积累了经验的劳动力流动到其他企业、地区时，知识就会溢出。人际交流也会产生知识的溢出，在硅谷，很多新的创意并不是在办公室产生，而是在咖啡馆、酒吧等社交场所产生的。同行业的正式或非正式交流往往能碰撞出新的"火花"。跨国的知识溢出更主要的途径则是通过跨国投资。前面的章节谈到过，我国改革开放初期，就是通过吸引外商投资，发挥后发优势，通过学习投资国先进的生产技术和管理经验迅速提高我国的生产力。特别是基础科学知识，大多都不属于知识产权保护范围内，而是公开发表于各类学术期刊，人们几乎可以免费得到这些科研成果。爱因斯坦的相对论被广泛用于核能和导航领域，但是核电站以及各导航公司（包括航空导航、航运导航、汽车以及手机导航）却不需为此向爱因斯坦支付任何费用。

正是知识的非竞争性和非完全排他性使得知识作为一种特殊的生产要素对经济的影响要比劳动力、土地和资本更加深远和广泛。一个工人被甲企业雇用了就注定无法被乙企业雇用，因此他的作用就仅限于对甲企业的贡献；一块土地被张三耕种了就注定无法被李四耕种，这块土地的作用就取决于张三；一台机械被甲公司购买，则乙公司就无法使用。而缝纫机厂商用分期付款的点子推动销售，这一创新的消费模式不仅可以被其他缝纫机厂商模仿，还可以被汽车、房地产等其他行业采用。相对论在第二次世界大战后被用于制造原子弹和核能发电，在近30年间则被用于卫星定位，这也正是上节所提到的相比应用性研究，基础研究会有如此深远和长久影响的原因。

在非竞争性和非完全排他性的特性中，非竞争性是知识最为根本的属性。著名经济学家罗默曾指出，知识的基本经济属性不是排他性，而是非竞争性。排他性可通过各种不同的知识产权安排得到解决，至少可部分解决（所以是非完全排他性），而非竞争性是知识的内在特性，以任何方式都无法削弱。知识的非竞争性意味着无数使用者可以无成本地使用同一知识，知识被多少人掌握或使用对下一个使用者没有利益损失。生产新知识要求在初期研发上有较高的投入，但之后可在零边际成本上无止境地应用（这一点在制药行业尤为明显）。正是这一特性使知识产生溢出效应，带来经济的长期增长。

然而，知识的非竞争性和非完全排他性对于企业来说却是一把"双刃剑"。在知识产权的保护下，企业固然能够享受专利所带来的利润，然而非竞争性却使得知识的排他性是不完全的，知识总是不可避免"溢出"，这就使创新企业无法完全独享其专利的"红利"。创新初期巨额的研发投入由创新企业独自承担，创新的"红利"却会被其他模仿（"山寨"）企业所分享。知识溢出的越多，创新企业独享的"红利"就越少，当专利期到期后，创新企业就再也无法依靠专利赚取市场超额利润。而基础研究知识，上面提到过，由于大多是在学术期刊上公开发表，其他企业几乎可以没有任何成本获得这些研究结论。当"生产"知识的成本大于收益时，企业从事基础研究的动力就会减弱。美国学者估算了杂交玉米研究方面投资收益在公共和私人方面分配，研究发现截至1955年，杂交玉米研究的年平均投资收益率为700%，但是生产商却几乎没有从中受益，因为收益以更低的价格和更高产出的形式传递给了消费者❶。还有学者利用美国企业数据估算，由于知识溢出的存在，企业创新所产生的收益有60%被社会占有，仅有15%归企业所有❷。

这样看来，基础科学研究似乎难以由企业独自承担，因为研究并非企业关心的头等大事，市场竞争中，进行基础研究总不免得不偿失❸。但是，作为实际知识应用"源头活水"的基础研究却是绝对不能或缺的。那么又应该由谁来承担基础研究承担这一重任呢？

在上面解释非竞争性和非排他性概念的时候，我们以国防和公路作为例子来说明。在经济学中，国防、司法、公安、基础设施、扶贫、基础教育等都被称为公共品。公共品的共同特征就是具有非竞争性和非排他性，难以避免"免费搭车"的问题，只能由政府承担。同样，我们也可以将基础研究视为准公共品（排他性并不是完全的），那么基础研究理应由政府来承担。一方面，政府不是科研机构，政府官员也不是科学家，政府本身无法承担这项工作。另一方面，大学拥有众多优秀的学者和研究人员，但却缺少创建实验室、购买实验器材和原材料的经费。显然，政府给予大学科学研究经费，鼓励学者们从事基础研究是最好的办法。

在美国，由于许多大学都是私立的（最好的大学往往都是私立的，如哈佛大学、耶鲁大学），因此在第二次世界大战以前，大学能得到政府资助并不多，1909~1939年，联邦政府资金在大学收入中的比重一直徘徊在4%~7%❹。第二次世界大战爆发后，美国进入战时体系，对于先进武器和医疗物资的巨大需求使得联邦政府加大了对大学科研经费的投入。合成橡胶、

---

❶ Griliches, Zvi.Research Costs and Social Returns:Hybrid Corn and Related Innovations[J]. Journal of Political Economy，1958，66（5）.

❷ Lucking, Bloom, Van·Reenen. Have R&D Spillovers Changed[J]. NBER Working Paper, 2018.

❸ 范内瓦·布什，拉什·D.霍尔特.科学：无尽的前沿[M].崔传刚，译.北京：中信出版集团，2021.

❹ 阿希什·阿罗拉，莎伦·贝伦佐，安德烈亚·帕坦柯妮.不断变化的美国创新结构：关于经济增长的一些告诫[J].比较，2019（5）.

大规模生产青霉素、雷达和原子弹等发明都来自大学，这些武器和材料的发明帮助美军确立了战场上的优势，并最终取得胜利，联邦政府也认识到了对科学投资的巨大收益。

第二次世界大战结束以后，美国再次来到了十字路口，第二次世界大战时期的科研项目大都是带有任务性质的，战争结束后，对于新式武器的研制不再那么迫切（尽管冷战接踵而来），联邦政府是否继续大规模资助大学？又或还是回到战前的状态？战前，尽管没有联邦政府对大学的资助，美国社会的创新依旧层出不穷，这是因为，那时美国人以欧洲科学研究成果为基础，大力推进适用技术的发展，例如19世纪末、20世纪初来自英国的移民将被列为英国制造业秘密的冶金技术、纺织技术带入了美国。第二次世界大战末期，美国已经走到了世界科技的前沿，"一个依靠别人来获得基础科学知识的国家，无论其机械技能如何，其工业进步都将步履缓慢，在世界贸易的竞争力也会非常弱。"这句振聋发聩的话来自一份向美国总统提交的报告，它被视为"美国科学政策的开山之作"以及"美国历史上最具影响力的政策文件之一"。这份报告的名字叫作《科学：无尽的前沿》。

第九节　无尽的前沿

1944年，已经看到胜利曙光的美国总统罗斯福开始考虑第二次世界大战后美国一系列的政策问题，其中之一就是美国的科技政策。在亲眼见证了科技在战争中所发挥的巨大威力后，罗斯福总统开始思索如何将科学技术在和平时期得到有益的应用。回答这一问题的最佳人选无疑是范内瓦·布什。范内瓦·布什是第二次世界大战时期美国最伟大的科学家和工程师之一，他创立的美国科学研究局对美国取得第二次世界大战胜利起到了关键性的作用,当时几乎所有的军事研究计划出自范内瓦·布什的领导,包括闻名于世的"曼哈顿计划"。

1944年11月17日,罗斯福总统亲笔致信范内瓦·布什,在信中,罗斯福提出了四个问题:第一,如何让我们在战争期间对科学知识做出的贡献尽快为世人所知?在罗斯福看来,"此类知识的传播应有助于激发新的事业,为我们的退伍军人和其他劳动者提供工作岗位,并能够大幅促进国民福祉的改善";第二,应如何组织新的项目,以便在未来继续推进在医学和相关科学领域的工作;第三,政府在当下和未来,可以通过何种方式来促进公共及私人组织的研究活动;第四,是否可以提出一个发现和发展美国青年科学人才的有效规划,以确保美国的科学研究能够持续保持在战争期间的水平?

历经8个月,一份凝聚了数十位杰出科学家和工程人员心血的报告,最终于罗斯福总统去世后的1945年7月提交给他的继任者杜鲁门总统。在这份报告中,范内瓦·布什明确指出"科学进步是一种必需""(没有科学)在其他方面再多的成就也不能确保我们的健康、繁荣和安全",科学的进步可以带来"更多的岗位,更高的工资,更短的劳动时间,更丰富的农作物,人们可以有更多的闲暇用于娱乐、学习,抛弃烦琐的生活,远离长久以来普通人的劳苦"。

在这份报告中,范内瓦·布什重点强调了基础科学的重要性。他认为基础研究填补的是一口井,而这口井正是"所有实用知识的来源";基础研究是整个研究和创新过程的推动力量。而要做好基础研究,自由的氛围是最为重要——"科学家们可在一种相对没有成规、偏见或商业需求等不利压力的氛围下开展工作",大学无疑是开展这项工作的最佳场所,因为大学学者不会面临公司那样的盈利压力,他们可以根据自己的兴趣,自由选择自己的研究方向。在范内瓦·布什看来,政府对于大学的投入远远不够,因此,他在报告中呼吁成立一个能得到充分拨款的新型独立国家基金,以督促推进包括军事和民用，生物学、医学和物理学、基础和应用、理论和实验等在内的所有研究。这一机构将负责以长期合同形式为科学研究提供稳定的资金，为科学家提供研究之自由，同时还要肩负起培养科学专家的重任。范内瓦·布什还为国家基金的设立提出了五大原则：

（1）无论支持的程度如何，资金都必须在几年内保持稳定，以便可以推进长期计划。

（2）负责管理此类资金的机构应由经选拔的公民组成，且选拔过程仅根据其对促进机构工作的兴趣及能力为依据。

（3）机构应通过合同或赠款的形式促进联邦政府以外组织的研究，它不应自行运营实验室，也就说基金本身并不应该从事研究。

（4）在对公立和私立大学及研究机构的基础研究提供支持时，须保留这些机构对政策、人员、研究方法和研究范围的内部控制权。

（5）基金会必须对总统和国会负责。

1950年，在经过了多年的辩论之后，美国国会通过了《国家科学基金会法案》，确认将制定"一项促进科学领域基础研究和教育的国家政策"，并通过拨款和合同支持"数学、物理学、医学、生物学、工程学和其他科学领域的基础科学研究"。

此后，美国研究性大学所获得的政府财政支持不断增加。据估算，美国联邦政府支持大学研究的资金从1935年的4.2亿美元（按1982年美元价值计算）增长至1960年的20亿美元以上（按1982年美元价值计算），而到1985年则超过85亿美元。在1960~1985年，大学研究在国民生产总值中的占比几乎翻了一番，从0.13增加至0.25[1]。

但是《国家科学基金会法案》存在一个弊端，由于科研项目受到政府的资助（第二次世界大战后，受政府资助的大学科研项目约占大学所有科研项

---

[1] 阿希什·阿罗拉，莎伦·贝伦佐，安德烈亚·帕坦柯妮.不断变化的美国创新结构：关于经济增长的一些告诫[J].比较，2019（5）.

目的一半），因此，其研究成果归美国联邦政府所有。这样的制度安排制约了大学教师的科研积极性；再加上烦琐的法律规定，企业也很难从政府手中拿到专利转让权从而应用科研成果，科研转化率非常低，造成了资源的浪费。20世纪80年代，美国的经济发展受到日本、德国的挑战，美国政府开始反思上游研究与下游应用的割裂所带来的严峻挑战。1980年12月12日，美国国会通过了由议员伯奇·拜耶和罗伯特·杜尔联合提出的《专利和商标法修正案》，又称《拜杜法案》。《拜杜法案》规定："由联邦资助的发明，其知识产权归发明者所在的研究机构所有。"知识产权明确归大学所有。法案出台后收到了立竿见影的效果，研究型大学几乎都建立了技术转让办公室，旨在成为大学专利的中心，并与产业界协商专利许可安排。1980年，美国大学仅有380个专利获得授权，2009年这一数字则达到了3088个。1995~2015年，大学申请专利的数量增长了4倍，从每年500个上升至2500个以上。更为可观的是，大学科研人员从中获得的收入增长了2倍，从每天500万美元上升至1500万美元。❶英国《经济学家》杂志将《拜杜法案》评价为"美国国会在过去半个世纪中通过的最具鼓舞力的法案"，见图4-9。

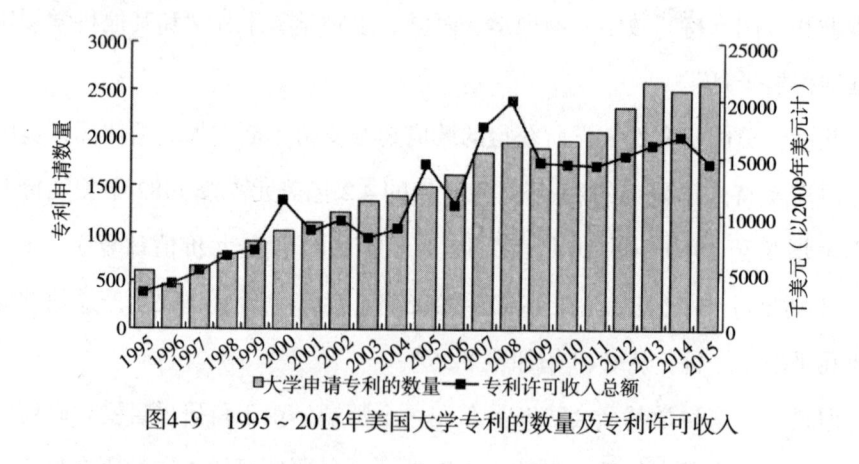

图4-9　1995~2015年美国大学专利的数量及专利许可收入

---

❶ 阿希什·阿罗拉，莎伦·贝伦佐，安德烈亚·帕坦柯妮. 不断变化的美国创新结构：关于经济增长的一些告诫[J]. 比较, 2019（5）.

在将基础研究成果转化为商业专利方面,最为突出的莫过于坐落于硅谷的斯坦福大学和加州大学。从真空管到半导体,多年来斯坦福大学一直都是计算机革命的中心。斯坦福大学的技术转让办公室通常被认为是美国最成功的,该办公室成立于1970年,自那时以来已有超过10000项专利和发明,拥有大约4200项许可,许可费收入大约16.6亿美元。比专利收入更重要的是,通过产研结合,斯坦福大学的研究人员借助硅谷开发的技术来推动自己的研究。产业界实时参与大学研究的平台,包括企业高管与教师之间的战略性讨论,行业专家指导博士生开展研究;通过公司联盟计划建立安排学生在公司实习的渠道。许多公司联盟计划还包括公司赞助商将研究人员送到大学实验室,与博士生开展联合研究可以让博士生获得宝贵的就业机会。对于教授,拥有公司联盟赞助商可以帮助其实验室雇用博士生。这可以为从事重要研究领域的教授形成一个良性循环,大量的公司联盟赞助商能够为大量博士生提供资金,从而使教授能够在该地区开展更多研究,进而吸引更多的公司赞助商。伯克利加州大学是硅谷的另一个核心,是首个从事半导体研究的大学,前贝尔实验室的工程师在该大学建立了第一个集成电路实验室,对半导体感兴趣的教员假期就在硅谷的公司里度过,将创新型设计转移到产业界,不仅推动本地初创公司雇用学生,也促进了知识产权转让[1]。

变化不仅发生在基础研究领域,在应用研究领域,研发主体也不再是过去大公司"一统天下"的局面,许多中小型科技企业(中小型实验室)也加入应用型研发的阵营,并发挥着日益重要的作用。20世纪80年代,随着大公司规模的日益增长,其内部架构层级叠加,决策链条不断拉长,官僚作风严重,已难以适应瞬息万变的创新变化。著名日用品公司宝洁的两名高管在

---

[1] 理查德·达舍,原田信行,星岳雄,等.创新驱动型经济增长的制度基础[J].比较,2017(5).

2006年写道:"到2000年,我们清楚地认识到,由我们自己发明的模式无法让公司处于顶尖地位。新技术的迅猛发展给我们的创新预算带来了越来越大的压力。我们的研发生产力已经呈平缓状态,而我们的创新成功率,即新产品达到财务目标的百分比已经停在了35%左右的水平。"而曾以创新著称的微软公司似乎也难以避免染上"大公司病"。曾在微软公司工作了20余年的资深员工乔奇姆·科姆平评论:"微软的不同业务之间仍在争夺势力范围,相互之间都有划定的势力,因此在微软整个公司范围内执行统一的战略几乎不可能。我感觉,微软正在系紧一个非常复杂的死结,明争暗斗、派系林立和官僚主义已严重束缚了微软的发展。"甚至微软公司创始人比尔·盖茨也承认"微软错失了一些机会,同时缺乏创新"❶。因此,大型企业开始试图从企业外部寻找创新。

初创企业由于决策过程快以及一旦成功给创始成员所带来的巨大回报,吸引了许多雄心勃勃的科学家和工程技术人员。上面提到过,初创企业的资金主要来自风险投资基金,其研发的技术专利或卖给大公司,或进一步生产为商品,而生产的商品有的直接面向终端消费市场,有的则作为零部件卖给大公司。一部手机内嵌有成千上万的组件,这些组件并不都是由手机公司自己发明出来的,其中大部分都是从其他公司获得专利授权。有时,大公司甚至直接收购中小型科技企业。例如,思科系统以并购的方式快速获得新技术,1998年该公司收购了9家创业公司,2000年这一数字为23家,2012年则为11家。在创新的市场体系里,大企业为初创企业提供了市场(专利收购、企业并购)、人力资本(很多初创企业的创始人都是从大企业中跳出来的),而初创企业则为大公司提供创新专利,见图4-10。

这种体系体现的是分工的基本原理。大学专业从事基础研究,小型初创企

---

❶ 比尔·盖茨接受CBS电视台采访内容。

业将前景广阔的研究发现转化为发明创造，而老牌大企业专门从事产品开发及商业化。创新需求的扩大为大学、大企业、中小企业分工提供了支持，而分工本身提高了创新的效率进而扩大市场（想想我们之前讨论的斯密—杨格定理）。

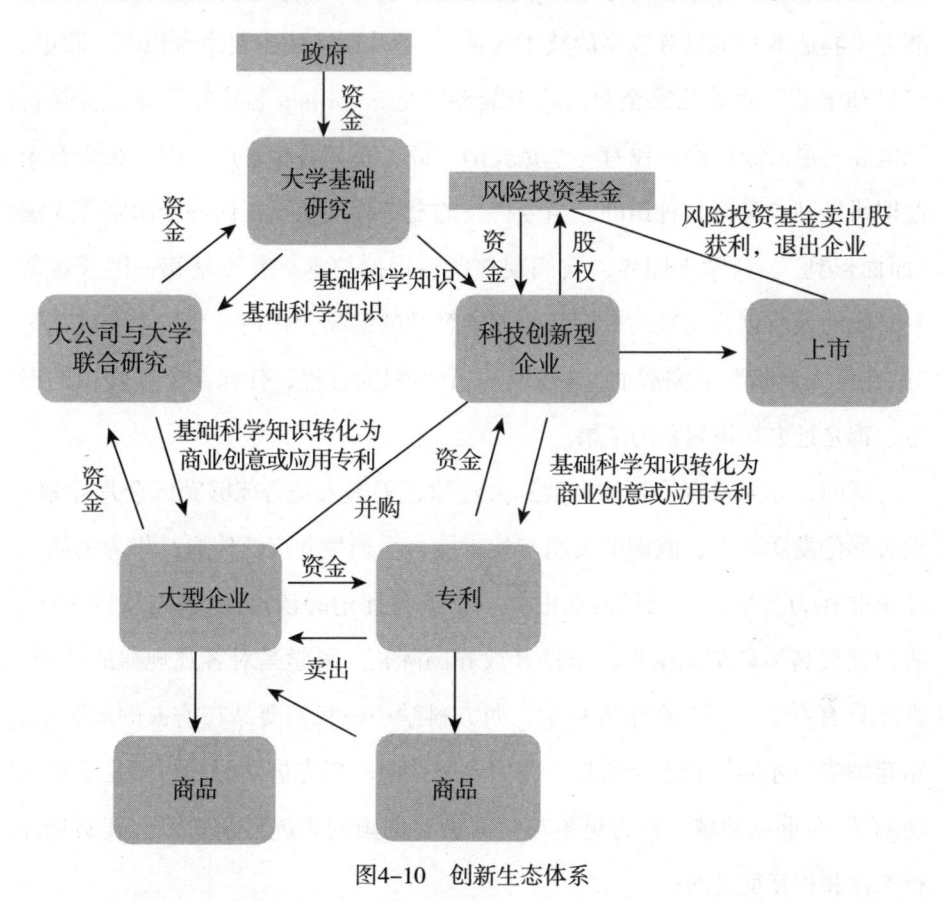

图4-10 创新生态体系

我们不妨将创新分工的范围突破国界，放到全世界的范围去思考。我们现在强调要掌握关键技术，不要被别人卡脖子，是不是意味着我们必须掌握所有的技术？更有人提出应该所有的技术设备都要自研自产。这样的想法初衷或许是好的，但是在全球化的当下，却是一个不可能完成的任务。

创新已经在全球范围内产生了分工，任何一个国家都无法掌握所有的核心技术。一台苹果手机包含了很多技术专利，但是这些技术专利并不都由苹果公司拥有，相当多的专利技术是通过付费从其他公司那里购买了使用权，而这些技术提供商很多都不是美国企业。在芯片领域也是一样，一方面，中国需要从美国供应商那里获得关键技术，比如半导体设备、芯片设计软件、软件操作系统等。另一方面，美国科技公司也需要考虑中国的市场和制造能力（制造本身也具有较高的技术含量）。芯片制造商主要为台积电、联电、三星和中芯国际等几家企业，其中能够产生 5~10nm 芯片的厂商主要是台积电和三星两家厂商，没有一个是美国厂商，正如在粮食产业中，很少有企业即研发种子又亲自种田。当今科技的复杂程度使得任何一个国家都无法"面面俱到"。科学无国界，我们现在所使用的技术，并不是某一国或者某一时段的人所创造出来的，而是全人类智慧的结晶，任何一个技术突破都是"站在巨人肩膀"上完成的，知识是一个累积的过程，任何一个新知识的产生，都是过去知识累积的结果。

试问，如果没有牛顿的力学三大定律，美国人是否能够完成登月计划？没有蔡伦发明的纸，欧洲的文明与技术能否会产生并广泛传播？华为创始人任正非在为《科学：无尽的前沿》一书撰写评论时谈道："美国越讲脱钩，我们越要高举科学无国界，坚持开放和国际化。科学是对客观规律的认识，真理只有一个，不存在东方科学、西方科学……我们要站在前人的肩膀上，踮起脚尖，才能摸到上帝的脚。我们要坚持向一切先进学习，封闭是不会成功的。"在重点领域，自力更生与学习借鉴别国的先进科学知识，其实是并行不悖和相互促进的！

第十节　是什么在阻碍创新

自 20 世纪 70 年代以来，世界发达经济体陆续告别了第二次世界大战后的经济高速增长，劳动生产率不断减速，除20世纪90年代初期短暂的互联网繁荣期外，这一趋势时至今日仍未发生根本性扭转。尽管在近半个世纪时间里，先后经历了多次经济和金融危机以及人口的快速增长，但这些都无法解释发达经济体为何一直处于经济低速增长。在本章第一节我们就谈到，经济学家索洛和斯旺第一次将科学技术创新纳入模型，打破了人们所奉行的"资本积累是经济增长的最主要的因素"的理论，全要素生产率增长率被看作是解释经济增长最重要的指标，我们不妨从全要素生产率增长率这一指标来寻找原因。

发达经济体的全要素生产率增长率自20世纪70年代就开始下降，此后一直未能恢复到原来的水平。用诺贝尔经济学奖获得者埃德蒙·菲尔普斯的话总结就是，"衰退和相关问题（失业、低工资）的根源是全要素生产率持续而普遍的增长减速"。

全要素生产率为什么会减速增长？菲尔普斯也给出了回答——"这种减速只能归咎于自主创新的萎缩"。那又是什么在阻碍着创新呢？

创新是人类独有的活动，人既是创新的受益者又是创新的创造者，在本章第五节，我们探讨过创新者最重要的特征就是熊彼特所提出的"企业家精神"。熊彼特在1934年出版的《经济发展理论》一书中指出，经济增长包含三个阶段：第一阶段是通过科学研究实现技术发明过程；第二阶段是创新，也就是把技术发明成功地转化为新产品或服务的商业化过程；第三阶段是将新产品或服务扩散到更广阔的市场的过程。我们大体可以将全部新知识的集合分为两类子集，一类是可以商业化的经济知识，另一类是无法直接商业化的非经济知识。毫无疑问，技术发明过程就是在创造非经济知识，而把技术发明成功地转化为新产品或服务的商业化过程以及将新产品或服务扩散到更广阔的市场的过程则是在创造经济知识。正如商品的生产需要资本、劳动力、土地等生产要素，如果我们把知识视为一种特殊的商品，知识生产过程中最重要的生产要素就是"企业家精神"。

纵观人类经济发展的历程，创新并不是均匀地出现，而是不连续的，在某个特定的时间段内集中出现，而在某些时段却"沉寂良久"。例如，创新在沉寂了上千年之后，却在19世纪后半叶迸发。创新不仅在时间上不均匀，而且在空间亦是如此，从第一次工业革命至今的大多创新都来自欧美国家。尽管曾有人用"种族主义"的言论来解释，但是现代医学研究已经证明这样的言论是荒谬至极。与创新出现在时间和空间不均衡相对应的是，企业家精神在特定时段和空间内成群地、扎堆式地出现，正如19世纪的英国和20世纪的美国所展示的那样。我们可以确切地讲，经济的衰退部分原因归咎于企业家才能的衰竭，而企业家才能的勃发也同样是历史上某段时间经济空前增长的原因。

长久以来，经济学家普遍认为企业家才能都将被用于创新和推动经济发展，因为在现代市场经济社会中，只有创新才能创造出超额利润。从第一次工业革命至20世纪70年代的欧美历史看，这样的看法大体是正确的。但是，如果我们把时间轴拉长，把视野扩大到全世界，这样的结论似乎并不成立。企业家只是近一百多年来才在欧洲大陆上涌现出来的，在漫长的中世纪欧洲，人们几乎没有任何企业家的概念；而在现代的非洲大陆，企业家的出现似乎是个小概率事件。正如我们常听到的一句叹息——"孩子倒是挺聪明，可惜没有用在学习上。"光具有潜在能力只是成为企业家的前提条件，而能否将这种能力用于创新及其拓展上，则依靠外部因素。

著名经济学家、普林斯顿大学教授威廉·鲍莫尔在其那篇著名的文章《企业家才能的配置——生产性、非生产性和破坏性》[1]中谈道，"人群当中从来不缺企业家，企业家总是能够对经济发挥重要作用。不过，企业家的才智可以在多种用途之间进行配置，其中有一些作用并不像习惯上所认为的那样具有建设性和创新性。其实，企业家有时是社会的寄生虫，实际上会对经济

---

[1] Baumol. W. Entrepreneur ship: Productive, Unproductive, and Destructive[J]. Journal of Political Economy, 1990.

产生破坏作用!"鲍莫尔从广泛的历史中获得启迪,并以古罗马、中世纪中国、欧洲黑暗时期、中世纪晚期为例来说明阐述自己的观点。

企业家创新的目的是获得财富,创新并不是最终目的,获得财富才是,创新是实现目的的手段,如果通过其他手段能获得比创新更多的财富,甚至创新并不能获得财富,那么企业家就不会将自己的才能用于创新和推动经济发展。在古罗马时期,能获得巨额财富的手段主要有:拥有土地、"高利贷"、战利品、赔偿金、地方税金,后三者被鲍莫尔称为"政治报酬",而拥有这些收入手段的阶层有且只有一个,那就是贵族。古罗马时期著名的政治家西塞罗曾任西利西亚总督,因为为官清廉,到任期结束时,他只得到了合法的职务收入。但即使是这些合法的职务收入,总计达到220万塞斯特斯,而在当时,60万塞斯特斯就足以让他过上一年的奢华生活(还不到其做总督收入的三分之一)。而战利品、赔偿金、地方税金则依次比例递减,在特权市民阶层、战士以及古罗马的平民之间进行分配。努力挤入贵族阶层❶无疑是获得财富最主要的手段,拥有企业家才能的人只会将自己的才能用于升官晋级,创造发明不仅不会获得财富,还有可能会招来杀身之祸。

著名古代社会经济史家摩西·芬利曾记述过这样一个故事:有人曾发明了打不破的玻璃,并且给台比留皇帝做了演示,以期获得丰厚奖赏。皇帝问该发明人,是否还有其他人知晓这一秘密,在肯定没有任何其他人知道后,发明人的脑袋马上被搬了家。台比留皇帝说道:"不这样的话,黄金岂不要变得贱如粪土。"从这个故事中可以看出,技术进步、经济增长、生产率这些当今世界视为获得财富的手段,在2000年前的古罗马却并不被统治阶级所重视,只有由奴隶转变的自由民才会从事商业。在这样一种社会体制下,财富主要由贵族阶层所掌握,而他们获得财富的手段是掠夺、战争和压榨人民,这只会增加统治者个人的财富,但对全社会的财富却是破坏性的(尤

---

❶ 古罗马平民迈向贵族阶层的大门始终是打开的,不仅本国平民,即使是被征服民族的居民也可通过自身努力跻身古罗马贵族阶层。

其是古罗马人所热衷的对外征服）。鲍莫尔在《企业家才能的配置——生产性、非生产性和破坏性》一文中，开篇就提出他的观点："企业家才能的运用有时是非生产性，甚至是破坏性的，而且，它到底是采取这两种方式中的一种，还是采取更加有益的另一种，主要取决于经济中的报酬结构——游戏规则。"

鲍莫尔的观点不仅适用于古代西方社会，也适用于东方社会，最典型的例子莫过于中国。自隋唐采用科举制以来，获得财富和声望的方式就是通过科举考试攀上晋升之梯，所谓"书中自有千钟粟，书中自有黄金屋，书中自有颜如玉"，这里的"书"指的自然不是科学书籍，而是科举考试所考的四书五经。科举考试不论出身门第，一旦科举中第则可出将入相、光耀门楣，因此天下读书人无不以中第为目标。据说，李世民在目睹青年才俊们云集京师参加科举考试后，曾不无得意地感叹道："天下才士尽入我彀矣！"而对于处"庙堂之上"的达官显贵们掠取财富的手段，鲍莫尔也做了精彩的论述——"一个官员只有在经过很多年的学习和多次科举考试之后才能担任目前的职务；然后他要结交朝中权贵，为了得到官职还会负债。下一步，他要把为了前途所付出的成本从自己所管理的百姓那里榨取回来——连本带利地榨取回来。因此，官员的贪婪程度不但与等到任命所花费的时间有关，还与他所必须打点的朝中关系，以及要满足和报答的家族成员的数量有关"。由此不难看出，此时才能的配置不仅未能推动经济的发展，还具有生产破坏性，这与古罗马没有太大区别。

古代中国与古罗马另一个相同的地方则是对商业的鄙视。中国古代阶层分为士、农、工、商，商人被视为最低阶层，商人再有钱，也不能穿丝绸衣服，出门不能坐轿或乘坐马车，商人的后代也不能当官。儒家思想讲究以"义"来规范社会关系，商业被视为"不义"之举。清朝著名实业家张謇在建立大生纱厂时，为筹集60万两白银，奔走于南京、湖北、上海、通海各地，即使顶着状元的头衔和翰林院六品修撰的身份仍处处招人白眼，被认为状元从商"有辱斯文"。这再一次证明了"相对报酬的游戏规则，在决定企业家才能到底是配置到生产性活动还是非生产性活动上发挥着关键性作用"。

第十一节 逐利的"两面性"

在 21 世纪的今天，商业行为已是人们司空见惯的，成功的企业家不仅身家万贯，而且往往受到人们的崇拜。在许多国家，企业家从政已经不是什么新鲜事，比如美国前总统特朗普就曾经是一名地产商人，美国许多财政部长都曾是华尔街的银行高管。那么，这是否意味着在市场化的今天，企业家才能的运用都是创造性的呢？时代在变化，但是不变的是人们的逐利本性，在古代，企业家才能被用于获得政治权力，这是因为政治权利是获得财富最重要的手段；那么现代商业社会获得财富最重要的手段是什么？最好的答案是创新，因为创新在为企业家带来财富的同时，也在推动社会发展。问题是，最好的答案却未必是必选的答案，会不会有比创新更快地聚集财富的手段？

亚当·斯密在《国富论》中专门讲述了当时欧洲普遍存在的行会制度。行会的存在主要就是限制行业竞争，确保垄断地位，具体表现为三点：一是限制加入某些行业竞争的人数，使它小于自由的情况下愿意加入的人数；二是增加某些行业的就业人数，使它超过自由的情况下愿意加入的人数；三是阻挠劳动和资本在不同行业之间以及不同区域之间的自由流通。例如，大多数行会都会通过学徒制限制加入行业竞争的人数，使它远小于自由的情况下愿意加入的人数。伊丽莎白女王在位第五年制定了被称为"学徒条例"的法律，规定未来任何人都不得从事当时英格兰既有的任何行业、职业或手工艺业，除非他事先在该行业、职业或手工艺业至少当过七年的学徒，而学徒是没有工资的。此外，由于行会是该行业产品的唯一供应商，它还会通过限制产量或控制价格确保获得丰厚的利润，而这种行为在现代经济学中则被称之为"垄断"。

那么，是谁给予行会这些权力呢？能够给予这些排他性特权的是国王或者自治城市的管理者。当然，特权绝不会是白白赠予的，行业向国王缴纳一笔献金，就可以获颁一张"特权"许可状。

如此，商人们只需要琢磨如何获得更多特权从而排除竞争，就可以赚取更多的利润，而限制竞争又会阻碍创新。对于这种在没有从事生产的情况下，为垄断社会资源或维持垄断地位，从而得到垄断利润（亦即经济租）所从事的一种非生产性寻利活动，在经济学中被称为"寻租"。租，即租金，也就是利润、利益、好处。寻租，即对经济利益的追求。与通过创新追求经济利益不同的是，寻租行为只会增加寻租者的利益，却以全社会的利益损害为代价。

尽管亚当·斯密记述的是 18 世纪的欧洲，但是直到 300 年后的今天，"寻租"一词也没成为历史的记忆。寻租的形式在变化，但其本质没有改变。在许多国家，企业依靠贿赂政府官员寻求获得各种排他性特权，其中最为典型的例子就是进口许可证。施行这一制度的国家，规定某些商品进口必须事先领取许可证才可进口，否则一律不准进口。显然，在这一制度下，谁获得某种商品的进口许可证，谁就获得了在国内销售该种商品的垄断权，进而可以享受垄断利润。进口许可证由政府发放，寻租者则需要挖空心思疏通关系。从这个角度看，寻租恰恰是因为政府对经济活动过度干预，使得寻租者能够接近这种批租权力的人利用合法或非法手段，如游说、疏通、走后门、找后台等，得到占有租金的特权。从租金中得利的官员又会力求保持原有租金制度和设立新的租金制度，由寻租到设租，便产生了一个贪污腐化蔓延、因果联系的恶性循环圈。而在这样的环境下，企业家的才能不是被配置到创新中，而是用于寻租，乃至真正具有创新才能的企业家和企业无法进入市场。

还是回到上一节结尾的那段话"相对报酬的游戏规则，在决定企业家才能到底是配置到生产性活动还是非生产性活动上发挥着关键性作用"。要从根源上减少寻租行为，就必须简政放权，减少政府对市场不必要的干预，让企业在市场中公平自由竞争，而政府的职责就是创造和维护一个公平、公正、公开的市场。

如果没有寻租因素的干扰，在完全市场化的环境下，是不是就能将企业家精神这块"好钢"配置在创新的"刀刃"上呢？在古典经济学假设中，由于市场的完全竞争，所有行业都只能获得平均利润，因为只要有一个行业利润高于平均利润，就会瞬间吸引成千上万的投资者进入该行业，最终导致利润下降至平均利润。然而，如此完美的市场在现实中是不存在的，现实世界中的市场有摩擦、有失灵。例如，货币的结构化流向就会导致不同行业的利润分化。货币主要通过信贷的形式进入社会。先拿到贷款的企业和个人，由于此时物价并没有上涨，相当于他们的收入是增加的。他们用贷款的钱购买商品或者生产资料，在商品供给没有相应扩张的情况下，最先拿到贷款的人购买的商品、资本品的价格开始上涨，而后拿到贷款的人则要面临已经上涨的价格，这就造成了一种财富的再分配。在这方面房地产行业占尽先机，因为房子是银行最乐意接受的抵押品，能够率先占有信贷资源的往往都是高收入行业，如银行（近水楼台先得月）、房地产等。

在货币总量一定的情况下，一个行业多占信贷资源，必然导致另一个行业的信贷资源减少，从而阻碍该行业的发展。经济学家彭文生估算了不同行业从业人员工资对广义货币（M2）的弹性系数，银行、金融业的弹性系数最高为1.06，也就是说货币扩张1%，这些行业的工资增长1.06%，而制造业和批发零售业的弹性系数只有0.5，科研、水利环保甚至为负数。换而言之，金融业过度发展会阻碍创新。

金融行业过高利润也会阻碍创新。前面章节谈到过，创新有赖于金融市场，特别是多层次的股权交易市场。金融为实体经济服务，但当金融从实体经济中过度"抽水"，乃至"涸泽而渔"，那么对于实体经济发展就会造成阻碍。

而在拥有全球最大资本市场的美国，这点更是有过之而无不及。在2008年金融危机后，美国采取了量化宽松的货币政策，向市场注入了大量美元，那么这些大量的美元去哪了？自2010年，美股经历了连年的持续上涨，支撑其上涨的一个重要动力就是上市公司的股票回购。所谓上市公司回购股票是指上市公司从股东手中购回本公司发行在外的普通股的行为。这里进一步要问，公司管理层为什么要回购股票呢？原因有以下五点：

（1）提高每股收益（EPS），改善公司的盈利能力。美股回购大部分为库存股，回购后这些库存股不参与每股收益的计算，因此回购股票可以减少自由流通股股本，提高EPS，改善公司的盈利能力并提高股价。

（2）管理层的薪酬激励。公司的EPS和股价一般与管理层的薪酬水平挂钩，因此管理层有动力进行回购操作。

（3）向市场传递股票被低估的信号。由于外部投资者与公司内部存在信息不对称的现象，所以管理层可以通过回购来向市场传递股价被低估的信息，使投资者重新评估公司的内在价值。

（4）解决股权激励后的控制权稀释问题。公司一般会给管理人员股权激励，如果这部分股票来自增发，那么会使得现有股东的股权被稀释，而采用回购来进行股权激励可以解决这一问题。

（5）减少在外流通的股票，防止公司被恶意收购。这一点在20世纪80年代表现得尤为明显。

2009年以后，美股回购无论是金额还是次数连创新高。从2009年到2011年，标普500指数成分股每个季度的回购次数从200次上升到350次，随后保持在350次附近，纳斯达克指数成分股每个季度的回购次数则保持在600~700次。从金额看，2009年开始，标普500指数成分股与纳斯达克指数成分股的回购金额均出现了明显上升，到 2018 年，标普 500 成分股回购金额为 8019.7 亿美元，纳斯达克成分股的回购金额为 3759.3 亿美元，均创下了历史最高值❶。

股票回购的 5 个因素中哪个是主要原因呢？其实很容易看出，除第二点"管理层的薪酬激励"原因外，其他因素都是不同上市公司不同时间段回购的因素，并不具有共性。比如，避免恶性收购，这只是个别公司可能面临的情况，不可能在同一个时间段内，大部分公司同时面临恶性收购的问题。管理层的薪酬激励机制却是华尔街丛林的主要法则之一，而且冠了一个很好听的名字"市值管理"。简单说，上市公司高管的薪酬与股票价格挂钩，而公司的股东也乐见手中股票升值。公司管理层显然有动力来推高股票价格。

那么，回购的资金是哪里来的呢？要说是上市公司自己赚了很多利润，有大笔现金在账上，同时又没有太好的投资机会，用这些资金来回购股票，倒也无可非议。但是回购的资金并不全部来自自有资金，而是主要来自发债和银行借贷。金融危机后美国长期实行零利率政策和四轮量化宽松政策，到处都是廉价的资金，这些廉价资金就成了回购资金的主要来源。原本应该用来实业投资的资金却用于购买金融产品和回购股票了。当金融资产的收益率高于实业投资，必将推动企业将更多资金投向金融资产。相比较而言，美国企业在工厂、设备、员工福利方面的支出增速却要温和许多。比如 2018 年前三季度，美国固定商业投资额仅增长 8.2%，股票回购规模全年却达到 1 万亿美元，比上年同期增长 46%。显然，对企业家而言，"玩转"资本市场才是更好的赚钱手段。

关于逐利对于创新阻碍的分析，再次表明"相对报酬的游戏规则，在决定企业家才能到底是配置到生产性活动还是非生产性活动上发挥着关键性作用"。接下来，我们一起来探讨，什么是"相对报酬的游戏规则"。

---

❶ 钟正生.美股回购，扣动美联储降息的扳机，未来美股走势要看它 [R/OL].[2019-09-25].

第五章
何以解释大分流

第一节 古典经济学家们的遗漏

"大分流"一词是经济史研究中的热门词汇，因美国加利福尼亚大学教授彭慕兰的著作《大分流：欧洲、中国及现代世界经济的发展》而为大家所熟知。大分流指的是经济史中一直困扰着大家的一个问题——1750年之前，东亚和西欧，或者更具体来说，中国最发达的江南地区与西欧最发达的英格兰有着无数惊人的相似之处，这两个地区在人口、资本积累、技术、土地与要素市场、家庭决策等各个方面的相似度都非常高，换句话说，18世纪以前，在经济上东西方走在一条大致相同的发展道路上，西方并没有任何明显的、完全为西方自己独有的内生优势。但是，到了18世纪末、19世纪初，历史却来到了一个岔路口，东西方之间开始逐渐背离，分道扬镳，距离越来越大（即所谓"分流"）。造成这一背离的是工业革命的产生，那为什么工业革命发生在西欧，西欧有什么独特的内生优势吗？

对于这个问题，彭慕兰教授认为主要原因有两个：一是美洲新大陆的开发，二是英国煤矿优越的地理位置。具体来说，欧洲19世纪经济上的突飞猛进，很大程度上归功于煤炭资源分布的地理位置和美洲大陆的发现。这两者使得欧洲是否集约利用土地变得不再重要，同时造就了其资源密集型产业的增长。美洲成为欧洲所需初级产品的主要来源地，极大缓解了欧洲的生态制约，这份幸运使欧洲能够转而走上资源密集型、劳动力节约型的道路。与此同时，亚洲却陷入了发展的死胡同，在原先劳动密集型和资源节约型的道路上越走越远。

第五章 何以解释大分流

《大分流》一书在经济学界引起了不小的争议。比如，有的学者指出该书的大量证据都来自二手文献，而非一手材料，这样做会使得所列证据存在某种选择性偏差，即作者可以只展示对自己观点有利的证据，而忽略文献中涉及的其他不利证据；还有的学者通过测算GDP发现，大分流发生的时间远早于彭慕兰所认为的18世纪，按照他们的核算，1700年中国GDP是英国GDP的70%左右，1750年为44%，而到1850年，这一数值已经下降到了20%。即使只比较江南地区和西欧发达地区，GDP间的差距也于1720年前后开始逐渐拉大。尽管具有争议，但是无法否认的是，《大分流》具有很高的学术价值。

而在近20年，更多的学者从制度的角度来分析大分流的原因，站在18世纪的历史分水岭，东方是旧制度的停滞，另一边的西方却是制度的不断创新，大分流背后的原因诸多，但是制度创新却是一大根本。彭慕兰教授也曾明确表示，他并非认为制度变革或技术创造改良等造成分流的因素不重要，而是认为煤炭和新大陆的重要程度一直被学界低估了。

我们在上一章最后讲到了"相对报酬的游戏规则"，这个"规则"影响了企业家精神的配置，也进而也影响了技术创新的产生。那么，问题来了，到底什么是"相对报酬的游戏规则"？规则一般更适用于比赛或者"大富豪"之类的虚拟游戏中，在现实中它还有一个更耳熟能详的名称——制度。制度一词在《汉语大词典》里的解释为"指一定的规格或法令礼俗，用社会科学的角度来理解，制度泛指以规则或运作模式规范个体行动的一种社会结构"。制度一词最早出现在《易·节》："天地节，而四时成。节以制度，不伤财，不害民。"人类为什么需要制度？制度又是如何影响经济发展的呢？

与制度高度关联的一个词是"可预见性"。人是群居性动物，更是社会性动物，相互交往是人类的基本社会特征。交往是有前提的，如果在一些问题上无法形成共识，一个人就不可能与另外一个人相互交往。张三想要用自己的牛肉换李四的羊肉，李四也想换换口味。但是，张三长得五大三粗的，一脸凶煞，活似黑脸张飞。李四有点胆怯，万一张三根本没打算交易，而是计划明抢，那李四可就赔了羊肉又受伤。面对着交易的不确定性，李四的理性选择是拒绝交易。由此可见，不确定性导致交易萎缩（市场），而没有市场交易就没有分工，没有分工就不会有技术进步和经济发展，人类就如陶渊明笔下的"桃花源"一样，"与外人间隔"。但是现实世界中，人类不仅相互往来，甚至甘愿躺在手术台上让素不相识的医生"开膛破肚"。人类的相互交往，都依赖于某种信任。信任以一种秩序为基础。而要维护这种秩序，就要依靠各种禁止不可预见行为和机会主义行为的规则，这种规则就是我们通常所指的制度。你之所以愿意和陌生人交易，是因为你知道如果他敢明抢或者不公平交易就会受到法律的惩处，而你也确信交易对手知道自己所面临的法律约束且畏惧法律的惩处，李四所面临的不确定性对你而言是不存在的，因此交易得以完成。

当然，如果没有制度约束也不是完全不能完成交易。李四可以去调查张三的人品，但是李四要衡量成本和收益，显然对于一笔小买卖，这样的调查成本太高实在划不来。这种调查成本经济学里称为交易成本或者协调成本。从这个角度，我们可以认为交易的不确定性来自信息不对称。张三内心真实的想法除了"天知地知"也就只有张三自己知道，李四是不知道的。倘若李四能知道张三的真实想法那就不会存在不确定性。同样，对于李四内心的忧虑，张三也无从知晓。要打破信息不对称，需要人们去搜集信息，而搜集信息是一项困难和高成本的工作。古典经济学家之所以不去关注制度，是因为他们假设市场不存在信息不对称。在古典经济学的市场中，李四很清楚张三的真实想法，而张三也知道李四清楚他的内心世界，就如物理中假设的在真空和光滑平面做匀速运动的小车一样，人们也可以无摩擦、无成本地从事交易活动。古典经济学（包括新古典主义）在解释和预测实际世界的现象上一再遭到失败，正是因为它将制度和制度存在的理由排除了，他们的假设前提太过于完美以至于与现实世界脱轨。制度使人们在一定程度上相信，他们与别人的交往将按他们的预期进行。这一点不仅适用于人与人之间的经济往来，国与国之间的政治往来也同样适用。

冷战早期，美国与苏联都致力于发展庞大的核武库，双方都被拖入昂贵的军备竞赛，而世界也面临着核毁灭的危险。显然，无论对于美、苏还是世界，核军备竞赛是一个双输的结果，但是这种选择却恰恰又是信息不对称下理性的选择。因为美苏都不知道彼此真实的战略意图，如果对方致力于核扩张，那么扩大核武库至少可以保证自己不会落后挨打；如果对方无意于扩充核实力，那么扩大核武库就会使自己具有核战略优势。在这种情况下，不管对方是否致力于核扩张，自己扩大核武库都是最优的选择，这就是一个典型的"囚徒困境"。后来美苏都意识到这种困境对谁都不利，于是在1963年开启了限制战略武器谈判，并陆续签订了《美苏限制进攻性战略武器条约》等一系列限制核军备的协议，以确定规则、监督程序和惩罚措施，降低不确定性，核威胁得以逐步降级。

制度提供了一个较广框架内的信任，使每个人得以专一于本职工作。依靠制度建立起来的人与人之间的信任，可以有效降低信息搜寻的成本，信息搜寻活动就会比较活跃；反之，人们会因为信息搜集的成本过高而放弃搜寻。现代经济中，信息搜集和协调人与人之间交往占据着重要的位置。在发达国家，服务业的产值早已超过制造业，而绝大部分服务业就是从事信息搜集和协调人与人之间交往，比如金融、律师、会计、交易所和中介机构。大家最熟知的就是股票交易。股票到底值多少钱取决于很多因素，当前的盈利水平、发展方向、公司管理层是否努力工作、研发水平、未来市场需求、原材料价格等。搜寻这些信息的成本较高，如果不是行业专家，很难预测未来市场需求和公司目前研发水平，不是具有经验的会计师也很难从纷繁复杂的财务报表中看出企业的财务状况，而公司经理人是否努力工作，恐怕只有经理人自己知道。没有一个人能全面、准确地掌握这些信息，这些信息分散在不同的市场主体之中。这就好比盲人摸象，每个市场主体无法看清整个"大象"全貌，都只能看到大象的某个部分（碎片信息）。

股票交易所提供了一个信息合成的平台，每个投资者根据自己掌握的信息对股票报价、买卖，价格本身就体现了信息，千千万万的市场主体参与到股票交易当中，就如同把每个人掌握的"碎片化信息"拼装起来，股票的交易价格就展现了"大象"的全貌。因此，股票价格能否正确反应股票价值就需要不同市场主体搜寻信息。没有完善的制度，搜寻信息的成本就会很高。如果上市公司发布的信息都是虚假消息，会计师就无法从财务报表中看出公司的真实财务水平，那么就需要另辟渠道去搜寻信息，调查机构就只能通过查电表、水表，在工厂门前观察开工情况来判断公司的运营状况。而这些无疑都需要付出成本，信息搜寻成本之高是绝大多数市场主体所无法承受的。

这里所说的制度，不单指以法律形式存在的强制性约束，而是包含了内在制度和外在制度。内在制度是从人类经验中演化而来，典型的形式如习俗、伦理规范、良好礼貌和商业道德。违反内在制度通常会受到共同体中其他成员的非正惩罚，如在商业圈子内有一个人实施欺诈行为，就将导致整个商业圈子的人拒绝与其交易。而有些规则就需要强制惩罚来予以保障，这就是外在制度，它是被自上而下地强加和执行的，典型的形式就是司法制度。

是不是拥有制度就行了呢？显然不是，在工业革命前几乎所有国家都拥有一套制度，有的制度甚至已经运行了上千年，但只有英国等少数国家得以迈入现代经济。事实上，制度也有好与坏之分。那什么是好的制度，什么又是坏的制度呢？

第二节　一栏之隔花不同

麻省理工学院的德隆·阿西莫格鲁教授与哈佛大学的詹姆斯·鲁宾逊教授合著了一本名为《国家为什么会失败》的书，书里面举了一个非常有意思的例子，不妨引用一下：

诺加利斯城由一道栅栏分割成了两部分。如果你站在南边，向北望去，你就看到亚利桑那州圣克鲁兹县的诺加利斯。在那里，一般家庭的年收入在30000美元左右，绝大多数十多岁的孩子在学校读书，大多数成年人受教育水平至少是中学毕业。尽管有人认为美国的医疗体系非常不完善，但是这里的人们都很健康，按全球标准来衡量预期寿命很高。许多居民的年龄都在65岁以上，都可以得到医疗服务——这只是绝大多数想当然地认为政府应该提供的公共服务之一，其他公共服务还包括：供电、电话、供排水、公共卫生，以及把该地区和全国其他城市联系起来的公路网，此外，还有法律和秩序。亚利桑那州诺加利斯居民在日常生活中，无须担心生命或安全问题，也不必害怕被偷、被征用或者其他可能对他们在商业或住房的投资造成危害的行为。

栅栏南边，仅仅几英尺之遥，情况却完全不同。索诺拉州诺加利斯的居民生活在墨西哥一个相对繁荣的地区，但是户均年收入却大约仅为亚利桑那诺加利斯的1/3。索诺拉州诺加利斯的大多数成年人未受过中学教育，很多十多岁的孩子辍学在家。母亲们为非常高的婴儿死亡率担心。落后的公共卫生条件意味着，索诺拉州诺加利斯居民的平均寿命毫不奇怪地低于他们北面的邻居。他们没有公共娱乐设施，道路条件很差，法律状况也很差，犯罪率很高；经营公司属于高危活动，不但要冒被抢劫的风险，而且为开业获得所有的许可盖章也要历尽艰辛。

美国亚利桑那州的诺加利斯和墨西哥索诺拉州的诺加利斯具有相同的人口、文化和地理位置，为什么一个富裕一个贫困？答案就是制度的差异。

如果说创新为西方带来了工业革命，那么为什么在此前的一千多年里欧洲鲜有创新，却在十八九世纪短短百年间迸发出创新的活力？为什么在古代就发明出造纸术、指南针、火药和印刷术的中国人，却在此后停下了创新的脚步？有学者认为，这是因为直到近代，科学知识才有了突破性的发展。但是，历史学家们发现许多工业革命的发明所利用的知识早已存在多年，为什么此前这些知识没有应用到提高生产效率中？上一章我们谈到，许多新产品发明出来的时候人们并不了解其背后的科学原理，例如，蒸汽机和飞机发明出来的时候，空气动力学的研究还是一片空白，而许多创新者都是来自实业工人，他们甚至没有接受过基础教育。从横向看，直到第二次世界大战结束后，美国还主要从欧洲大陆获得新的科学知识（这也是《科学：无尽的前沿》的重要背景），但是美国的创新和繁荣却早已超过欧洲大陆的国家。换而言之，美国更能将科学知识转为应用在生产中的创新，这被称为"创新的活力"，它代表一个国家创新的意愿和能力。诺贝尔经济学奖获得者埃德蒙·费尔普斯在《大繁荣》一书中谈道，"发明与其背后的好奇心和创造性并不是什么新东西，而激发、鼓励和支持人们大规模参与发明的那些社会变革才是历史上的新事物，才是经济起飞的深层原因"。制度经济学家们发现，伴随着创新活力崛起的是各种经济制度的创造和演变，尽管不同国家有各自的特点，但是这些制度最终演变的共同特征是产权、自由和法治。

试想，如果一位农民无法确定自己种植的果树在秋天结出的果实能否归自己所有，那么他会认真地为这棵果树施肥、浇水、除虫吗？这种对于未来收益的不确定性无法激励人们去从事生产。所谓"有恒产者有恒心"，只有产权主体才真正关心产权收益。产权是指合法财产的所有权，这种所有权表现为对财产的占有、使用、收益、处分。

在中国，对于产权及其背后经济学意义的最佳阐释莫过于家庭联产承包责任制改革。三十多年前，安徽省滁州市凤阳县小岗村十八位农民以"托孤"的方式，立下生死状，在土地承包责任书上按下了红手印，拉开了中国农业改革的"序幕"。家庭联产承包责任制是农民以家庭为单位，向集体经济组织（主要是村、组）承包土地等生产资料。承包土地的农民按照合同规定自主地进行生产和经营，其经营收入除按合同规定上缴一小部分给集体及缴纳国家税金外（2006年我国正式取消存在长达千年之久的农业税），全部归于农户。按照产权的概念来看，家庭联产承包责任制明确了农民享有土地使用权，土地上农作物的占有、使用、收益、处分均归承包土地的农民所有。这些权力是排他的，任何第三方是不能拥有或者共享的。这就从经济利益的角度确保私人收益超过社会收益（承包土地上粮食增产对整个社会都是有益的），使得个人有积极性去努力工作、"开动脑筋"提高生产效率（创新）。人还是那些人，地还是那些地，但是粮食产量却发生了翻天覆地的变化。1979~1984年，6年间平均递增4.9%，至1984年，我国粮食总产量达到4.073亿吨，是中华人民共和国成立以来粮食产量增长最快的时期。

产权对于经济增长的重要作用不仅体现在中国，世界各国概莫能外。一个反面的例子则来自近代西班牙。西班牙国王允许羊主团的羊群随意占用农业耕地放牧。在这种情况下，农民小心准备和种植的谷物可能随时被迁移的羊群吃掉或践踏，不完善的产权制度使得形式上的土地所有者不能享有对其土地的专有权。面对未来的不确定性，农民自然不会致力于"开动脑筋"提高生产效率。归根结底，人们致力于生产、创新的目的是获得私利，社会上会有一些不领取报酬就甘心付出的人，但是大部分人都需要有经济利益的刺激。

除了起到激励作用，产权也是分工和市场交易的基础。市场是交换关系的总和，交换是不同产权主体之间所有权的让渡和转移，张三拿羊肉交换李四的牛肉，实际上是双方交换了羊肉和牛肉的所有权。产权明晰和产权保护是市场经济的前提条件。《资本论》第一卷中谈到，商品交换的前提是商品属于私人所有，即"他们必须彼此承认对方是私有者"。在部落社会和封建农业社会，商品交换更多是基于人格化交换的制度，其内聚力和结构是围绕紧密的个人纽带建立的（如宗族、熟人社会），比如，张三愿意和李四交易更多因为他们是亲戚（一个宗族）或者是老乡，因此彼此知根知底；与之相比，现代经济更少地依赖于个人纽带，而更多地依赖于规则和实施机制，即非人格化的交易。显然，基于人格化的交易范围和数量都非常有限，不适于现代经济分工和市场的深入发展。

第三节　自由、竞争与知识的发现

经济界的人士常会关注每年公布一次的经济自由度指数。该指数由《华尔街日报》和美国传统基金会发布，覆盖全球186个国家和地区，美国传统基金会的观点是，具有较多经济自由度的国家或地区与那些具有较少经济度的国家或地区相比，会拥有较高的长期经济增长速度，也更繁荣。尽管该指数难说客观和公正，但仍能引起大家的广泛关注，这说明"自由"对于经济发展的重要性不容忽视。这里谈到的"自由"并不是哲学和道德层面上的"自由"，更不是无政府主义，而是指人身自由、交易自由、契约自由（包括缔约自由、选择契约相对人自由、确定契约内容自由和缔约方式自由四个方面）等。单个交换主体交易的根本目的是获利，因此从逻辑上讲，经济自由的前提是产权。

人身自由主要是指人们使用自身劳动力的自由，这当然也包括迁徙的自由。我们在第一章讲城市化的时候谈到，现代经济发展的结果就是人口向城市集中，分工不断细化，客观上也要求人们有选择自身职业的自由。倘若每个人都被束缚在固定的职业且终身不得改变，那么分工就无从谈起，分工细化的表现就是职业多样化，而职业多样化的前提则是人身自由——人们可以在劳动市场上自由交易自身的劳动力。劳动力本身也是一种生产要素，劳动力市场制度的核心是由市场机制对劳动力资源起基础性的调节配置作用。如果人身自由受到限制，则劳动力无法得到优化配置，分工亦无从谈起，最终经济发展将处于较低水平。例如，中世纪西欧实行的农奴制背景下，封建主将土地以份地的方式分给农民，把他们世代束缚在土地上，农奴在法律上不是自由人。农奴不得擅自离开，为取得外出权必须偿付人头税，农奴的子女亦是农奴。对于绝大多数农奴来说，村庄及邻近村庄的周遭地区就是他们所知道的全部世界。在这样一种制度下，以封建主庄园为单位，实行着自给自足的原始自然经济，只有简单的劳动分工，经济发展水平十分缓慢。

大家可能会问：为什么人身自由以及在此基础上发展起来的劳动力市场能够有效分配劳动力资源？农奴制度下的奴隶主们似乎也可以分配劳动力和创造分工，完全可以让奴隶甲种田、奴隶乙打铁、奴隶丙伐木……这不也是一种分工吗？这确实是分工，但却是一种低效或者无效的分工。问题的关键是这个奴隶主是人而不是全能的"上帝"，他面临着信息不完全和信息不对称的问题。

我们必须承认一个现实，如同世界上没有两片完全相同的叶子一样，世界上也不会有两个能力完全相同的人。每一个人的天赋都不一样。正如股神巴菲特所言，"要是我生在原始社会，应该属于最快被猛兽吃掉的群体，因为那时要求的技能是跑得快、会爬树、会搏斗。我一直认为自己是一个手无缚鸡之力之人。从小体弱多病，身单力薄。小时候干农活，深感跟同龄人相比无任何优势可言。好在喜欢读书，当他人在外挥洒汗水的时候，我只能自卑地躲在房间看书。"我们可以设想倘若巴菲特生活在西欧封建制度下，他将终身束缚在农田里，而以他的身材，很可能终日食不果腹。可能有人说，封建主可以派他去炒股嘛。问题是，封建主如何知道巴菲特有炒股的天赋？不要说封建主，恐怕在成功之前，巴菲特都未必意识到自己有这样的天赋，巴菲特投身于资本市场本身就是一个自由抉择的过程。所谓"千里马常有，而伯乐不常有"，知人善用一定是一个小概率事件，况且即使是"伯乐"也有局限，他能看出哪匹马是"千里马"，那么哪匹马能拉重的货物？哪匹马能产更多的马奶？"伯乐"也只能识某种天赋！

没有人是全能的，单个人无法仅凭自己的大脑就做出资源最佳利用的决策。我们在第三章谈到知识分工和价格作用的问题，经济发展、创新所需要的知识都分散在不同个体的大脑中，唯有市场和价格能协调不同个人的单独行为。而市场得以形成的前提是自由。产权为人们从事生产和创新提供了激励，人们依据自己所掌握的信息（包括对自己天赋的认识）自由选择所要从事的工作。但是，这一过程需要面临一个外在约束——资源是稀缺的，这不仅包括实实在在的自然资源，也包括无形的资源。在市场经济中要想获利就要获得消费者的认可，一个汽车消费者购买了A品牌的汽车就几乎不会再购买B品牌的汽车。

资源的稀缺性必然带来竞争。销售者相互竞争以使自己在与购买者的可能交易中占据有利地位。竞争不仅使消费者能够获得更好的商品，从更宏观的层面上来看，竞争是搜寻、检验和证实有用知识的过程。在上面例子中，消费者的希望和欲求对于销售者来说就是有用的知识，而销售者并不是天生就掌握这些有用的知识，只有在竞争的压力下，他们才会去积极搜寻乃至创造这些知识。竞争也会迫使企业创新。20世纪70年代，第四次中东战争导致油价上涨，汽车消费者开始考虑将"油老虎"改为省油的汽车，汽车生产厂商们迅速开始研发节油技术，如低耗能引擎、电子控制、消减重量乃至现在如火如荼的新能源汽车，这就是创新，也是新知识的探索。

著名经济学家哈耶克在谈到竞争时说"社会经济问题的解决始终是一种探索未知领域的过程，即一种试图发现比此前更好的新的做事方法的尝试。"竞争能使人们全力以赴地投入信息搜寻活动中。每个人都掌握着自己独有的信息和天赋，搜寻新知识的方法也因人而异，正如一个健康的生态系统需要物种的多样性一样，知识搜寻的广泛基础和搜寻方式的多样性是确保人类获得更多、更好的有用知识的前提。

竞争不仅有利于知识的发现，还有利于知识的扩散。盈利者的成功会以价格信号的方式传遍市场的每一个角落，其成功的"独门秘籍"会被同业竞相模仿。价格机制能够迅速传播哪种商品受欢迎、哪种商品不受欢迎这样供需的知识，竞争则能动员如此多的人根据价格信号开展知识搜寻的活动。

反过来，竞争削弱则对创新是一种威胁。在垄断的市场中鲜有创新，垄断者满足于享受既有的高额利润，失去了创新的动力。没有竞争者，其高额的垄断利润得以长期保持。垄断者也会想方设法保持自己的垄断地位，扼杀任何可能竞争者的出现。从亚当·斯密时代的行业协会到20世纪发展中国家普遍施行的进出口特权，垄断行为屡见不鲜，即使在号称自由市场经济的发达国家也概莫能外。美国的大企业往往通过兼并竞争对手实现将未来产品市场的竞争内部化。此外，还有一些大企业企图利用自己的垄断实力将竞争者挤出市场。一个典型的案例就是微软与网景的诉讼。网景公司成立于1994年，并于成立当年推出了图形界面的网络浏览器"网景浏览器"软件。"网景浏览器"一推出就大受欢迎，不到一年就卖出几百万份。彼时的微软尚没有推出自己的浏览器，但是网景浏览器的迅速走红，使微软预见一个迫在眉睫的威胁。微软之所以得以控制整个微机行业，在于它控制了人们使用计算机时无法绕过的接口——操作系统。现在，网景控制了人们通向互联网的接口，这意味着如果微软不能将它夺回来，将来在互联网上就会受制于人。起初,微软想收购网景公司,但是遭到对方的拒绝,微软随后全力投入 IE 浏览器的开发。由于绝大多数个人电脑都是使用微软的 Windows 操作系统,微软利用自己在操作系统领域的垄断力量,强迫电脑制造商在预装 Windows95 操作系统时必须免费将 IE 浏览器捆绑进去,并在操作系统中故意设置隐瞒代码,妨碍网景的应用程序运行。比尔·盖茨在一份内部邮件中写道:"让我们切断他们(网景浏览器)的氧气,碾碎他们(Let us stake away their oxygen supply and crush them)。"尽管微软这一行为引起了美国反垄断机构的注意,并最终付出共约 18 亿美元的和解费用,而且保证不得参与可能损及竞争对手的排他性交易、公布 Windows 的部分源代码使竞争者也能在 Windows 上编写应用程序等,但是网景没能支撑到这一刻,该公司于 1999 年因濒临破产而被美国在线收购了。

由此我们可以看出,垄断让整个市场失去可能性,让人们失去选择的权利。资本为了追求最高利润,天生就具有垄断的冲动。在市场竞争环境下,优胜劣汰的市场规律会出现垄断(尤其在互联网领域,其网络效应往往导致"赢者通吃"的结果)。当"市场失灵"时,就需要政府进行适度的干预和调控。迄今为止,大多数国家都出台了反垄断法律和建立反垄断机构,其目的就是预防和制止垄断行为,保护市场公平竞争,提高经济运行效率。

第四节 特别的西欧

西方世界在 18 世纪实现经济起飞得益于工业革命,而工业革命得以发生在西方则是由于当时其所具有的制度——一种促进生产的制度。我们不禁要进一步深问,为什么西欧能够孕育出这样的制度,而世界其他地方却没有？尤其是历史悠久的中国、印度等文明古国。在绝大多数历史时期，无论是生产力水平还是文明程度，中国都要优于中世纪的欧洲，不少历史学家认为，早在明朝中国江南地区就出现了资本主义萌芽，为何中国却没有走出落后的封建制度？西欧又是如何在历史变迁中发展出了资本主义制度？回答这些问题，我们不妨回到历史的原点——公元5世纪西罗马帝国的灭亡。

公元286年，罗马帝国皇帝戴克里把政权一分为二，建立四帝共治制，罗马开始有东西两部分。公元395年，最后一位统一罗马帝国的皇帝狄奥多西一世驾崩，将罗马帝国分给两个儿子分别继承，从此罗马帝国正式分裂为东西两个罗马帝国。西罗马帝国自诞生以来就面临着日耳曼人的不断入侵。公元476年9月4日，以日耳曼人奥多亚塞罢黜最后一位皇帝罗慕路斯·奥古斯都为标志，西罗马帝国灭亡。日耳曼人占领西罗马广大领土以后，部族领袖们却发现自己面临一个重大问题——该如何统治这块陌生的土地。罗马帝国是一个文明程度相当高的农耕帝国，而日耳曼人则一直过着游猎的原始部族生活，他们尚处于史前文明向文明社会过渡阶段，绝大多数部族甚至没有自己的文字，他们侵入罗马只是为了劫掠。突然间，劫掠者变成了统治者。西罗马帝国境内出现了由不同日耳曼部族建立的大大小小的王国，这些王国的国王则是部族首领。但是，这些国王并没有效仿罗马皇帝建立大一统的统治方式，而是将领土分封给贵族们，形成了一种分封制，与中国周朝制度颇为相似。贵族们又将土地分封给下一层的贵族，这样形成的封建等级制度，其特点是以土地为中心层层分封，封主封臣之间形成严格的契约（合同）关系。土地使用权决定了政治的权利和责任。封建领主从上一层贵族那获得封地，作为回报，他必须宣誓效忠封主，提供资金并在战争时期为自己的领主提供士兵。譬如，一个领主被授予一个价值40骑士费用的封地，他必须每年有40天向他的领主提供40位骑士。而这个封建领主所需要的士兵和资金则来自他下一级的封臣。但是，在这种分封制度中，各级封臣只对自己上一级领主履行义务，他们与领主的领主之间则没有契约关系。换句话说，各级领主只能对下一级封臣发号施令。用一句非常绕口的话可以很好形容——"我的封臣的封臣不是我的封臣"。西欧形成了独特的"金字塔"状的封建制度，见图5-1。

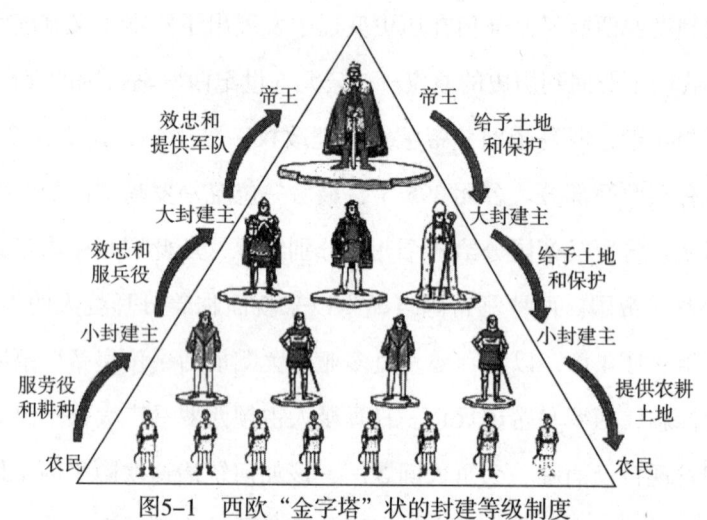

图5-1 西欧"金字塔"状的封建等级制度

最末尾的领主则是庄园地主。一个典型的欧洲封建庄园的主要构成大致如下：首先，在整个庄园的中心位置，分布着领主和农奴们的房屋，而领主的房子和农奴的房子相比，不仅显得更加豪华，并且它与周围的农奴房屋有明显的自然分割线；领主与农奴的耕种土地通常围绕着乡镇中心呈现辐射状分布，而庄园与庄园之间的分界线往往是天然形成的，比如说河流、悬崖峭壁、原始森林，绝大多数庄园周边都是荒野，正是这些自然界限使得庄园本身成了一个半封闭的社会聚落。耕地分为领主自营地和农民份地两部分。依附农民每周用3～4天无偿为领主自营地耕种，其收获全归庄园主，这是劳役地租的表现形式。庄园为什么要采用劳役地租或者实物地租而不采用货币地租呢？在当时自给自足的庄园经济中，各庄园间几乎很少有贸易往来，这就导致一方面没有形成市场，货币流通很少；另一方面即使有了货币也很难在庄园外购买到商品。各户农民小块份地上的收获则归他们自己支配。庄园经济还包括原属于本村的草地、牧场、池塘、森林等公共土地上的收入，封建主在庄园里建有住宅、教堂、磨坊、马厩、仓库等设施，有的大庄园还有一些手工业作坊及专职手工业者。

其中，一个大封建主往往拥有若干个庄园，庄园设总管、管家等，监督依附农民和奴仆的劳役，负责庄园的收支、劳力支配、物资保管等。各庄园统由总管负责，各管家须定期向总管报告经营情况。领主或其代理人对整个庄园的农奴具有审判权和行政执法权。因此可以看出，领主为农奴提供一定的土地、必要的庇护和秩序（尽管这一秩序具有明显剥削性质，但也比没有秩序好），农奴则为领主服役（包括劳作、兵役）。我们可以将这种关系的建立视为一种原始的契约关系，这与中国古代的地主田庄是不同的，我们后文还会讲到。

尽管西欧的庄园制度现在看来封闭落后，但是放在当时的社会背景下确有其存在的意义。当时，西欧社会处于无序战乱状态，外有北部维京人，南部阿拉伯人和东部马扎尔人的三面入侵，内有法兰克王国崩溃后王室成员之间的领土争夺，各王国已无力为劳动人民提供秩序和庇护。在这种情况下，各地的贵族填补了权力的真空，并能够组织对入侵者的抵抗。他们围绕不断增长的城堡网络建立了防御结构，在暴力和无序的社会中为人们提供急需的保护。

随着战争结束，人口开始增长，原有的土地已经无法供养新增的人口，人口开始涌向那些尚未开发的土地，西欧在10世纪兴起了"边疆运动"。居住地和开垦土地的扩张带来了两个变化：一是新的种植区域与原有的种植区域在气候、水、土壤等自然条件上有很大的差异，因此其耕种方式和出产的农作物就不相同，例如，罗斯的皮毛、蜂蜜，英国的羊毛，佛兰德尔的呢绒，都是当地的特产，而德意志地区则生产粮食。产出品的差异化为贸易的发展提供了基础。二是原有的荒野之地逐渐变成庄园管辖之地，这使得劫匪失去藏身之地，杂草丛生的丛林变为乡村道路，这些使得贸易运输条件得到了极大改善。贸易开始兴盛起来，市场出现，原来自给自足、"与外人间隔"

的状态逐渐打破。人口的增长、贸易的发展以及市场规模的扩大使分工深化，手工业、服务业开始出现。

由于部分的商业贸易是长距离的贸易，商人们需要一个统一的交易地点（市场）和落脚点，这使得城市开始产生。与中国古代城市的产生不同，西欧是先有城市，民族国家的出现是在此之后。在这样的城市里，市民是自由人，享有财产权，领主不得非法剥削市民的财产，不得向市民任意征税。一部分自由城市又取得选举市政官员、市长和设立城市法庭的权利，因而成为"自治城市"，米兰、威尼斯、热那亚、布鲁日、根特等著名城市都是以自治形式出现。在贵族、教士和农民三个阶层之外，出现了新的市民阶层。

随着农业生产技术的改进、手工业生产技术的突破以及货物运输技术的革新，越来越多的人口开始脱离土地流入新兴的城市，西欧中世纪城市形成了一种制度：农奴逃进城，住满一年零一天，就可取得自由人的身份，原来的领主也不能迫使他回到农奴的地位。城市的功能也随之开始转变，不再单纯的只是商业贸易行为的聚集地，这里产生了更多的娱乐性设施，许多逃离了领主控制的农奴在城市里从事搬运、航海、贩卖等工作，这为城市经济的多方位发展与繁荣奠定了基础。

在追求城市自治的过程中，发展出了民主和宪政思想。大多数自治城市设有全民性质的市民大会，市政府官员由市民选举产生。市政机关通常由市长、代议制市政议事会和城市法院组成。市政议事会或者市民大会是城市的最高权力机构，负责选举市长及市政官员，处理重大事宜，重要立法和决策须经2/3甚至3/4多数通过才能生效，有的城市还采用了权力分立和制衡原则。威尼斯一度成立了城市共和国。

贸易和市场发展带来的另一大变化是经济货币化。随着自给自足的小农经济逐渐打破以及分工的发展，庄园与庄园间、城市与乡村间、地区与地区间、国家与国家间的贸易往来日益紧密，原始的物物交换已无法适应大规模的商品交易，货币的重要性日益突显。随着庄园农民通过贩卖农产品而获得货币，原来通过劳役支付土地租金的形式逐渐被货币支付所取代。这使广大农民得以从原来繁重的劳役（一周3～4天）中解放出来，得以专心于自身的生产。贵族们也以货币的形式取代原先须为封主提供兵役的义务，而贵族和国王则用金钱组建起一支随时可以使用的常备军队，军事更加专业化。

军事专业化以及贵族之间的武装冲突，使西欧的兵器技术突飞猛进。中世纪初期，西欧武装力量的代表是重甲骑士，随着火炮和枪的发明，重甲骑士逐渐退出了历史舞台，随之失去作用的还有老式城墙❶。封建庄园主和贵族已无法为农民和商人提供保护，一方面，庄园最大的防御体系——城墙在枪炮面前已经起不到防御作用；另一方面，雇佣常备军队、购买枪支弹药所需要的费用绝非一般庄园主所能承担。更重要的是，长途贸易的发展客观上要求更大范围内健全的秩序，超出了庄园的保护界限。经济基础决定上层建筑，原本统治权分散在不同贵族之间的分裂西欧已不再适应经济发展形式，以统一的民族国家为代表的欧洲体制呼之欲出。

第五节　姗姗来迟的制度变迁

与早在公元前221年秦国完成统一、建立大一统中央王朝的中国不同，西欧直到15世纪仍未出现完整的民族国家。所谓民族则是共同体的认同概念，其来源可以是共享的体制、文化或族群，而民族国家则是在此基础上一个比较统一的、拥有一个共识特征的国家。直至15世纪末，西欧的王国基本都是由大小不等的封建领地组成的松散联邦。即使是同一个王国，不同

---

❶ 这种城墙很容易被火炮轰开，典型的案例是君士坦丁堡在土耳其人的火炮攻击下陷落。

领地之间语言、文化乃至宗教信仰都差别很大，居民并没有国家的概念。此外，居民隶属的王国常会因为继承人变动和战争发生变化。有时，一个王位继承人会同时兼任两国的国王，英国历史上著名的玛丽·斯图亚特女王就同时是英格兰和苏格兰的国王。国王们对于下属的贵族们并不具有绝对的掌控。例如，神圣罗马帝国疆域基本涵盖了现在的比利时、德国、荷兰、卢森堡、瑞士、奥地利、捷克和斯洛伐克共和国，以及法国东部、意大利北部、斯洛文尼亚和波兰西部地区。但是帝国皇帝的统治一直软弱无力，而且是由7名选侯（贵族）投票推选出来的，各封建领地几乎独立自主。伏尔泰就曾嘲讽神圣罗马帝国"既不神圣，也不罗马，更非帝国"。

西欧民族国家形成的过程中，城市的市民阶级和商人发挥了重要作用。在争取城市自治、摆脱封建领主控制的斗争中，市民阶层寻求联合国王共同对付封建领主。作为交换条件，市民要向国王缴纳捐税。在英国，13世纪王室相较封建领主法庭而言，获得了更大的裁判权。这一斗争中出现的重要转变之一是王室法庭拥有对城市自由民的裁判权❶。在广大农村地区，起初国王所能提供的司法服务非常有限，国王提供的主要服务是充作上诉法庭，若有人不满意领主法庭或庄园法庭所提供的正义则可要求上诉法庭裁判，而国王则可通过上诉法庭获取费用。各类法庭相互竞争中，国王的上诉法庭更受青睐，因为它与本地诉讼人的牵连更少，被视为更加公平。

尽管传统的封建捐税仍是欧洲国王们收入的重要来源，但是关税、通行费、垄断特权转让等来自贸易和城市的税收成了王国新的税源，并在此后随着贸易日益繁荣及庄园经济的逐步瓦解，替代封建捐税成为王国的主要税源。可以看出，在欧洲新生的民族国家，商人、市民阶层在政治方面具有一定话语权，这为国家走上宪政和资本主义道路奠定了基础。

14世纪席卷欧洲的"黑死病"及战争使得欧洲人口大量减少。例如，英

---

❶ 道格拉斯·诺斯，罗伯斯·托马斯.西方世界的兴起[M].厉以平，蔡磊，译.北京：华夏出版社，1989.

国在 1349～1351 年的短短两年半的时间里，人口死亡率达到 23.6%，大量土地撂荒，封建税锐减。此时，人口相对于土地价值上升，农奴较庄园主有了更低的谈判成本。起初，庄园主仍想回到旧时的庄园经济，但是上涨的劳动力价格与混乱的司法关系（后者使得追捕逃跑农奴几乎不可能成功）使大批农奴逃跑，庄园与庄园之间为获取更多劳动力展开了竞争（大家都想招更多的农民到自己的庄园），庄园主不得不改善农民的地位以留住劳动力。农民地位的改善主要体现为土地租金的下降、租期终生制以及人身自由。农民无须为庄园主提供劳动服务，只需支付土地租金，且相较于多年的粮食价格上涨，实际地租已大幅下降。土地租约终佃户一生不得变更，佃户实际获得了土地的终生使用权。土地承租人也不再依附于庄园主，他们是自由民（奴隶社会中除奴隶以外的居民阶层，一般经济上具有独立性，政治上享有不同程度的权利及人身自由），可以随时选择其他职业。农民得以向城市迁徙，这进一步加快了城市经济和城市人口增长的步伐，在这一过程中庄园经济逐步瓦解。

城市扩展、商品经济发展为国王们带来了源源不断的税收。有了钱的国王们腰杆自然"硬"起来，他们拥有了常备军队，长达两个世纪的战争在欧洲上演，许多封建男爵的领地、地方公国和小王国被合并为英国、法国、西班牙和尼德兰❶，这一过程由联合、吞并和征服来完成。前方打仗，后方打的是钱粮，旷日持久的战争使得各王国的财政支出倍增，而传统的税收已无法满足这一需求。要想把战争继续打下去，摆在各国王面前的唯一一条路就是筹钱。筹钱的手段有三种，一是在国内横征暴敛，二是借债，三是通过经济发展，扩大税基和税源。

毫无疑问，最佳的方式是通过促进经济发展扩大税基和税源。但是，彼时欧洲的君主们并不知道如何促进国家经济增长，更不会想到通过经济增长

---

❶ 尼德兰地区所包括的区域相当于荷兰、比利时、卢森堡和法国北部部分地方。

来扩大税基和税源。国王们只在乎如何能够凑到钱，最直接的方法莫过于借债。当时的各国君主都向银行借债，意大利的佛罗伦萨、锡耶纳因此成为当时的金融中心，复式簿记的使用、信用借贷形式的开创、转账和汇兑的发展使近代资本主义的基础在佛罗伦萨得以建立。巴尔迪家族、美第奇家族都是响当当的银行家，家族财富一度富可敌国。正所谓"成也萧何败也萧何"，后期债台高筑的君王们往往会拒绝偿还债务，银行家只得破产清算。例如，为争夺英国王位而爆发的玫瑰战争中，美第奇银行两面押注，不料双方的借贷都成了坏账。1478年，5.1万佛罗林（源于佛罗伦萨，通行于欧洲的货币）的损失致使美第奇伦敦分号清算关闭。

借债不还即使可以一而再，也很难再而三，并不是筹款的长久之计，且还要受制于人（债主）。另一种筹款方式就是税收，选择横征暴敛还是通过经济发展扩大税基和税源？不同国家有不同的情况，国王们只能依据当时的社会情况进行选择。英国和荷兰通过发展经济扩大税基和税源，并最终成为资本主义国家的典型代表，而法国和西班牙则发展成为封建专制的代表❶。但这并不代表英国国王和荷兰执政者，相比法国和西班牙的国王更加开明和具有现代意识，制度变迁是受到外在环境的制约和影响而不断演进的过程。任何一位君王都更加倾向于专制，希望将权力集于一身，这点无论是中国古代的皇帝还是西方的国王都毫无差别。差别只在于，外在条件是否能够使其完成集权。横征暴敛固然来钱快，但是也会激起反叛，特别是当地方贵族实力和国王实力相差不远时，贵族们很可能会联合起来把国王赶下台。此外，商人、市民阶层、农民也可以通过"用脚投票"（迁徙到其他国家）抛弃自己的君主。这一时期，决定制度变迁路径的关键因素是国家财政状况和王国内潜在的约束王权的力量。

---

❶ 法国直至大革命后才结束封建专制。

第六节　工业革命为什么发生在英国

17世纪后期，在经历了20年的显著经济增长后，英格兰变成了一个更具活力、更城市化和商业化的社会，制造商、城市居民、殖民地商人变得更加富裕。很多人认为，随着英格兰变为一个贸易国家，政治权力也相应地发生了变化。资产阶级代表进入英国下议院，议会的亨利·卡佩尔爵士认为，政治信任出现在"财产最多的地方"，而对他来说"英格兰的财产在下议院"❶。更重要的是，在英国，平民阶层与资产阶级乃至部分贵族联合成为约束专制王权的强大力量。我们不妨援引法国历史学家托克维尔在其经典著作《旧制度与大革命》中对于英国国内各阶层联合在一起的描述：

使英国不同于欧洲其他国家的并不是它的国会、它的自由、它的公开性、它的陪审团，而是更为特殊、更为有效的某种东西。英国是真正将种姓制度摧毁而非改头换面的唯一国家。在英国，贵族与平民共同从事同样的事务，选择同样的职业，而更有意义的是，贵族与平民间通婚。最大的领主的女儿在那里已能嫁给新人，而不觉得有失体面。如果你想知道种姓及其在人民中造成的各种思想、习惯、障碍是否已在那里最后消灭，那就请你考察一下婚姻状况。只有在这里，你才能找到你未发现的带有决定性的特征。在法国，甚至到了今天，民主虽已有了60年之久的历史，你也常常找不到这种特征。旧

---

❶ 斯蒂文·平卡斯，詹姆斯·罗宾逊. 光荣革命期间到底发生了什么？[J]. 比较, 2011(6).

的世家和新的家族在所有方面似乎已融为一体，然而还是百般避免联姻。英国贵族较之其他贵族，一向更谨慎、更灵活、更开放，这种特点常引起人们注意。必须提及的是，长期以来，在英国已不存在那种严格意义上的贵族……

阿瑟·扬，他的书是现存有关旧法国的最有教益的著作之一，他讲到有一天在农村，他来到利昂古尔公爵家，表示想和附近几个最能干最富裕的种田人了解些情况。公爵便叫管家把他们找来。这位英国人对此发表议论说："在英国领主家，可以请三四个庄稼汉来和主人全家一起吃饭，并坐在上流社会的贵妇人们当中。这种事我在英国至少见到过一百次。可是在法国，从加来到巴约讷，这种事哪里也寻不到……"

从天性来说，英国贵族比法国贵族更加傲慢，更不善于与所有地位低下的人打成一片；但是贵族处境迫使他们有所收敛。为了维持统治，他们什么都能做。在英国，几个世纪以来，除了有利于贫苦阶级而陆续推行的纳税不平等外，其他捐税不平等已不复存在。请思考一下，不同的政治原则能将如此邻近的两个民族引向何方！18世纪在英国享有捐税特权的是穷人；在法国则是富人。在英国，贵族承担最沉重的公共负担，以便获准进行统治；在法国，贵族直到灭亡仍保持免税权，作为失掉统治权的补偿……

在斯图亚特王朝的统治下，英国国王信奉"君权神授"，即国王不对民众负责，只对上帝负责，他们厉行专制，干预工商业的发展，触犯了资产阶级和新贵族的利益，于是他们要求限制王权，同国王展开斗争。随后爆发了所谓的"光荣革命"，议会力量驱赶了试图恢复专制的詹姆斯二世（这一过程中，宗教因素也是一个重要原因），由威廉和玛丽共同统治英国。为了避免当年詹姆斯二世的历史重演，英国决定以法律形式限制国王的权力，于是在议会上、下两院共同召开的全体会议上，向威廉和玛丽提出了一个"权利宣言"，要求国王以后未经议会同意不能停止法律的效力，不经议会同意不能征收赋税。英国议会颁布《权利法案》，英国走上了宪政之路。

第五章　何以解释大分流

绝大多数历史学家都认为，光荣革命改变了英国制度变迁的路径，使得英国迅速走上宪政和资本主义道路。在光荣革命（1688年）之后，无论是从议会召开的天数还是立法数量上看都有了大幅增长，国家政治决定大多需要经过议会同意，尤其是在征税的问题上，没有议会同意，国王无法提高税率或新增税源，即"无代表不纳税"，见图5-2。

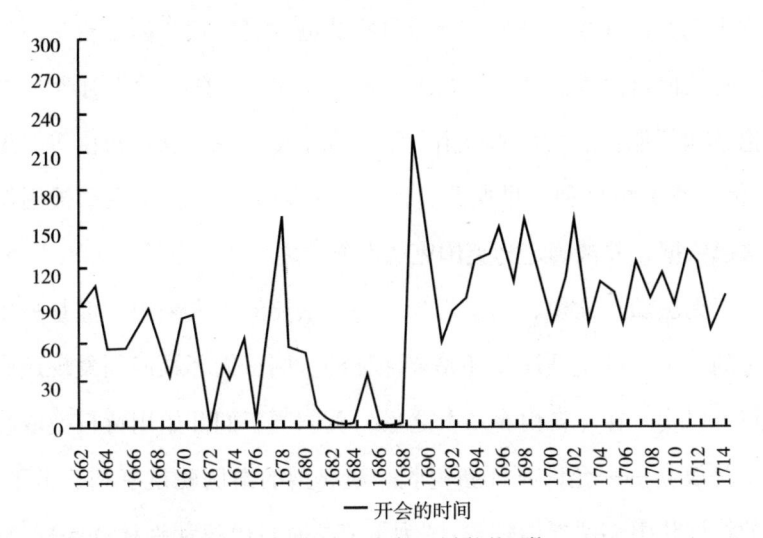

1662～1714年每年下议院召开会议的天数

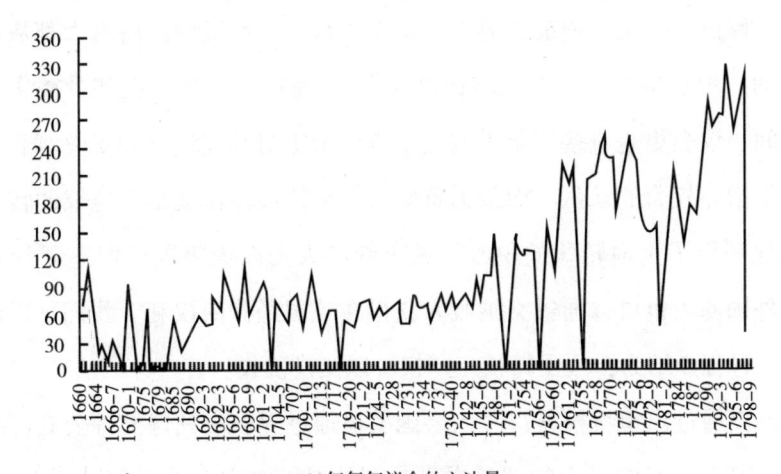

1660～1798年每年议会的立法量

图5-2　英国议会召开天数和立法数量

资料来源：斯蒂文·平卡斯、詹姆斯·罗宾逊：《光荣革命期间到底发生了什么？》

光荣革命并不是第一次英国各阶层联合起来反对国王。早在光荣革命发生400年前，英国的封建领主、教士、骑士和城市市民就联合起来逼迫约翰王签订了《自由大宪章》。其主要内容是，保障封建贵族和教会的特权及骑士、市民的某些利益，限制王权。规定非经贵族会议的决定，不得征收额外税金；保障贵族和骑士的采邑继承权；承认教会自由不受侵犯；归还原侵占的领主土地、抵押物和契据；尊重领主法庭的管辖权，国王官吏不任意受理诉讼，对任何自由人非经合法判决，不得逮捕、监禁、没收财产或放逐出境；承认伦敦和其他自治城市的自由；统一度量衡，保护商业自由等。虽然此后《自由大宪章》被亨利三世撕毁，但是在光荣革命中，大宪章被用作争取权利的法律依据，并被确定为英国宪法性文件之一。

由于无法随意征税，国王们少了一个重要的收入来源，但是战争还是无可避免的，王室的生活质量还是要保证。国王们环顾四周发现还剩下手中的特权可以卖。在《自由宪章》之后，英国国王们开始用特权换取收入，而买家就是议会——允许开征新税收。最典型的案例就是亨利三世于1225年批准的特许状中赤裸裸地宣告："为了能享有自由权和森林特许权，大主教、主教、修道院院长、伯爵、男爵、骑士、自由民和王国的所有人都从他们全部的动产中拿出十五分之一转让给我们。"而在爱德华一世和爱德华三世在位期间，议会更是直接用货币购买了两位国王对其立法、调查弊端和分享国家政策指导权力的承认。而最为重要的一个特权转让就是土地权的转让，国王因此获得了土地转移的税收。城市的商人则以销售税换取垄断和贸易特权，外国商人也可以通过交纳收入获得在英国经营的权利。我们可以简单地将这一过程归结为：授予特权—产权—以交换税收。

不仅通过出售特权获得收入，国王还通过提供权利保护等公共产品换取收入。其中，影响最大的就是提供专利的保护，它有助于鼓励创新、发明。在工业革命发生之前，英国对产权作出了可靠的承诺、专利、独立司法、宪政、自由市场等资本主义制度，这极大激发了贸易、分工以及创新的发展，工业革命只是制度变迁、确立的最终产物。

反观英吉利海峡另一边的法国，15世纪的法国早期也是一个权力分散、外敌（英国）入侵的国家，但是在这个时期，法国出现了一个有作为的君主——查理七世。在圣女贞德的帮助下，他通过一系列的征战完成了外驱入敌、内平反叛的大业，权力逐步集中到国王手中，特别是三级会议拱手让出了征税权后，王权进一步得到巩固。除了拥有征税权，法国国王还通过出售官职来获取收入，并且这一收入逐渐成为法国财政的重要组成部分。随着官位售出的数量越来越多，官僚队伍日益庞大，法国建立了自上而下的官僚体制，这进一步巩固了专制统治。后期，由于可供出售的实职官位越来越少，国王出售的许多职位都只是一个称号，但是，购买官位者可以免税。税收上的不平等撕裂了社会的各个阶层。

购买官位者往往是地主、商人，托克维尔在《旧制度与大革命》中写道："资产者对于担任这些职位所抱的热情真是前所未有。一旦他们中间有谁自觉拥有一笔小小资本，他便立即用来购买职位，而不是用于做生意。"他们购买官职后与贵族一样不用纳税，成为封建专制的附庸，只有普通市民阶层和农民需要缴税。因此，法国无法形成一个像英国那样基于共同利益而联合起来的反对王权的强大力量。

道格拉斯·诺斯认为，西欧不同国家出现不同演化方向的原因在于统治者和选民不同的谈判力量及决定谈判力量的三种根源：国家提供财产保护时选民可以获得的利益，替代当前统治者的难易程度，决定各种税收收益的经济结构。

但是，至19世纪末，西欧主要国家都走上了资本主义发展的道路，例如，封建专制在法国大革命后走向终结。如果我们站在更加宏观的角度去看待西欧制度变迁就会发现，正是由于西欧存在许多民族国家（很多国家国土面积和人口都小于中国的一个省），不同国家外在约束不一致，在制度变迁过程中发展出了各种各样的社会组织和制度。这客观上给西欧提供了一个不同制度的试错过程，在这一过程中，各种不同制度孰优孰劣则会体现在国家的综合国力上。民族国家间的激烈竞争会给统治者带来强大的压力，迫使他们去创造性地模仿先进的制度，以提高经济效率并巩固政权。从这个意义上来说，资本主义制度发展的动力在于欧洲缺少一种统一的政治力量。

第七节　谨防南橘北枳

西欧之所以能在黑暗的中世纪孕育出较封建制度更加先进的资本主义制度，一定程度上得益于分封制下的贵族和基督教会对王权的约束。而在中国，制度却是朝着另一个方向演化。

尽管我们常说中国长达千年的封建历史，但是这里的"封建"一词与西欧的"封建"并不能视作同样的意思。我们使用的"封建"一词更多是从马克思主义政治学承接过来的。周朝时期，分封制背景下，天子将土地分封给各诸侯，随着诸侯势力的扩张，朝代后期，天子已无法号令诸侯，只是名义上的统治者，有时甚至还要看诸侯的脸色行事。但是，自秦始皇统一六国后，除短暂时期（如汉初）外，绝大多数历史时期中国都是中央集权的王朝，用《诗经·小雅》里的一句话概括就是"普天之下，莫非王土，率土之滨，莫非王臣"。皇帝是天下共主，自皇帝以下，任何人都只能称臣听命于皇帝。在中央有六部等机构，而在地方则是郡县制。无论是六部官员还是各级地方官员，都由皇帝任命。而在郡县以下，则是以宗族为依托的准自治。

在村庄，个人依靠自己的家族维持生计，宗族为其成员提供贫困救济、教育、宗教服务以及其他地方性公共产品（如修路、农田水利建设），个人主要的社会关系在宗族内建立。宗族族长具有很高的权威，他裁定宗族成员间的纠纷，维持宗族内的秩序，尽量不让宗族成员的纠纷发展为官府的诉讼。在发生战争等动乱时，宗族甚至可以组织地方民团进行防御。宗族的地位在清朝获得法律承认❶，族长被授予承嗣权、教化权、经济裁处权、治安查举权、对族人的生杀权等各项权力。在清朝中期，全国只有两千名左右的基层行政官员的职位，再加上一千五百名左右的教职，按官制，全国官员只有两万多名文官和七千名武官❷。仅靠有限的官员显然无法统治地域广阔的国家，要维护国家秩序和安定，捍卫至高无上的皇权，就需要将国家的组织形式和家族宗法关系进行合理有效的结合；而家族要保证子孙兴旺、富贵则需要一个坚定稳固的统治体系来庇护，中国形成了一种"家国同构"的宗法制度。

在思想上，儒家学说在历史上占据重要地位。相比于强调法律义务的法家思想，儒家思想将血亲之间的道德义务（即孝道）视为社会秩序的基础，强调无条件服从君、父的"三纲五常"❸。个人的人身自由和财产常被束缚在宗族范围内。在欧洲，自由民以及摆脱农奴身份的农民得以自由流动，极大促进了城市发展；城市居民根据自身的利益而非血亲关系建立起组织，基督教教义成为非亲属之间的道德义务。在中国，宗族内部的忠诚要求以及孝道义务阻碍了个人的自由迁徙，限制了城市化、城市规模和自治。中国的城市化率在11～19世纪保持在3%～4%；而欧洲的城市化率上升到10%左右❹。在中国，即使是在城市，人际间关系也是建立在宗族血亲关系上，例如城市中遍立的同乡会馆，组织远途贸易的"主导形式"也是宗族和区域性的商

---

❶ 雍正四年（1726年），清政府专门规定这些村庄可以不编保甲，以宗族组织来代行保甲之职。

❷ 费正清.剑桥中国晚清史（上卷）[M].中国社会科学院历史研究所编译室，译.北京：中国社会科学出版社，2006.

❸ 三纲指父为子纲、君为臣纲、夫为妻纲。五常指仁、义、礼、智、信。

❹ 阿夫纳·格雷夫，圭多·塔贝里尼.文化和制度分化：中国与欧洲的比较[J].比较，2011（4）.

人团体。在官场亦能发现宗亲的烙印，民国时期山西省流传着一句话"会说五台话，便把洋刀挎"，说的就是山西军阀阎锡山最重用自己家乡五台县人。基于宗族血亲关系的人际交往，限制了交易的范围，无法发展出非人格化交易，更无法产生市民阶层。

长期以来，作为幅员辽阔的中央集权国家，中国周边几乎不存在更加先进的竞争对手。尽管在中国历史上，来自北方的草原民族多次入侵并占领中原腹地（元、清均为少数民族建立的王朝），但是这些民族在物质和文化上均远落后于中原地区，其统治者要维持统治必须学习中原文化以及沿用中原制度，正所谓"马上得天下不能马上治天下"。周边国家或为中国的藩属（如朝鲜、越南），或以中国为学习模仿的对象（如日本），客观上缺少一个像欧洲那样不同制度的试错过程以及民族国家间的激烈竞争所带来的压力。皇帝们几乎不会关注帝国以外的世界，比如，清朝皇帝深信"天朝物产丰富，无所不有，原不假外夷货物以通有无"[1]，而祖宗之法是万万变不得的。在外无强敌、内无挑战者的情况下，皇权得以实现专制，内部变革更是无从谈起。

在西方，王权统治世俗生活，教会统治精神生活，教会与王权各管一块，且相互制约。而在中国古代，没有任何一个宗教势力能够约束皇权，皇帝名为"天子"，本身就具有神性，无论是佛教还是道教，并不反映社会和文化的共识，国家掌控各式祭司团体，从不承认比国家本身更高的宗教权威。因此，可以认为古代中国在一定程度上是"政教合一"。西方道德乃至法律约束出自宗教，而在中国则是通过科举控制人的精神生活。科举制在本质上是皇帝控制文人的工具，而儒家文化的"忠""孝"则是整个国家意识形态的代表。与独立于王权的基督教会不同，科举制从一开始就是皇帝创造出来的，皇帝本人就是最后一场考试"殿试"的主考官，考试的内容只限于

---

[1] 乾隆皇帝致英女王的信。

"四书五经"。科举制度导致国家里不存在真正有力量的、独立的知识机构，从而也就没有任何制度性的知识力量能够挑战皇权❶。设立科举制度就是为了消除晋朝以来的门阀制度——少数几个大家族垄断朝廷官职，形成"上品无寒门，下品无世族"的态势，势力足以与皇权并立，甚至超越皇权。科举制度使得贫寒子弟也可以通过"苦读圣贤书"进入官场，改变了官员遴选看出身的门阀制度，从而消除了贵族世家对皇权的威胁，可谓从精神到世俗层面一举两得地巩固了皇权。

科举制度对中国发展的负面影响不仅在于巩固皇权，使得中国无法孕育出宪政和法治，而且扼制了中国科学技术的发展。著名经济学家林毅夫认为，"中国的科举制度所提供的特殊激励机制，使得有天赋、充满好奇心的天才无心学习数学和可控实验等对科学革命来讲至关重要的知识"❷。尽管一些创新可能来自生产实践的经验，但是现代经济所依赖的科技创新则更多依靠数学、物理、化学等学科体系的建立。在长达千年的中世纪，欧洲科技的发展几乎为零，但是却在16世纪爆发了一场科学革命，短短不足200年间涌现了大量的科学家与科学理论。哥白尼、牛顿、拉瓦锡、第谷、开普勒、伽利略……很多普通人耳熟能详的大科学家、数学家、发明家都涌现于这个年代。欧洲在如此短的时间走在了时代的前沿，如果说是基督教会的作用，一定会让很多人大跌眼镜，很多人认为宗教与科学是一对天生的"敌人"，但是历史就是充满了各种矛盾。

科举制下，所有人都只关心四书五经，至于所学知识是否经世致用则无人关心，因为考试的目的就是做官。反观基督教，尽管时常涉及世俗事务，但是不可否认的是，仍然有大量的神职人员和虔诚的教徒关心的是神学，他

---

❶ 许成钢. 科举制与基督教会对制度演变的影响：宪政与宗教文化制度 [J]. 比较，2012（3）.

❷ 林毅夫. 李约瑟之谜、韦伯疑问和中国的奇迹——自宋以来的长期经济发展 [J]. 北京大学学报(哲学社会科学版)，2007（4）：5-22.

们关心世界是如何被创造的。这一过程就需要了解万物，了解万物也就是研究自然科学。由于教会独立于世俗王权，教士们可以自由探讨，许多科学家都是抱着探究这些的信念开始自己的研究。

著名的例子当属大科学家牛顿。牛顿本人就是一个虔诚的基督徒，终其一生都在用科学的方式来理解神学。同样，哥白尼的"日心说"也是起源于宗教的争议。基督教认为人在宇宙的中心，太阳、月亮和数不尽的星辰都围绕着人来转。哥白尼不仅是一名基督教徒，而且是职业教徒——弗龙堡大教堂教士，他的天文观测台就是建在教会的小角楼上（天文学起源于教会的占星术），他正是通过观察和计算提出了"日心说"理论。因为违背当时教廷的学说，"日心说"被斥为"异端邪说"，哥白尼本人也受到教廷的威胁和迫害，心有余悸的他直到临死之前才同意出版《试论天体运行的假设》一书。而布鲁诺更是因为宣扬"日心说"被罗马教廷烧死。得益于马丁·路德的宗教改革打破了天主教一统天下的局面，欧洲出现了不同教派（路德宗、达尔文教、英国国教、新教、清教……），而不同的教派对教义有了不同的阐释。教义吸引了更多的人去研究自然，从而在宗教的引导下进入科学领域。宗教以直截了当的方式赞许和认可了科学，并通过传播科学提高了人们对科学的的兴趣，同时也提高了社会对科学探索者的评价。

此外，教会内部关于神学的辩论促进了理性逻辑思维的发展。教会内部常常会为一些今天看来极其无聊的问题发生争论。但是，这些争论并不是意气之争，而是建立在逻辑推论之上。尽管有些争论本身看起来毫无意义，但却是通过逻辑推论去探讨未知的现象。这种建立在逻辑推导上的理性精神扩散到哲学、自然研究，并最终催生了一场思想解放运动——启蒙运动。因"我思故我在"这句话而被大家所熟知的启蒙运动先驱者笛卡尔，就是希望运用理性思维去研究神学。因此，从这个角度看，包括宗教在内的文化在经济增长过程中扮演着重要的角色。

自由、产权保护、竞争、法治是经济发展的重要制度保证，但这并不代表就要照搬西方发达国家的整套资本主义制度。从本章内容我们可以看出，中世纪还处于愚昧和贫穷状态的西欧在短短百年间崛起，并最终发展出了资本主义制度，这一过程有其特殊的历史性及偶然性。不同地域、不同文化、不同国家都有其自身的特殊性，因此也必然不存在所谓的普世价值观或者制度。自负的西方社会曾认为其资本主义制度适用于全世界，并试图在许多发展中国家推行这一制度。中国有一个成语"南橘北枳"，出自《晏子春秋·杂下之十》，原文为"橘生淮南则为橘，生于淮北则为枳，叶徒相似，其实味不同"，意思就是橘树生长在淮河以南的地方就是橘树，生长在淮河以北的地方就是枳树，只是叶相像罢了，果实的味道却不同。同理，不顾一国的国情、民情、文化，试图将自身的制度"移植"到他国也必然导致"南橘北枳"的结果。每个国家都必须从自身的历史、文化、国情出发探索出符合自身发展实际的制度。

第六章
走向共同富裕的中国

第一节 "中等收入陷阱"是真的陷阱吗

2021年,中国人均GDP已经达到12551美元。这个数字意味什么?在2021年7月以前,世界上高收入国家的门槛是12535美元。如果按照这个标准,我国已经跨过了高收入国家的门槛。尽管在2021年7月,世界银行、联合国做了调整——高收入国家门槛是12695美元,但即使按新的标准来看,高收入国家的门槛也是"近在咫尺",跨过去也只是时间的问题。那么,我们是不是已经成功跨越了所谓的"中等收入陷阱"呢?

"中等收入陷阱"一词首次出现于世界银行于2007年发布的一份题为《东亚复兴:关于经济增长的观点》的报告。这一概念一经提出,就引起了学者们的广泛关注。在1960年的101个中等收入经济体中,到2008年只有13个成为高收入经济体,它们是欧洲的希腊、爱尔兰、葡萄牙、西班牙,亚洲的日本、韩国、新加坡、中国香港、中国台湾,中东的以色列,美洲的波多黎各,非洲的赤道几内亚和毛里求斯。其余的88个国家或地区要么继续停留在中等收入阶段,要么下降为低收入国家或地区,也就是说87%的中等收入经济体,在将近50年的时间跨度里,都无法成功突破中等收入阶段进入到高收入阶段❶。如果从这个数字看,确实存在一个难以跨越的"陷阱"。

我们不妨换个角度,从收入划分的角度来看,按照世界银行2021年的划分标准,人均国民收入在1046～4095美元的经济体都属于中低等收入国

---

❶ 世界银行和国务院发展研究中心联合课题组.2030年的中国:建设现代、和谐、有创造力的社会[M].北京:中国财政经济出版社,2013.

家（或地区）；人均国民收入在 4096 ~ 12695 美元的经济体都属于中高等收入国家（或地区）；高收入国家的门槛则是 12535 美元。也就是说广义的中等收入国家的门槛是 1046 美元。一个刚刚进入中等收入的国家（人均国民收入 1047 美元）需要在多长的时间内保持怎样的经济增长才能进入高收入国家的行列呢？这是个简单的算术问题，一个刚进入中等收入阶段的国家要"升级"到高收入阶段，需要其人均国民收入实际增长到原来的约 12 倍。如果我们把时间跨度设为 50 年，那么一个刚进入中等收入的国家在 50 年内跨进高收入国家行列，其人均国民收入年均增长率必须保持在 5% 以上。而在过去 50 年中，人均国民收入年均增长率达到或者超过 5% 的国家只有 5 个，分别是中国、博茨瓦纳、新加坡、韩国和赤道几内亚❶。因此，从数字的角度看，若非奇迹出现，要走出中等收入陷阱几乎是一个不可能完成的任务。因此，很多经济学家认为中等收入陷阱是一个伪命题。

我们不能否认一个现实——许多中等收入国家在经历了经济高增长之后会陷入长期的停滞。抛开纯数字的测算，从发展的角度去看待中等收入陷阱的问题，对中等收入陷阱的一个界定就是一国进入中等收入阶段之后，经济增长出现停滞或者负增长❷。因此，中等收入陷阱并不是不存在，而是如何去界定。应该将这个"陷阱"视为经济发展停滞的"陷阱"。

经济学家们普遍认为，原先经济高增长的中等收入国家会突然陷入停滞，其原因在于原有的资源禀赋不复存在，而新的增长模式却没有发展出来。中等收入国家在增长末期普遍会面临以下几个问题：一是农村剩余劳动力耗尽，人口老龄化；二是经济增量主要来自服务业而非原先的制造业；三是资本边际收益快速降低；四是经济接近技术前沿，必须从技术引进转向本土技术创新；五是贫富差距拉大。

我们不妨对照着上述五点内容来看，已经迈入中高收入国家的中国是否

---

❶ 姚枝仲. 什么是真正的中等收入陷阱？[J]. 国际经济评论，2014（6）：75-88+6.
❷ 同❶.

也面临着"中等收入陷阱",我们是否能跨过?关于第三点——"资本边际收益快速降低"的问题,我们在第二章已经详细讨论过。资本边际收益快速降低的原因归根结底在于技术创新不足。原先外资的流入不仅带来了资本,还带来了国外的先进生产技术和管理理念,但是随着一国的技术越来越接近世界技术前沿,技术的引进(尖端技术一般难以引入)和模仿的空间愈加缩小,如果不能建立本土创新机制,那么资本的投入只会带来重复建设,并不会带来新的经济增长。因此,第三点和第四点问题是联系在一起的,而我们在第四章也谈到了创新关于建立好的激励机制(游戏规则),好的激励机制包括知识产权保护、自由、竞争等,这又需要建立一系列制度。

自改革开放以来,中国政府就一直不断进行改革和制度完善。以产权保护领域改革为例,以前常被外商诟病的就是这一领域。根据世界知识产权组织发布的《2021年全球创新指数报告》显示,2021年中国排名已跃升至第12位,位居中等收入经济体之首,成为世界上进步最快的国家之一。根据国家知识产权局发布的数据显示,2021年,中国知识产权创造量质齐升,全年共授权发明专利69.6万件,每万人口高价值发明专利拥有量达到7.5件,较上年提高1.2件。自1985年《专利法》实施以来,我国专利申请总量达到第一个100万件用了15年,达到第二个100万件用了4年2个月,达到第三个100万件用了2年3个月,达到第四个100万件仅用了1年6个月,达到第五个100万件只用了1年4个月时间,中国知识产权运用效益加速显现。党的十九届六中全会还将"强化知识产权创造、保护、运用"写入《中共中央关于党的百年奋斗重大成就和历史经验的决议》,这是知识产权首次写入党的重大历史决议。

而在保障自由竞争和反垄断方面,2020年底,中央政治局会议提出"强化反垄断和防止资本无序扩张"。2021年2月7日,国务院反垄断委员会印发《关于平台经济领域的反垄断指南》,提出促进平台经济规范有序创新健康发展。垄断是如何形成的?为什么反垄断会以法律的形式予以确立?

在古典经济学理论中，当个体自私地追求个人利益时，个体就像被一只看不见的手所引导去实现公众的最佳福利。在完全竞争条件下，仅依靠市场这只"看不见的手"的调节，就能使各种资源得到充分、合理的利用，实现社会资源的有效配置。但是，20世纪30年代席卷世界的"大萧条"告诉人们，市场并不是万能的，依靠市场自发的力量不仅无法保证完全竞争，还会产生垄断。

由于规模经济的存在，某些产品由单一企业供应整个市场的成本小于多个企业分别生产的成本之和，由单个企业垄断市场的社会成本最小，这被称为自然垄断。自然垄断主要存在于供水、供电、供暖等公用事业领域。此外，我们在第二章前文谈过，在网络效应下市场也会出现"赢者通吃"的现象，而当前部分互联网平台垄断现象则是"赢者通吃"最好的例子，这可以被视为市场垄断。除了市场垄断和自然垄断是由市场自发的产生，还有一种垄断则是由于政府行政干预导致的垄断，这在经济学里被称为"行政垄断"。行政垄断主要有两种表现形式：地区垄断和行业垄断又称为"块块专政"和"条条专政"。地区垄断指的是地方政府或其职能部门利用其行政权力设立市场壁垒的行为。地区封锁的表现可归纳为两大类：一是限制外地商品进入本地市场；二是限制本地商品、原材料及技术流向外地市场。行业垄断指的是政府或政府的行业主管部门为保护其特定行业的企业及其经济利益而实施的排斥、限制或妨碍其他行业参与竞争的行为❶。

那么垄断对经济会有影响？为什么要反垄断？客观来说，反垄断并不是简单的限制企业规模，大型企业能带来更高的效率，如果企业做大是市场竞争的结果，那么这并不构成垄断。只有当已经处于垄断地位的企业采用操纵价格、划分市场、价格歧视、联手抵制、非法兼并等不正当手段排斥竞争，使消费者的利益受到威胁的时候才构成"行为垄断"。垄断行为对经济的影响主要体现为三个方面：遏制创新、扭曲要素市场和拉大收入分配差距。垄

---

❶ 过勇，胡鞍钢．行政垄断、寻租与腐败——转型经济的腐败机理分析[J]．经济社会体制比较,2003(02):61-69+129．

断者想方设法保持自己的垄断地位，扼杀任何可能竞争者的出现，在第五章，我们就以微软利用垄断地位扼杀网景公司的例子详细说明了这一点。垄断企业不仅利用垄断地位扼杀竞争者，其本身也会因满足于垄断所带来的高利润而停下创新步伐。美国学者的研究发现，企业规模与研发投入存在着倒"U"形的关系，即存在一个企业规模的临界值，在临界值之前，企业研发强度随规模而增加；而在那些超出临界值的企业中，其研发强度甚至随规模下降❶。由此不难看出，许多大型企业在获得垄断地位前，为了在竞争市场中不断发展，会不断追求创新和效率提升，而在获得垄断地位后，却从原先的创新企业蜕变为寻租企业❷。

如果说扼杀创新是垄断在发达国家表现出来的特征，那么垄断所导致的资源错配和收入分配不均等问题则在发展中国家，特别是转型国家中表现得尤为明显。这是因为在转型国家中，企业的垄断地位不是在竞争中形成的，而是行政干预的结果。这些企业往往控制着产业上游，不仅垄断自然资源开采、进口特许等，还可以获得大量廉价资金，其利润并非来自自身创新和效率提高，而是来自对资源的垄断。这就使得资源没有得到有效配置，进而阻碍经济增长。垄断企业获得的超额垄断利润自然也会体现在垄断行业从业人员的高额工资和较优的福利待遇上。我国学者的研究发现，相较于竞争行业，垄断行业高收入中不合理部分的比重超过60%。行业垄断已经成为目前我国收入不平等，尤其是城镇职工收入差距的重要成因之一❸。

从更高层次角度来看，保障自由竞争和反垄断则是防范资本的无序扩张。按照资本来源划分，我国资本积累过程大致分为三个阶段：第一阶段为

---

❶ 吴延兵.企业规模、市场力量与创新：一个文献综述[J].经济研究,2007(05):125-138.
❷ 与通过创新追求经济利益不同的是，寻租行为只会增加寻租者的利益，即并不会做大"蛋糕"，而是分食更多的"蛋糕份额"。
❸ 岳希明,李实,史泰丽.垄断行业高收入问题探讨[J].中国社会科学,2010(03):77-93+221-222.

改革开放初期，我国吸取拉美债务危机经验教训❶，主要以外资直接投资方式吸引国际资本。第二阶段自我国加入世界贸易组织到2008年金融危机前，我国资本形成的资金来源逐步演进为外资和内资双轮驱动的模式。这主要得益于随着国家经济不断增长，国民收入增加，企业、居民储蓄不断提高。第三阶段为2008年金融危机后，国内资本重要性大大提高，而且资本来源结构发生重大变化。例如2017年末，固定资产投资中的国家预算内资金高达38741.71亿元，而利用外资仅为2146.32亿元。此外，相较于以往以银行贷款作为主要资金来源，近几年自筹资金、股权投资、股票市场、债券市场和海外融资等资本运作成为资金的重要来源。在产业层面，部分产业资本相对独立运营，以资本投资集团、资本运作平台、产业基金、私募基金、信托计划等方式参与到资本无序扩张之中，乱私募、假信托、伪基金等现象偶有发生，逐步形成异化的产业资本❷，部分企业甚至出现"大而不能倒"的现象。这不仅涉及垄断，而且严重影响了金融稳定和经济发展。因此，加强资本监管是维护经济健康持续发展的必要手段，这些举措也充分彰显了我国的制度优势。

在部分西方国家，政治力量并不能约束资本的扩张，反倒是资本通过"金钱"打开了扩张的通道。2008年金融危机爆发后，美国政府出资近万亿美元去救助那些危机的制造者——华尔街大大小小的金融机构，而那些一手导演了危机的华尔街高管们在离开公司时甚至还能获取几千万乃至上亿美元的补偿金❸。金融危机后，奥巴马政府痛定思痛，于2010年7月推出了《多

---

❶ 拉美国家，如阿根廷、巴西引进外资主要是通过债务融资的方式而非投资的方式。相较投资形式，债务融资出入更加快捷，且期限较短，容易导致债务国应无力偿还债务而出现债务危机。

❷ 郑联盛.防止我国资本无序扩张的监管对策[N].人民论坛，2022-04-09.

❸ 在华尔街术语里，这种补偿方式被称为黄金降落伞（Golden Parachute，又译为金色降落伞），是指企业的高级管理层在失去他们原来的工作后，公司从经济上给予其丰厚保障，这种补偿方式最早产生在美国。"黄金"意指补偿丰厚，"降落伞"意指高管可规避公司控制权变动带来的冲击而实现平稳过渡。这种让收购者"大出血"的策略属于反收购的"毒丸计划"之一，其原理可扩大适用到经营者各种原因的退职补偿，而这些补偿包括股票期权、奖金、解雇费等。

德—弗兰克法案》，其要点包括扩大监管机构权力、设立新的消费者金融保护局和采纳"沃克尔法则"。该法案极大约束了华尔街金融机构的扩张能力，因此遭到代表大资产阶级利益的共和党的反对。2017年，时任美国总统特朗普签署了行政命令，要求全面重新审核2010年为应对全球金融危机而推出的《多德—弗兰克法案》。特朗普认为，这项金融监管法案是"一场灾难"。于是，资本在美国政治生活中的声音比以往更加响亮，数以千计的政治掮客活跃于国会和各个政府部门，他们代表各种利益集团形成独具特色的游说团体。美国电视剧《纸牌屋》里的角色雷米·丹顿就是典型的现实代表，他在华盛顿拥有极大能量，可以通过捐款等方式贿赂议员乃至总统，阻止不利于其背后利益集团的方案通过。在美国，无论是参选国会议员、州长还是总统，都需要雇佣竞选团队、投放宣传广告，这些举动无疑需要大量的金钱，在一定程度上金钱决定了候选人胜选的概率，这是这一政治制度所固有的顽疾。

必须指出的是，资本是基本的生产要素之一，是一国经济发展不可或缺的要素，也是我国改革开放四十余年来取得辉煌成就的基本支撑，是未来国内大循环顺畅化和市场经济体系现代化的"血液"❶。资本并不是天生就具有剥削性，关键在于如何使用：要防止资本沦为投机的工具，引导资本更多服务于科技自主创新、经济高质量发展、碳中和与碳达峰、数字普惠金融、乡村振兴和共同富裕等国家战略。资本的扩张及流向不仅影响一国的经济增长，资本与劳动的要素分配也是收入分配改革中的重要一环。

---

❶ 郑联盛.防止我国资本无序扩张的监管对策[N].人民论坛，2022-04-09.

第二节 贫富差距，谁之过

收入分配不公导致的贫富分化会阻碍经济可持续发展，这是被学者提及最多的"中等收入陷阱"成因。贫富差距一直是人类关心的话题，毕竟这个事情大到关乎社会稳定，小到关乎个人生活质量。2014年，法国经济学家托马斯·皮凯蒂的《21世纪资本论》一书，再次引爆了这个话题。

普通人往往将贫富差距完全归咎于不平等，贫富差距和不平等似乎是"孪生兄弟"。其实，这话有失偏颇，关键在于"完全"二字。因为即使是机会均等也会有贫富差距。经济学家李迅雷在《全球贫富百年变局：从一个数字游戏说起》一文中做了一个模拟。他用一个数字游戏来模拟市场中的交易行为。假定总共有200个人参与这个游戏，每个人的初始财富值都是100元，绝对的平均分布。在每一轮游戏中，每个人将自己的1元钱随机送给另一个人，并且每个人获得钱的概率都相同。然后重复这个游戏2万次。结果显示，随着游戏次数的不断增加，财富在人群中的分布越来越不平均。当游戏玩到2万次的时候，财富最多的20%的人占有了接近50%的社会总财富。这种由少数人掌握多数财富的分布，在统计学上称为幂律分布，也叫作帕累托分布。

然而，现实中人与人之间是有天赋差异的，一部分人可以比普通人更聪明、更努力或者运气更好。为了更贴近现实，李迅雷进一步修改了游戏规则，假定每个人的初始财富是不一样的，但每一轮获得收入的机会是均等的，以此考察初始财富值对最终财富分布的影响。结果显示，初始财富最少的"穷人，最终只有13%能够进入"富"人的行列；初始财富最多的"富"人，最终只有5%会"堕落"为穷人。以小窥大，纯粹从概率上来说，即使在最公平的规则下，"穷人逆袭"也很困难，而富人穷困潦倒的概率也很低。财富的变化具有很强的路径依赖性，打破个体间贫富差距的难度是很大的。

引用这个例子不是说赞成扩大贫富差距，而是指出即使在客观平等的情况下也会自然产生贫富差距。如果单单从效率上讲，一定程度（相对均富而言）的贫富差距是好的，均富会导致个人追求财富的动机减弱。如果我通过自己努力或者承担风险（比如创造一个发明、开发一个新产品）所得到的财富大部分被拿走（高税收），那我为什么要努力，或者说去承担风险？硬币的另一面是，如果不需要努力我就能过上体面的生活，那我没必要去工作。

但是，凡事都有个度，贫富差距不能超过兼顾效率所需要的度。经济学家托马斯·皮凯蒂认为，金融资产是拉大贫富差距的重要因素。他的研究发现，随财富层级升高，房地产的重要性急剧下降：在平均财富为100万欧元的人群中，房地产约占其总财富的一半；在平均财富处于200万到500万欧元之间的人群中，房地产占总财富的份额不到三分之一；而在平均财富为1000万欧元以上的人群中，其主要财富形式则是股票等金融资产。

托马斯·皮凯蒂通过对18世纪工业革命至今300多年的财富分配数据进行分析，发现投资回报平均维持在每年4%~5%，而GDP平均每年增长1%~2%。5%的投资回报意味着每14年财富就能翻番，而2%的经济增长意味着要35年整体经济规模才能翻番。在100年的时间里，有资本的人的财富增长了128倍，而整体经济规模只会比100年前大8倍，显然资本收入所占有的份额远大于劳动收入的份额。

最近十几年，经济金融化的现象愈发明显，美国一轮又一轮量化宽松政策使得资金更多地流入金融市场而不是实体经济。资产价格的高涨进一步拉大了经济差距。工薪阶层的劳动收入增速远比不上资本回报率增速。这背后反映的是以华尔街为代表的精英阶层拥有更大的话语权。金融危机的爆发并不会改变贫富差距扩大的现实，改变的只是贫富差距扩大的速度。摩根士丹利银行在其一篇名为《通胀的回归》报告中，通过分析2000～2018年的家庭收入，发现受益于超宽松的货币政策，在上层20%家庭的收入以前所未有的速度攀升的同时，下层20%家庭的收入在金融危机10年后才恢复到危机前的水平，见图6-1。

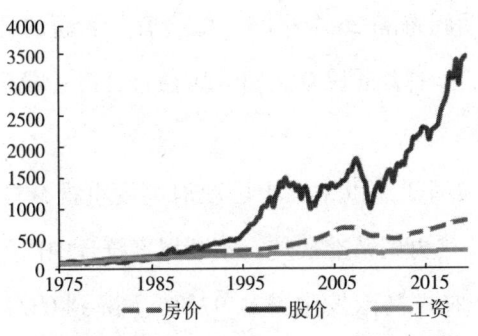

图6-1 美国资产价格和工人工资收入走势

资料来源：中泰证券研究所。

即使是在面对新型冠状病毒，穷人和富人被感染的概率也有巨大的差距。据英国统计局2020年5月的调查报告显示，英国贫困地区居民的新型冠状病毒感染致死率是富裕地区的两倍。英国最贫困地区平均每10万人中，有55人死于新型冠状病毒感染。对比之下，在最富裕的地区中，每10万人中仅有25人死于新型冠状病毒感染。根据美国今日新闻的一项调查显示，平均年收入低于35000美元的家庭中，每1万人中有117.4例感染者；而平均收入高于75000美元的家庭中，每1万人中只有51.8例感染者。

显然，病毒并不会"嫌贫爱富"。穷人更容易患新型冠状病毒感染主要原因有三点：一是工作方面，穷人的工作通常都是体力劳动，难以居家工作；二是生活方面，穷人出行大多依赖公共交通，人员流动复杂，穷人居住的地方通常人口也较为密集，感染风险更大；三是抗疫方面，彻底的疫情防护是一种穷人难以企及的特权。比如富人拥有细心的私人医生、更快速的核酸检测、提前批的疫苗、可以自我隔离的别墅、地堡、游艇、小岛。根据英国慈善机构乐施会的最新报告显示，新型冠状病毒的持续扩散加剧了全球经济不平等的趋势,世界贫富差距正在逐渐加大。在疫情之下,亿万富翁财富每增加5万亿美元的同时,全球大约有99%的人的收入会出现下降的情况。从2020年3月至2021年11月,亿万富翁的总财富值从8.6万亿美元上升到13.8万亿美元,整体增幅超出了此前14年的总和。按照这个数值计算,在新型冠状病毒疫情期间每隔26个小时,就会有一名新的亿万富翁诞生。相较于因疫情而无法工作的普通民众,富人则通过资产(股票、房产)的增长不断刷新财富的数字。

自中华人民共和国成立以来,中国政府高度重视减贫扶贫工作,从救济式扶贫到开发式扶贫再到精准扶贫,不断探索符合中国国情的有效减贫模式。1978~2019年,农村贫困发生率从97.5%下降到0.6%,农村贫困人口从7.7亿下降到550万,减少近7.65亿。换句话说,在过去四十年里,中国平均每年减少近1900万贫困人口(贫困发生率平均每年降低2.4个百分点)。根据世界银行每人每天收入1.90美元的贫困标准衡量,中国贫困发生率从1981年的88.1%下降到2018年的0.3%,大约8亿人口脱贫[1]。党的十九届六中全会通过的《中共中央关于党的百年奋斗重大成就和历史经验的决议》指出:"党的十八大以来,全国八百三十二个贫困县全部摘帽,十二万八千个贫困村全部出列,近一亿农村贫困人口实现脱贫,提前十年实现联合国二〇三〇年可持续发展议程减贫目标,历史性地解决了绝对贫困问题,创造了人类减贫史上的奇迹。"

中国奇迹掀起了发展中国家,特别是贫困国家学习中国经验的热潮。2022年4月,财政部、国务院发展研究中心与世界银行联合研究的《中国减贫四十年:驱动力量、借鉴意义和未来政策方向》报告发布,该研究报告着重总结中国减贫经验对其他发展中国家的借鉴意义,认为中国扶贫工作之所以能够取得如此成绩有两个方面的原因。一是"中国拥有一个有能力且高效

---

[1] 财政部,国务院发展研究中心,世界银行.中国减贫四十年:驱动力量、借鉴意义和未来政策方向,2022.

的政府。这体现在政府能够做出明确而可信的政治承诺、能够有效协调各部门决策,并且汇聚各方力量支持国家目标的实现"。二是"中国采取了开发式扶贫战略,注重发挥贫困群体的主体作用,而不仅仅强调再分配……创造就业机会是减少贫困的主要驱动力"。中国的扶贫经验不仅消除了本国贫困,也为世界其他国家或地区消除贫困做出了贡献。

消除贫困在实现共同富裕目标的路上迈出了坚实的一步,但是要实现共同富裕仍需持续推进包括转变经济增长方式、调整收入分配等举措在内的改革。

第三节 经济增长方式应如何转变

自改革开放以来,经过四十多年的发展,中国取得了举世瞩目的经济成就。尽管也有一些经济体历史上出现过与中国一样的增长速度,但它们都是小型开放经济体(如新加坡)。作为一个拥有十几亿人口的大国,在长达四十年的时间里经济保持高速增长,这是任何一位经济学家都无法预测到的。甚至,在西方学者的眼里,中国从不是一个具备经济高速增长潜质的国家。即使面对中国早已迈入中高收入国家行列的现实,各种"崩溃论"仍时不时出现于西方媒体。中国始终立足于实际,摸索出一套符合自身国情的发展经验。面对不争的事实,中国经验已经成为主流经济学的研究课题,包括诺贝尔经济学奖获得者(如科斯)在内的一大批知名经济学家,都将中国的经济增长方式纳入自己的研究范围。中国经验也被许多发展中国家借鉴和学习。

尽管我们走出了一条成功的发展道路,但是一些经济发展的客观规律仍是无法避免。没有任何一个经济体可以永久保持高速增长,所有的国家都要面临资源和技术的外在约束。曾有学者测算，如果14亿中国人都达到美国的人均消费水平，那么以现有的技术，整个地球的资源都无法满足这一需求（当然，随着技术的发展特别是节能技术不断创新，这一论断未来不一定站得住脚）。一个经济体在快速增长之后都会面临经济增速下降的问题，经济学里称为"增长收敛"。正常情况下，发达国家几乎不可能出现5%以上的经济增长率，3%的经济增长率已算是非常满意的"答卷"了。日本自20世纪90年代初泡沫经济破裂后，在近三十年的时间里，经济长期停滞徘徊不前。在长达四十年的高速经济增长后，中国潜在经济增速客观上也无法继续维持以往的速度。综合分析世界经济长周期和我国发展阶段性特征及其相互作用后，我们要认识到：中国经济增长速度从高速转向中高速，发展方式从规模速度型转向质量效率型，经济结构调整从增量扩能为主转向调整存量、做优增量并举，发展动力从主要依靠资源和低成本劳动力等要素投入转向创新驱动。也就是说，我国经济发展从过去高速转向中高速的"新常态"。

新常态是客观状态，是我国经济发展过程中必然会出现的一种状态，这就是一种实事求是的判断。如果不顾中国经济的客观实际，通过各种刺激政策强行把经济增速拉到潜在经济增速之上，最终结果就如同我们所熟知的成语"拔苗助长"。必须明确的是新常态绝不意味着"躺平"。尽管经济增长由高速转向中高速，但发展依然是当前第一要务。

中国仍是最大的发展中国家，人均GDP在2021年刚刚超过世界平均水平，如何在更长的时期内保持经济稳定增长，依旧是我国所面临的首要任务。当前，我国旧有的经济增长方式已经难以为继，新的经济增长方式尚待确立，结构调整阵痛期难以避免。自改革开放以来，我国多数时期采取以投资为导向的增长方式，在拉动经济增长的"三驾马车"（投资、出口、消费）中，投资可谓是"一马当先"。客观地说，这一经济增长方式在过去确实对我国经济增长起到了巨大的推动作用，但是随着我国基础设施逐步完善，资本的边际收益逐步降低。我国基础设施建设（如高铁、水利、道路、桥梁及棚改等）主要是由政府设立的城投平台完成，其资本回报率可以代表当前基础设施的投资回报率，见图6-2。

图6-2 基建投资回报率

资料来源：中泰证券研究所。

基建投资回报率中位数已经从2011年的3.1%降至2020年的1.3%，显著高于城投企业的资金成本❶。这一方面是因为基础设施大多属于公共物品，本身不具有盈利能力；另一方面是因为部分地区基础设施已经过剩，一些投资属于无效投资。

以政府投资为导向的经济增长方式不仅存在效率低下的问题，而且影响到我国收入分配格局。基建投资只是通过增加就业和投资机会来间接增加特定群体的收入，而且，基建投资创造的收入是相关企业、劳动者和税务部门的共同收入，很难惠及所有人群。比如，大部分基建投资收入所得很难直接流入农业和服务业从业人员。

根据《2021年国民经济和社会发展统计公报》，2021年全国居民人均可支配收入35128元，比上年增长9.1%，扣除价格因素，实际增长8.1%。人均可支配收入的实际增速与GDP同步，但居民可支配收入总额占GDP的比重只有43.4%，远低于60%左右的全球平均水平。

居民可支配收入比重相对较低，影响了我国的消费水平。从国际比较

---

❶ 2020年5月，AAA级城投债月平均发行利率为3.44%；AA+级城投债加权月发行利率为4.05%；AA级城投债月平均发行利率为5.27%。

看，我国居民部门的消费率（居民部门消费总额占居民可支配收入比重）过低。如2020年，美国为67%，日本为53.4%，越南为67.8%，印度为58.6%，而我国只有38.1%。在拉动经济增长的"三驾马车"中，消费始终乏力。

党的十八届三中全会提出，要改革和完善发展成果考核评价体系，纠正单纯以经济增长速度评定政绩的偏向。中共中央组织部发出的《关于改进地方党政领导班子和领导干部政绩考核工作的通知》中明确，选人用人不能简单以地区生产总值及增长率论英雄，加大资源消耗、环境保护、消化产能过剩、安全生产等指标的权重。更加重视科技创新、教育文化、劳动就业、居民收入、社会保障、人民健康状况的考核。

不过，我们应该清醒地认识到，一方面多年投资拉动经济增长方式已经形成路径依赖，难以短时间内完全转变；另一方面，在当前国际形势不稳定的情况下，稳增长仍是重中之重，投资依然是稳经济的有效手段。关键是要转变投资方向，将投资从原有的无效或重复建设转向有效投资。2020年，国家明确提出新基础设施建设的概念。新基础设施建设（以下简称"新基建"）主要包括5G基站建设、特高压、城际高速铁路和城市轨道交通、新能源汽车充电桩、大数据中心、人工智能、工业互联网七大领域，涉及诸多产业链，以新发展为理念，以技术创新为驱动，以信息网络为基础，面向高质量发展需要，提供数字转型、智能升级、融合创新等服务的基础设施体系。与传统基建相比，新型基础设施建设内涵更加丰富，涵盖范围更广，更能体现数字经济特征，能够更好推动中国经济转型升级。

尽管中国在部分领域基础设施建设方面仍具有一定的投资需求，但是纵观世界各发达国家，无不是以消费作为拉动经济的主要力量，而新基建的一个重要目的也是激发新消费需求。因此，加快经济增长方式由投资驱动转为消费驱动是保持中国经济中高速发展、跨越"中等收入陷阱"的必由之路。消费能力归根结底取决于居民收入水平。如何形成一个理想的收入分配格局不仅关系社会公平，也决定未来中国的发展之路。

第四节　为什么要坚持共同富裕

在前文我们谈到贫富分化是全球主要经济体都普遍面临的困境。改革开放以前，由于我国长时期实行的是计划经济体制，居民间收入分配差距较小。但是，要发展经济，必须要有激励机制，改革开放初期提出"让一部分人先富起来"，其实就是打破"平均主义"的束缚，建立有效的激励机制。中国共产党在领导革命斗争实践中摸索出一条重要经验——以点带面，即"突破一点、指导全盘"。让一部分人和一部分地区（沿海地区约2亿人）先富起来，起示范作用，进而带动大家（全局）共同富裕，这就是改革开放的一个突破口。"让一部分人先富起来"的最终目的是"达到共同富裕"。

经过四十多年的改革开放与经济发展，让一部分人先富起来的目标基本达到，社会上已经形成了一个"富人群体"。与"一部分人先富起来"相伴的却是中国的收入差距日益拉大。国际上通常使用基尼系数❶来衡量贫富差距。自20世纪90年代末开始，我国的基尼系数不断上升，目前虽略有回落，但还是处在较高位置，2019年我国的基尼系数为0.46，超过0.4的国际

---

❶ 基尼系数是指，在全部居民收入中，用于进行不平均分配的那部分收入所占的比例。基尼系数最大为"1"，最小等于"0"。前者表示居民之间的收入分配绝对不平均，即100%的收入被一个单位的人全部占有了；而后者则表示居民之间的收入分配绝对平均，即人与人之间收入完全平等，没有任何差异。但这两种情况只是在理论上的绝对化形式，在实际生活中一般不会出现。因此，基尼系数的实际数值只能介于0~1，基尼系数越小收入分配越平均，基尼系数越大收入分配越不平均。国际上通常把0.4作为贫富差距的警戒线，大于这一数值容易出现社会动荡。

•经济增长的内在逻辑

警戒线，见图 6-3。

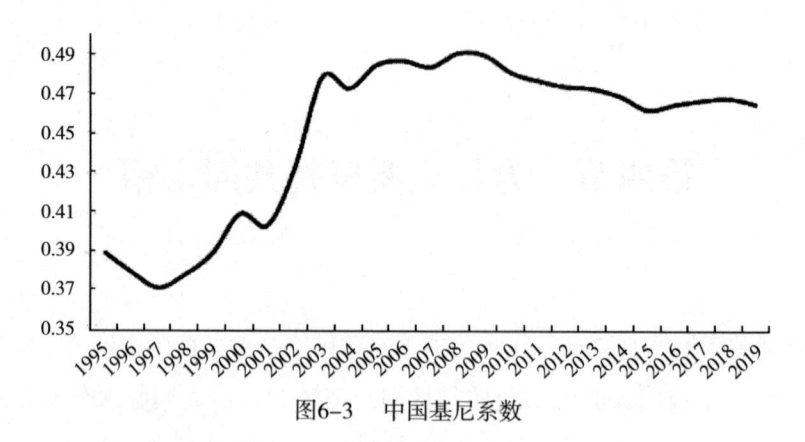

图6-3 中国基尼系数

资料来源：中泰证券研究所。

那么，是什么原因导致了贫富差距？导致贫富差距的第一个因素是劳动收入（可理解为工资）在要素收入分配中长期占比较低。2021 年我国居民可支配收入总额占 GDP 的比重只有 43.4%，远低于全球平均水平，更低于美国（83.4%）、印度（76.9%）和德国（60.7%）等国。与劳动收入相比，资本收入占比长期较高。改革开放初期，由于中国具有大量适龄劳动力而缺乏资本，因此资本获得较高的收益具有一定的合理性。但是，随着中国人口步入老龄化，劳动人口逐步减少，存量资本的快速上升（我国资本形成的占比大约是全球平均水平的两倍左右），劳动收入占比却依然没有相应增加。

为什么资本比劳动更能生钱呢？上节已经谈到了部分原因，由于我国长期实行以投资和出口为导向经济增长政策，各地政府在进行招商引资时，为了吸引资本入驻，采取了许多有利于资本收益的政策，工人与企业在工资、福利保障的谈判中处于弱势地位，工人工资增速始终低于其劳动生产率增速。而在出口方面，资本品❶出口占总出口的比重持续增长，从 1980 年

---

❶ 资本品指一个国家用于生产的属于固定资产的产品，包括电动机械类产品、办公设施、运输设备和一些特殊的生产设备。

的 4.7% 增长到 2021 年接近 50%，资本密集型产业替代原来的劳动密集型产业成为出口主力军。除此之外，在中国还有一个原因导致资本收入远高于劳动收入，就是快速攀升的房价。房子作为一种资产，在近三十年间其价格上升幅度远远大于劳动收入增长。即使是在工资相对较高的一线城市，收入增长速度也远落后房价上涨速度，如深圳 2018 年的房价收入比❶为 35.9，而到 2020 年其房价收入比达到 48.1，短短不到三年间，房价较工资增长了 33.9%！因此，拥有金融资产的（特别是房产）的富裕人群即使什么都不用做，其财富也能快速增长。

不仅资本收入与劳动收入分配存在巨大差距，即使是劳动收入内部也会因货币的结构化流向导致再分配❷。货币并不是"直升机撒钱"般平均落入每一个居民手中，而是通过信贷的形式流入。先拿到贷款的企业和个人，由于此时物价并没有上涨，这等于他们的收入是增加的。他们用贷款的钱购买商品或者生产资料。在商品供给没有相应扩张的情况下，当最先拿到贷款的人购买的商品、资本品开始上涨，而后拿到贷款的人则要面临已经上涨的价格。这就造成了一种财富的再分配。在这方面，房地产占尽先机，因为房子是银行最乐意接受的抵押品。在我国，从整个生产结构来看，具有高抵押品和国有企业控制的是资本品生产行业，如重化工、石油、冶炼、设备制造等，而下游产业大多是轻资产、缺乏抵押品的消费品行业，且国有企业占比较低，如食品、网络、电子产品等。能够率先占有信贷资源的往往都是高收入行业，如银行、房地产等。

除了行业差距、劳资差距，城乡差距也是一个大家比较关注的问题。

我们常说"一次分配讲效率，二次分配讲公平"，"二次分配"主要体现

---

❶ 房价收入比的计算方是以住宅套价的中值，除以家庭年收入的中值。可以理解为一个家庭不吃不喝多少年可以买一套房子。2020 年中国平均房价收入比为 9.2，按照国际惯例，比较通行的说法认为，房价收入比在 3～6 倍为合理区间。

❷ 详见本人著作《货币的真相：货币规则如何改变你的生活》。

在税收上。我国 2020 年的个人所得税收入占税收总收入的比重只有 8.2%，反观美国，2019 年美国个人所得税收入占政府税收总收入的 55%，其中联邦政府的个人所得税收入要占其税收收入的 80%，占其财政收入的 46%。同样采取累进税率，我国个人所得税收入会如此之低，是因为全球主要经济体普遍征收的三大税种——房产税、资本利得税和遗产税，我国均未课征。而这个三个税种的征收对象主要是富人群体。我国的税收体制是以间接税为主体、直接税比重较低。其中，增值税和企业所得税是最为重要的两个税种。增值税、消费税这样的间接税是在商品的生产、交换环节征收，这些税种虽然由纳税人负责缴纳税款，但最终是由商品和劳务的购买者（即消费者）承担税负，纳税人与实际税收负担人相分离。比如，买一支铅笔需要 1.5 元，但实际上消去增值税的价格只要 1.3 元，0.2 元是税收被计入了价格，因此消费者并没有直接感受到承受税负。

　　国际上来看，多数发达国家以直接税为主体，主要对财产和所得额征税，而发展中国家多以间接税为主体，主要对商品和劳务的流转额征税。以美国为例，其 2020 年直接税收入占比达到 95.62%，间接税收入占比却仅为 4.38%，美国的直接税收入占比长期维持在 94% 以上，这与我国明显不同。直接税和间接税比重的相对高低与国家的经济发展水平有一定关系。发展中国家直接税占比相对较低，是因为发展中国家的国民收入较低，个人财产较少，所得税和财产税税源不足，而间接税的征税对象广泛，基本上可以对一切商品和劳务征收，税源相对充足，从而能够保证财政收入的实现。但是，随着我国经济增长及收入的分化，可以通过开征房产税、资本利得税和遗产税等直接税种调节分配结构。此外，我国居民部门和企业部门的杠杆率都偏高。如我国居民部门的杠杆率水平已经超过 60%，而企业部门的杠杆率水平超过 150%，为全球最高。相对而言，我国政府部门（中央政府）的杠杆率水平只有美国的三分之一、日本的六分之一，具有税收让利的空间，可以减少间接税的比重，增加直接税的比重，特别是通过向富裕群体征税来改善收入结构。

收入分配的问题不仅导致需求端消费不足,也会导致供给端创新不足。企业家之所以从事创新是因为预期创新成功后会获得丰厚利润,倘若绝大多数人无力购买新的消费品,那么创新的激励就无从谈起。因此,创新一定程度上取决于市场对新产品的需求。在发展中国家,普遍存在着内资企业与外资企业这两类截然不同的创新主体,低收入群体主要消费内资企业的产品,高收入群体主要消费外资企业的产品。当收入差距拉大时,一方面普通收入群体由于收入增长缓慢对内资企业创新品的消费不足,进而造成内资企业创新不足;另一方面,高收入群体会随着财富的快速增长增加对外资企业创新品的需求,反而刺激了外资企业的创新。这一点在我国表现得比较明显。

2018年,贝恩公司的调查认为中国的奢侈品消费金额已经占到全球的三分之一(1440亿美元)。贝恩公司资深全球合伙人曾对外表示,"中国是2020年全球唯一增长的主要奢侈品市场",并预计在2025年中国有望成为全球最大的奢侈品市场。毫无疑问,绝大多数奢侈品均为国外品牌。而这显然与我国当前的收入水平不相符合,也从侧面反映了收入差距程度。跨越中等收入陷阱的道路并不平坦,在"人口红利"逐渐消失的背景下,未来经济增长更加依靠"改革的红利",而共同富裕则是当前改革的主题。

第五节　中国的共同富裕之路

贫困的消除为我国迈向共同富裕踏出了坚实的一步。但是,罗马不是一天建成的,共同富裕是一个长远目标,需要一个过程,不可能一蹴而就,对其长期性、艰巨性、复杂性要有充分估计。

这也就是说，我们在推动经济增长的同时，要让经济增长的成果惠及每一个公民，用通俗的话来说就是既要做大蛋糕，也要分好蛋糕。而共同富裕的特征就是"中间大、两头小的'橄榄'型分配结构"，"中间大"就是指中等收入群体占大多数；"两头小"则是指富裕群体和中低收入群体比例相对较低。而扩大中等收入群体的核心就是加速社会流动，这其中促进农民农村共同富裕是非常重要的一环，见图6-4。

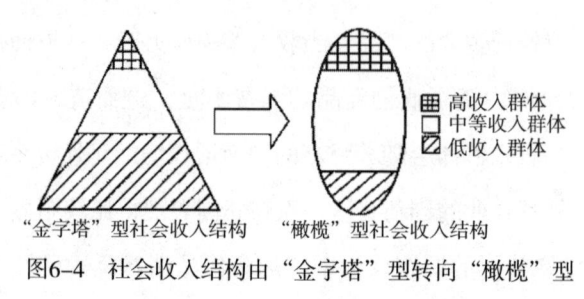

"金字塔"型社会收入结构　　"橄榄"型社会收入结构

图6-4　社会收入结构由"金字塔"型转向"橄榄"型

带动农民共同富裕，当前还要着力做好两件事：一是持续提高脱贫之后的农村低收入群体收入，将其培育为中等收入群体。党的十八大以来，中国累计减少贫困人口近1亿人，如果这1亿低收入群体能持续增收并最终成为中等收入群体，那么这将是继扶贫成就后的又一奇迹。二是打破制度障碍，让进城的农民工变成真正的城市居民，享有充分的社会保障。据估算，即使工资未上涨，其他因素未发生变化的情况下，农民工落户享受均等基本公共服务，就可以额外释放27%的家庭消费潜力❶。因此，只有把他们变成城市居民，他们才能成为真正意义上的中等收入群体。

最后，在着力增加农民劳动收入的同时，也要增加他们的财产性收入。农民最大的资产就是土地，但是由于农民的土地和宅基地等资产不能变成资本，使得很多农民守着"财宝"却受穷。2014年，中央全面深化改革领导小组第七次会议审议了《关于农村土地征收、集体经营性建设用地入市、宅基地制度改革试点工作的意见》；2015年，中共中央办公厅和国务院办公厅联

---

❶ 数据来源于蔡昉：《推进以人为核心新型城镇化》，第27期浦山讲坛。

合印发了《关于农村土地征收、集体经营性建设用地入市、宅基地制度改革试点工作的意见》(下称《意见》),这标志着我国农村土地制度改革即将进入试点阶段。《意见》明确将农村土地承包经营权分为承包权和经营权,实行所有权、承包权、经营权分置并行。具体来看,一是建立农村集体经营性建设用地入市制度,赋予农村集体经营性建设用地出让、租赁、入股权能,明确入市范围途径;二是改革完善农村宅基地制度,探索进城落户农民自愿有偿退出或转让宅基地等方式,改革宅基地审批制度;三是完善土地征收制度,缩小土地征收范围,探索制订征收目录,严格界定公共利益用地范围,完善对被征地农民合理、规范、多元保障机制。这些举措,使得在外打工的农民工可以充分利用家中闲置的土地,通过租赁、入股乃至退出等方式获得财产性收入。政策出台后,各地都开展了农村土地制度改革,如安徽省部分地区探索承包地"小田并大田"改革,江苏省部分地区推进闲置宅基地盘活利用,广东省部分地区制定农村集体经营性建设用地入市实施办法等。

可以说,当前土地的改革重点是土地流转。如果农民拥有的土地权能(如承包权、经营权、使用权、资格权等)不能交易、不能货币化、金融化,则"三权分置"改革的意义大打折扣,难以给农民带来实际价值,农民增收、农民市民化都会搁浅。流转的前提就是产权的确认。应当在不侵害农民利益,不改变土地农业用途的原则下,进一步扩大土地改革的范围,推进集体建设用地入市,创造条件让宅基地有序流转。

在收入分配改革领域,我们常听到一句话"一次分配重效率,二次分配重公平"。"一次分配重效率"主要指收入初次分配主要靠市场,生产要素在市场上根据贡献取得报酬,遵循市场经济的规则,通俗地说就是着眼于做大"蛋糕";"二次分配"主要指税收调节贫富差距和建立覆盖全民的基本公共服务和社会保障。

关于税收调节,我们已经探讨过,接下来再来看看基本公共服务和社会保障。经过二十多年的发展,我国的基本养老保险和基本医疗保险基本实现全覆盖，但待遇水平相差较大。我国社会保障制度并不统一，这主要体现在目前存在城镇职工、城乡居民两套体系，缴费和待遇水平差异较大。即使同为城镇职工养老保险，不同所有制企业间社保缴纳差异大。许多民营企业，特别是中小企业并没有为企业员工合规缴纳社保。机关事业单位、国企的员工，不仅合规缴纳比例高，在基本养老保险之外，还缴纳职业或企业年金。这意味着其退休后待遇水平更高，在一定程度上扩大而非缩小了收入差距。地区间也存在割裂问题，基本养老保险基金停留在省级统筹层面，基本医疗保险基金统筹层次更低，大大小小的资金池分散在市甚至县一级，而且跨省迁移存在诸多障碍，导致大量农民工在广东等发达地区务工、缴纳社保，回到欠发达地区的老家后，只能按当地较低水平领取社保，缴费动力不足。因此，未来的社会保障体系不仅要全覆盖，还要朝着均等化方向努力。

由于我国建立社会保障体系仅仅二十余年时间，在此之前的劳动者并没有缴纳社保，而随着中国逐渐跨入老龄化社会❶，社保支出日益增加，部分省市出现了入不敷出的现象。未来要建立全覆盖均等化的社会保障体系，则需要增加政府的社会福利支出。2017年11月，我国启动国资划转社保试点即将部分国有资产划入社保基金，2019年9月全面推开，要求在中央层面，具备条件的企业于2019年底前基本完成划转工作，有难度的企业可于2020年底前完成划转工作；在地方层面，2020年底前基本完成划转工作。截至2020年末，符合条件的中央企业和中央金融机构划转部分国有资本充实社保基金工作全面完成，共划转93家中央企业和中央金融机构国有资本总额1.68万亿元。用国有资本充实社保基金，一般而言有两种方法：一是社保基金出售国资股份，很明显，这种方式是竭泽而渔的做法，需慎用；二是通过国有股份分红填补社保缺口，这种"细水长流"方式有利于社保长远发展。但是，我国的国企分红率长期偏低。根据中金公司发布的报告，国有非金融

---

❶ 第七次人口普查结果显示，2021年65岁及以上人口高达1.9亿，60岁以上人口高达2.7亿。

企业 2018 年分红率 16.2%（2012～2018 年均值为 15.7%），国有金融企业近年分红率为 28% 左右，赚钱能力最强的银行，仅与 A 股平均分红率持平。这样的分红率，不仅与美国纽交所、德国、法国等境外成熟市场 60% 左右的股息支付率存在较大差距，甚至不及全市场 2018 年年报股利支付率中位数的 30.60%。因此，通过国有资本有效弥补社保缺口，迫切需要国企提高股息支付率❶。

共同富裕是一项系统性工程，要实现共同富裕，必须脚踏实地、久久为功。这是一个在动态中向前发展的过程，相信随着我国国力的不断强大，制度的不断完善，必将实现共同富裕的目标！

---

❶ 中国证券监督管理委员会 2013 年就曾发布《上市公司监管指引第 3 号——上市公司现金分红》，提出公司发展阶段属成熟期且无重大资金支出安排的，现金分红在本次利润分配中所占比例最低应达到 80%；公司发展阶段属成熟期但有重大资金支出安排的，现金分红在本次利润分配中所占比例最低应达到 40%。对照这个规定，上市国企分红率至少应该在 40% 这一档。而根据十八届三中全会要求，到 2020 年，国有资本收益上缴公共财政比例至 30%，更多应用于保障和改善民生。也就说，上市国企 2020 年年报分红率要提高到 30%，未来则应该尽快提升到 40% 这一档。

参考文献

[1] 格里高利·克拉克. 告别施舍：世界经济简史 [M]. 洪世民，译. 广西：广西师范大学出版社，2020，7.

[2] 林毅夫. 李约瑟之谜、韦伯疑问和中国的奇迹——自宋以来的长期经济发展 [J]. 北京大学学报（哲学社会科学报），2007（4）：5-22.

[3] 姚洋. 高水平陷阱——李约瑟之谜再考察 [J]. 经济研究，2003（1）：71-79+94.

[4] 齐明珠. 中国农村劳动力转移对经济增长贡献的量化研究 [J]. 中国人口·资源与环境，2014，24（4）：127-135.

[5] 陈斌开，林毅夫. 发展战略、城市化与中国城乡收入差距 [J]. 中国社会科学，2013（4）：81-102+206.

[6] 刘智勇，李海峥，胡永远，等. 人力资本结构高级化与经济增长——兼论东中西部地区差距的形成和缩小 [J]. 经济研究，2018，53（3）：50-63.

[7] 亚当·斯密. 国富论 [M]. 文竹，译. 北京：中国华侨出版社，2019.

[8] 黄宗智. 华北的小农经济与社会变迁 [M]. 北京：中华书局，2000.

[9] 彭慕兰. 大分流——中国、欧洲与现代世界经济的形成 [M]. 北京：北京日报出版社，2021.

[10] 艾伦·格林斯潘，阿德里安·伍尔德里奇. 繁荣与衰退：一部美国经济发展史 [M]. 北京：中信出版集团，2019.

[11] 卡尔·马克思. 资本论（第一卷）[M]. 中共中央马克思恩格斯列宁

斯大林著作编译局,译.北京:人民出版社,2004.

[12] 速水佑次朗,神门善久.发展经济学——从贫困到富裕[M].李周,译.北京:社会科学文献出版社,2009.

[13] 西蒙·库兹涅茨.各国的经济增长[M].常勋,译.北京:商务印书馆,2018.

[14] 李治国,唐国兴.资本形成路径与资本存量调整模型——基于中国转型时期的分析[J].经济研究,2003(2):32-42+92.

[15] 张勋,徐建国:中国资本回报率的驱动因素[J].经济学(季刊),2016,15(3)1081-1112.

[16] 亚当·斯密.国富论[M].谢宗林,李华夏,译.北京:中央编译出版社,2010.

[17] F.A.哈耶克.致命的自负[M].冯克利,胡晋华,译.北京:中国社会科学出版社,2000.

[18] 周跃辉.西方城市化的三个阶段[J].理论导报,2013(2):42.

[19] 王金营,刘艳华.经济发展中的人口回旋空间:存在性和理论架构——基于人口负增长背景下对经济增长理论的反思和借鉴[J].人口研究,2020,44(1):3-18.

[20] 保罗·R.克鲁格曼,茅瑞斯·奥伯斯法尔德.国际经济学:理论与政策(第十版)[M].北京:中国人民大学出版社,2016.

[21] 康有为.欧洲十一国游记[M].长沙:湖南人民出版社,1980.

[22] A.伊曼纽尔.不平等交换:对帝国主义贸易的研究[M].文贯中,译.北京:中国对外经济贸易出版社,1988,7.

[23] Nakajima, Akiko, Izumi, et al. Economic Development and Unequal Exchange among Nations: Analysis of the U.S., Japan, and South Korea[J]. Review of Radical Political Economics,1995,3.

[24] 戴翔,李洲.全球价值链下中国制造业国际竞争力再评估——基于

Koopman 分工地位指数的研究[J]. 上海经济研究，2017（8）：89–100.

[25] K.J.Arrow. The Economic Implications of Learning by Doing[J].The Review of Economic Studies，1962，1.

[26] 赵志耘，吕冰洋，郭庆旺，等.资本积累与技术进步的动态融合：中国经济增长的一个典型事实[J].经济研究，2007（11）：18–31.

[27] 唐未兵，傅元海，王展祥.技术创新、技术引进与经济增长方式转变[J].经济研究，2014，49（7）：31–43.

[28] 姚洋.发展经济学[M].北京：北京大学出版社，2013.

[29] 乔尔·莫克尔.启蒙经济：英国经济史新论[M].曾鑫，熊跃根，译.北京：中信出版集团，2020.

[30] 代谦，别朝霞.FDI、人力资本积累与经济增长[J].经济研究，2006（4）：15–27.

[31] Borensztein, E. J.De Gregorio, J-W.Lee.How does foreign direct investment affect economic growth[J].Journal of International Economics，1998，8.

[32] 邹薇，代谦.技术模仿、人力资本积累与经济赶超[J].中国社会科学，2003，(5)：26–38+205–206.

[33] JD Angrist, AB Krueger. Does Compulsory School Attendance Affect Schooling and Earnings?[J].Quarterly Journal of Economics，1991，3.

[34] 张车伟，人力资本回报率变化与收入差距："马太效应"及其政策含义[J].经济研究，2006（12）：59–70.

[35] 张玮.历史的温度[M].北京：中信出版集团，2017.

[36] 约瑟夫·熊彼特.经济发展理论[M].郭武军，吕阳，译.北京：华夏出版社，2015.

[37] 李宏彬，李杏，姚先国，等.企业家的创业与创新精神对中国经济增长的影响[J].经济研究，2009，44（10）：99–108.

[38] 易纲. 再论中国金融资产结构及政策含义 [J]. 经济研究，2020，55（03）：4-17

[39] 理查德·达舍，原田信行，星岳雄，等. 创新驱动型经济增长的制度基础 [J]. 比较，2017（5）.

[40] 阿希什·阿罗拉，莎伦·贝伦佐，安德烈亚·帕坦柯妮. 不断变化的美国创新结构：关于经济增长的一些告诫 [J]. 比较，2019（5）.

[41] Block，F. M.R Keller. Where do Innovations Come From?Transformation in the US Economy，1970-2006[J].The Other Canon Foundation and Tallinn University of Technology Working Papers in Technology Governance and Economic Dynamics, 2011.

[42] Griliches Zvi:Research Costs and Social Returns:Hybrid Corn and Related Innovations[J].Journal of Political Economy，1958.5.

[43] Lucking, Bloom, Van Reenen：Have R&D Spillovers Changed?[J].NBER Working Paper, 2018（5）.

[44] 范内瓦·布什，拉什·D. 霍尔特. 科学：无尽的前沿 [M]. 崔传刚，译. 北京：中信出版社，2021.

[45] 阿希什·阿罗拉，莎伦·贝伦佐，安德烈亚·帕坦柯妮. 不断变化的美国创新结构：关于经济增长的一些告诫 [J]. 比较，2019（5）.

[46] 理查德·达舍，原田信行，星岳雄，等. 创新驱动型经济增长的制度基础 [J]. 比较，2017（5）.

[47] Baumol. W. Entrepreneur ship: Productive，Unproductive，and Destructive[J].Journal of Political Economy，1990（5）.

[48] 钟正生. 美股回购，扣动美联储降息的扳机，未来美股走势要看它 [R/OL].2019-09-25.

[49] 道格拉斯·诺斯，罗伯斯·托马斯. 西方世界的兴起 [M]. 厉以平，蔡磊，译. 北京：华夏出版社，1989.

[50] 许成钢.科举制与基督教会对制度演变的影响：宪政与宗教文化制度[J].比较，2012（3）.

[51] 费正清.剑桥中国晚清史（上卷）[M].中国社会科学院历史研究所编译室，译.北京：中国社会科学出版社，2006.

[52] 阿夫纳·格雷夫，圭多·塔贝里尼.文化和制度分化：中国与欧洲的比较[J].比较，2011（4）.

[53] 世界银行和国务院发展研究中心联合课题组.2030年的中国：建设现代、和谐、有创造力的社会[M].北京：中国财政经济出版社，2013.

[54] 姚枝仲.什么是真正的中等收入陷阱？[J].国际经济评论，2014（6）：75-88+6.

[55] 郑联盛.防止我国资本无序扩张的监管对策[N].人民论坛网.2022-04-09.

[56] 吴敬琏.按照科学方法讨论改革基本问题[R/OL].财新网，2021-1-20.

[57] 杨光.货币的真相：货币规则如何改变你的生活[M].北京：中国纺织出版社有限公司，2021.